W0236022

Mike Spick · Die Jägerasse der deutschen Luftwaffe 1939 - 1945

Mike Spick

Die Jägerasse der deutschen Luftwaffe

1939-1945

Einsatz, Taktik und Technik

Bernard & Graefe Verlag

Die Originalausgabe ist bei Greenhill Books Lionel Leventhal Limited, Park House, 1 Russell Gardens, London NW11 9NN (Großbritannien), und Stackpole Books, 5067 Ritter Road, Mechanicsburg, PA 17055, USA, erschienen. © der engl. Ausgabe bei Mike Spick, 1996.

© für die deutsche Ausgabe: Bernard & Graefe Verlag, Bonn 2000

Nachdruck, auch einzelner Teile, ist verboten. Das Urheberrecht und sämtliche weiteren Rechte sind dem Verlag vorbehalten. Übersetzung, Speicherung und Verbreitung einschl. Übernahme auf elektronische Datenträger wie CD-Rom, Bildplatte u.ä. sowie Einspeicherung in elektronische Medien wie Bildschirmtext, Internet usw. ist ohne vorherige schriftliche Genehmigung des Verlages unzulässig und strafbar.
Reproduktion, Druck und Bindung: Wiener Verlag, Himberg
Printed in Austria

ISBN 3-7637-**5978**-6

Inhalt

Vorwort

Die Fliegerei ist etwas Einzigartiges, das im Kriegswesen, dem zweitältesten Beruf des Menschen, nichts Ebenbürtiges findet. Sie zeichnet sich durch die Außergewöhnlichkeit menschlichen Erlebens aus. Der Jagdflieger ist das moderne Gegenstück zum antiken Einzelkämpfer, dessen Ruhm an der Zahl seiner Siege gemessen wurde. Doch kein Held der Antike erreichte jemals die Anzahl der Siege, die den erfolgreichsten Jagdfliegern der deutschen Luftwaffe im Zweiten Weltkrieg zuerkannt wurde. Was waren das für Männer?

In Wahrheit bilden die Jagdflieger eine internationale Bruderschaft, die nur durch die verschiedenen Sprachen der Flieger und die Hoheitsabzeichen ihrer Flugzeuge unterteilt wird. Die deutschen Flieger des Zweiten Weltkrieges mögen erfolgreicher gewesen sein, aber grundsätzlich unterschieden sie sich nicht von denen anderer Länder oder Epochen. Viele von ihnen bewahrten unter dem Banner der Ritterlichkeit trotz des Blutvergießens ihren angeborenen Anstand.

Als zweitbester Jagdflieger sagte Gerd Barkhorn einmal zu Erich Hartmann: „... Du mußt Dir klar machen, daß ein russischer Pilot früher auch mal das Baby eines hübschen russischen Mädchens war. Er hat das Recht zu leben und zu lieben genauso wie wir."

Der Krieg forderte einen unglaublichen Blutzoll, und auch die auf ihn folgenden Jahre waren kein Zuckerschlecken. Während dieses Buch geschrieben wird, sind der gefürchtete Adolf Galland, Georg-Peter Eder – „13 im Glück" – und das As der Asse, Erich Hartmann, „zu ihren Vätern gegangen". Bei den Zurückgebliebenen haben die vergangenen Jahrzehnte die Erinnerung verblassen lassen. Wie mein Freund, Julius Neumann, einst junger Pilot einer Bf 109 E bei der II./JG 27, mir sagte: „Die Helden werden müde". Daher war es praktisch unmöglich, völlig neues Quellenmaterial zu beschaffen.

Ich stehe deshalb in der Schuld meiner Freunde Alfred Price und Edward Sims, die mir erlaubten, Auszüge aus ihren Veröffentlichungen zu verwenden, und in der Martin Middlebrooks für die Genehmigung, zwei Absätze seines Buches „Der Angriff auf Nürnberg" zitieren zu dürfen. Alle Quellen sind im Literaturverzeichnis aufgeführt. Mein Dank gilt auch meinen Freunden der Cranwell College Library, der Royal Aeronautical Society, ebenso Mr. Brian Cocks aus Helpston, die mir alle bei den Recherchen tatkräftig geholfen haben.

Die deutsche Fliegerei verwandte nicht den Ausdruck „As", sondern bevorzugte den Begriff „Experte". Dieses Wort habe auch ich durchgängig gewählt. Die Schreibweise deutscher Namen habe ich nicht verändert, außer in den wenigen Fällen, in denen dies immer noch allgemein üblich ist. „Geschwader", „Gruppe" und „Staffel" wurden im Original belassen, da englische Übersetzungsversuche irreführen. Auf die Anführung von Dienstgraden habe ich weitgehend verzichtet: Rasche Beförderungen sind im Krieg üblich, und den Rang vom Unteroffizier zum Oberst innerhalb eines oder zweier Kapitel fortzuschreiben, ist nicht nur verwirrend, sondern auch überflüssig.

Letztendlich habe ich für frühe Messerschmittjäger allgemein die Bezeichnung „Bf" („Bayerische Flugzeugwerke") gewählt und überall dort zu „Me" gewechselt, wo es die Deutschen selbst taten.

Mike Spick

Einleitung

„Ich hatte Tempests über mir erkannt und konnte sie an meiner Seite sehen, weitere Tempests näherten sich von unten. Meine einzige Hoffnung bestand darin, ihnen auszuweichen, bis ich die Wolkengrenze erreicht hatte. Daher jagte ich mit Höchstgeschwindigkeit auf die Wolke zu, mit dem Rücken mal nach rechts und mal nach links ausschlagend. Das täuschte den Feind hinter mir in meiner Flugrichtung, und je schneller ich auf die Ruderpedale trat, um so schwieriger war es für die Reflexvisiere hinter mir, den richtigen Vorhalt anzuzeigen. So ging das Feuer der Tempests seitlich vorbei, da die Piloten den Angaben ihrer Zieleinrichtungen vertrauten. Diese List funktionierte großartig. Ich erreichte die Wolke und versuchte, das Flugzeug steil hochzuziehen, in der Absicht, herumzudrehen und die Tempests in dem Moment frontal anzugreifen, in dem sie gerade ihren Angriff abbrachen. So kam es jedoch nicht, weil eine Tempest unter mir mich durch die dünne Wolke ausmachen konnte und meine Flugrichtung meinen Verfolgern meldete. Daher wartete bereits eine Tempest auf mich, um mich anzugreifen, als ich die Wolke verließ, und traf meinen angeschlagenen Vogel im Heckbereich. Nach einem scharfen Schlag, den ich am Steuerknüppel fühlen konnte, versagte das Höhenruder. Es wurde Zeit, auszusteigen.
Ich warf das Kabinendach bei rund 600 km/h ab, löste die Gurte und wurde aus der Kanzel meiner Fw gesogen, die nun auf der Nase stand. Ich wurde kopfüber entlang des Rumpfes hochgerissen, und das Heckleitwerk traf meinen Arm so hart, daß er brach und der Ärmel meiner Lederjacke zerriß."

Das Schicksal des Fw 190 D-Piloten Unteroffizier Georg Genth von der 12./JG 26 steht hier stellvertretend für das der einst stolzen Jagdflieger der deutschen Luftwaffe. Zahlenmäßig hoffnungslos im Nachteil und größtenteils mit unterlegenen Flugzeugen ausgestattet, wurden sie niedergekämpft und über ihrer eigenen Heimat vom Himmel geholt.
Genth überlebte dieses Zusammentreffen, das am 7. März 1945 stattfand, mit relativ leichten Verletzungen, die jedoch ausreichten, ihn bis zum Ende des Krieges kampfunfähig zu machen. In den vorangegangenen sechs Jahre hatten Zehntausende seiner Kameraden nicht dieses Glück. Obgleich die Sache, für die sie kämpften, zum düstersten Teil der deutschen Geschichte gehört, blieb ihre Ehre durch den Glanz ihrer Taten bewahrt.
Als es am Himmel Europas endlich ruhig wurde und die siegreichen Alli-

ierten mit ihren Bodentruppen das Dritte Reich überrannt hatten, wurden die Leistungen der Jagdflieger öffentlich bekannt. Es war eine Sensation! Die Abschußraten der deutschen Jagdflieger stellten die ihrer alliierten Gegner bei weitem in den Schatten. Während 30 Luftsiege bei den britischen und amerikanischen Jägern außergewöhnlich waren, wurden nur 35 deutschen Piloten die Zerstörung von nicht weniger als 6 898 Flugzeugen in Luftkämpfen zugeschrieben - ein Durchschnitt von fast 196 Abschüssen! Zwei von ihnen hatten sogar die Dreihunderter-Marke überschritten! Und selbst in dem zermürbenden Szenario des Nachtkampfes errangen zwei Piloten über 100 Luftsiege.

Diese Zahlen wurden von den Alliierten anfangs sehr skeptisch betrachtet: Das Nazi-Propagandaministerium, an seiner Spitze Josef Goebbels, war lange dafür verantwortlich, daß den deutschen Verlautbarungen jegliche Glaubwürdigkeit entzogen wurde. Als jedoch vertrauenswürdige Zeugen nachforschten, stellte sich heraus, daß, obgleich übertriebene Abschußzahlen stets ein Merkmal der Luftkriegsführung sind, ganz unabhängig von Zeitabschnitt und Nationalität, die Abschußmeldungen der Jagdflieger nach bestem Wissen und Gewissen angegeben und so gründlich, wie die Umstände es nur erlaubten, überprüft worden waren, bevor ihre Bestätigung die Öffentlichkeit erreichte.

Die Jagdflieger-Asse

Ein Jagdflieger-As muß eine einzigartige Mischung verschiedener Begabungen in seiner Person vereinen, um erfolgreich zu sein. Körperlich sollte er fit sein und eine hervorragende Sehschärfe mit einer Neigung zur Weitsichtigkeit besitzen. Er muß ein guter Schütze sein mit einem Gespür für den Vorhalt beim Schießen auf sich schnell bewegende Ziele. Seine Reflexe haben schnell und instinktsicher zu funktionieren, da beim Luftkampf nur wenig Zeit zu überlegtem Handeln bleibt. Er muß ein begnadeter Flugzeugführer, aber nicht notwendigerweise ein Profi-Akrobat sein. Letzteres dient lediglich dazu, ihm Vertrauen und die Möglichkeit zu geben, auch in ungewöhnlichen Situationen richtig zu reagieren.

Mut ist eine Eigenschaft, die den Jagdfliegern meist zugeschrieben wird, aber Selbstkontrolle ist weitaus wichtiger. Im Krieg kämpft der Pilot ständig in der Gefahr eines plötzlichen Todes oder einer Verstümmelung. Aber der wahrscheinlichere Weg für ihn, die Erde zu verlassen, ist der Tod in den Flammen, gefangen in der Kanzel. Bei einer Verwundung ergeht es ihm kaum besser; niemand kann ihm Erste Hilfe leisten, er ist ganz auf sich und seine eigenen Hilfsmittel gestellt. Tatsächlich ist kein Kämpfer so isoliert wie der Pilot eines einsitzigen Kampfflugzeuges. Seine Angst muß er in Tatkraft und aktives Handeln verwandeln, wenn er überleben will. Auf sich allein gestellt, muß er den Gegner bezwingen und benötigt dazu äußerste Selbstdisziplin. Angriffsgeist bleibt unverzichtbar, obgleich dieser mit Aufmerksamkeit gepaart sein muß. Der Typus „Ran-an-den-Feind" überlebt nicht lange. Im Durcheinander eines Luftkampfes kann der Pilot allzu leicht in eine aussichtslose Lage gelockt werden, gewöhnlich durch Festbeißen am Gegner, was ihn die gute Übersicht kostet. Wie in einem späteren Kapitel geschildert wird, war Erich Hartmann, das As der Asse, in seinen Verfahren und Gewohnheiten ein besonders gerissener Flieger.

Schließlich bleibt noch die Fähigkeit zum Überleben zu erwähnen. Eine wirklich beeindruckende Zahl von Abschüssen kommt nicht über Nacht zustande. Der Pilot muß daher lange genug überleben, um diese überhaupt zu erreichen. Auf den ersten Blick scheint das Überleben eine reine Glückssache zu sein. Es besteht kein Zweifel daran, daß Glück, Zufall - nennen Sie es, wie Sie wollen - eine Rolle im Krieg spielt. Aber es gehört mehr dazu als nur das. Überleben im Luftkampf hängt hauptsächlich von einer Eigenschaft ab, die man als „Fähigkeit zur Aufmerksamkeitsverteilung" bezeichnet. Das ist in erster Linie die Fähigkeit, den Überblick über ein schnell ablaufendes, sehr bewegtes und dreidimensionales Geschehen zu behalten. Darüberhinaus darf man sicher von einer Art sechstem Sinn ausgehen, der den Piloten vor drohender Gefahr warnt. Sein Ausmaß ist nicht greifbar, und es scheint, als arbeite er an gewissen Tagen besser als an anderen. Aber grundsätzlich ist dieser sechste Sinn der wertvollste Besitz des Jagdfliegers.

Nach einer Regel, die im Ersten Weltkrieg aufgestellt wurde, wird ein Jagdflieger nach fünf bestätigten Luftsiegen ein „As" genannt. Diesen Standard übernahmen die meisten Länder, nur Deutschland bildete hierbei eine Ausnahme und erhöhte die Zahl auf zehn! Im Zweiten Weltkrieg wurde die Bezeichnung „As" von den Alliierten verwandt, während Deutschland diesen Ausdruck zugunsten des Begriffs „Experte" fallen ließ. Um als solcher bezeichnet zu werden, mußte ein Jagdflieger seine Fähigkeiten eher im Kampf als durch eine festgesetzte Anzahl von Luftsiegen unter Beweis stellen. Bei Zugrundelegung der „Fünf-Abschüsse-Regel" konnte die Luftwaffe etwa 2 500 Asse vorweisen; die Anzahl der Experten war weitaus geringer. Das Ritterkreuz wurde nur gut 500 deutschen Jagdfliegern verliehen. Ein anderer Bereich, in dem sich die Luftwaffe von den Alliierten unterschied, war der Gebrauch eines Punktesystems für Orden, obgleich dieses erst etwa ab 1943 für Kämpfe im Westen angewandt wurde. Einen halben Punkt vergab man für den Abschuß eines bereits beschädigten zweimotorigen Flugzeugs und einen Punkt für den Abschuß eines einmotorigen, die Beschädigung eines zweimotorigen oder die endgültige Vernichtung eines Bombers mit vier Motoren. Zwei Punkte erhielt ein Flieger für den Abschuß eines zweimotorigen Flugzeuges oder das Beschädigen eines mehrmotorigen Bombers dafür, daß er sich von seiner Formation trennte. Drei Punkte wurden für den Abschuß eines mehrmotorigen Bombers zuerkannt. Wie wir später noch sehen werden, war letzteres unerhört schwierig zu bewerkstelligen.

Ab ungefähr 1943 führte die unvorhergesehen hohe Zahl von Abschüssen durch die Experten zu einer gewissen Vereinheitlichung bei der Ordensvergabe. An der Ostfront wurde das Ritterkreuz nach 75 Luftsiegen verliehen, das Eichenlaub zum Ritterkreuz nach 100 bis 120 Siegen, das Eichenlaub mit Schwertern (respektlos auch „Kohl mit Messer und Gabel" genannt) bei 200 und schließlich das Eichenlaub mit Schwertern und Brillanten bei mehr als 250 Siegen.

Im Westen, wo das Punktesystem angewandt wurde, konnte sich ein Pilot das Ritterkreuz mit 40 bis 50 Punkten verdienen. Deshalb wurden 15 schwere Bomber oder 40 bis 50 Jäger im Westen genauso bewertet wie 75 sowjetische Flugzeuge, die größtenteils einmotorig waren, im Osten.

Wenn wir davon ausgehen, daß die unglaublichen Abschußziffern der Experten wenigstens in der richtigen Größenordnung liegen, so stellen sich sogleich folgende Fragen: War ihre Ausstattung in irgendeiner Hinsicht der der Alliierten überlegen? Waren sie besser ausgebildet? Hatten sie eine ausgefeiltere Taktik? Um darauf wenigstens teilweise zu antworten, wollen wir einen Blick auf die Entstehung der Luftwaffe werfen.

Die deutsche Luftwaffe

Gemäß dem Versailler Vertrag von 1919 war Deutschland die Militärluftfahrt ebenso verboten wie die Herstellung von Luftfahrzeugen überhaupt. Das zweite Verbot wurde 1922 gelockert und die Produktion kleiner Zivilmaschinen gestattet. Aus diesem Grund blieb die deutsche Luftfahrt bestehen – ein Umstand, der noch weitreichende Folgen haben sollte.

Obgleich besiegt, blieb Deutschland eine Fliegernation. Im Ersten Weltkrieg waren die Namen der deutschen Jäger-Asse, Boelcke, Richthofen, Udet und viele andere mehr, in aller Munde. Sie wurden zu Vorbildern der folgenden Generation. 1920 wurde auf Betreiben des Kriegsministeriums der Deutsche Luftsportverband gegründet, um die Bevölkerung – insbesondere die Jugend – zu ermutigen, „sich in die Lüfte zu erheben". 1929, größtenteils mit Segelflugzeugen ausgerüstet, konnte diese Organisation 50 000 Mitglieder zählen, weit mehr als in anderen Ländern, in denen Fliegerei, gleich welcher Art, im allgemeinen eine exklusive Domäne der Reichen war. Mit kostenlosem oder subventioniertem Fliegen und Segelfliegen wurde die deutsche Jugend weitaus flugbewußter als die anderer Länder und bildete somit ein großes Reservoir von Bewerbern mit Grundkenntnissen im Fliegen, auf die zurückgegriffen werden konnte, wenn der Zeitpunkt der Aufrüstung kommen sollte.

Im Jahre 1924 versetzte Generaloberst Hans von Seeckt einen seiner Reichswehrprotégées als Leiter der Zivilluftfahrt in das Verkehrsministerium. Ernst Brandenberg war der ehemalige Kommandeur des Englandgeschwaders. Seine Ernennung zeigte, daß die Entwicklung der deutschen Zivilluftfahrt von nun an auf künftige militärische Zwecke ausgerichtet werden sollte.

Nur wenig später ermöglichte ein Geheimvertrag mit der Sowjetunion die Errichtung einer Militärfliegerschule in Lipezk, rund 230 Meilen südlich von Moskau. Mit Focker D XIII ohne Hoheitsabzeichen übten die Deutschen wieder den Luftkampf. Und hier, in diesem militärischen Sperrgebiet in Lipezk, führten sie mit den neuen Kampfflugzeugen ihre Waffenerprobungen durch. Im Jahre 1926 wurde dann als weiterer Meilenstein dieser Entwicklung die staatseigene Luftlinie „Deutsche Lufthansa" gegründet. Während sie angeblich Piloten für die Zivilluftfahrt ausbildete, unterhielt sie in Wahrheit vier Flugschulen, die einen geheimen Kern künftiger Militärflieger bildete.

Als im Januar 1933 die Ernennung Hitlers zum Reichskanzler erfolgte, beschleunigte dieser die Entwicklungen. Eine seiner ersten Ernennungen war die Hermann Görings zum Reichskommissar für Luftfahrtangelegenheiten. Göring, hochdekorierter WK I-Jagdflieger mit 22 Luftsiegen und der letzte Kommodore des Geschwaders Richthofen, war eine charismatische Persönlichkeit, die es verstand, die Massen zu begeistern. Obgleich er zu dieser Zeit ein Mann von mitreißender Tatkraft und erstaunlichen Fähigkeiten war, hatte er noch viele weitere Aufgaben zu bewältigen, und der Auftrag, die neue Luftwaffe aufzustellen, wurde seinem Stellvertreter, Erhard Milch, übertragen, einem ehemaligen Jagdflieger und Vorstandsvorsitzenden der Lufthansa.

Eine der ersten Aufgaben Milchs bestand in der Steigerung der deutschen Produktionskapazität von Flugzeugen. Ausgestattet mit den nötigen finan-

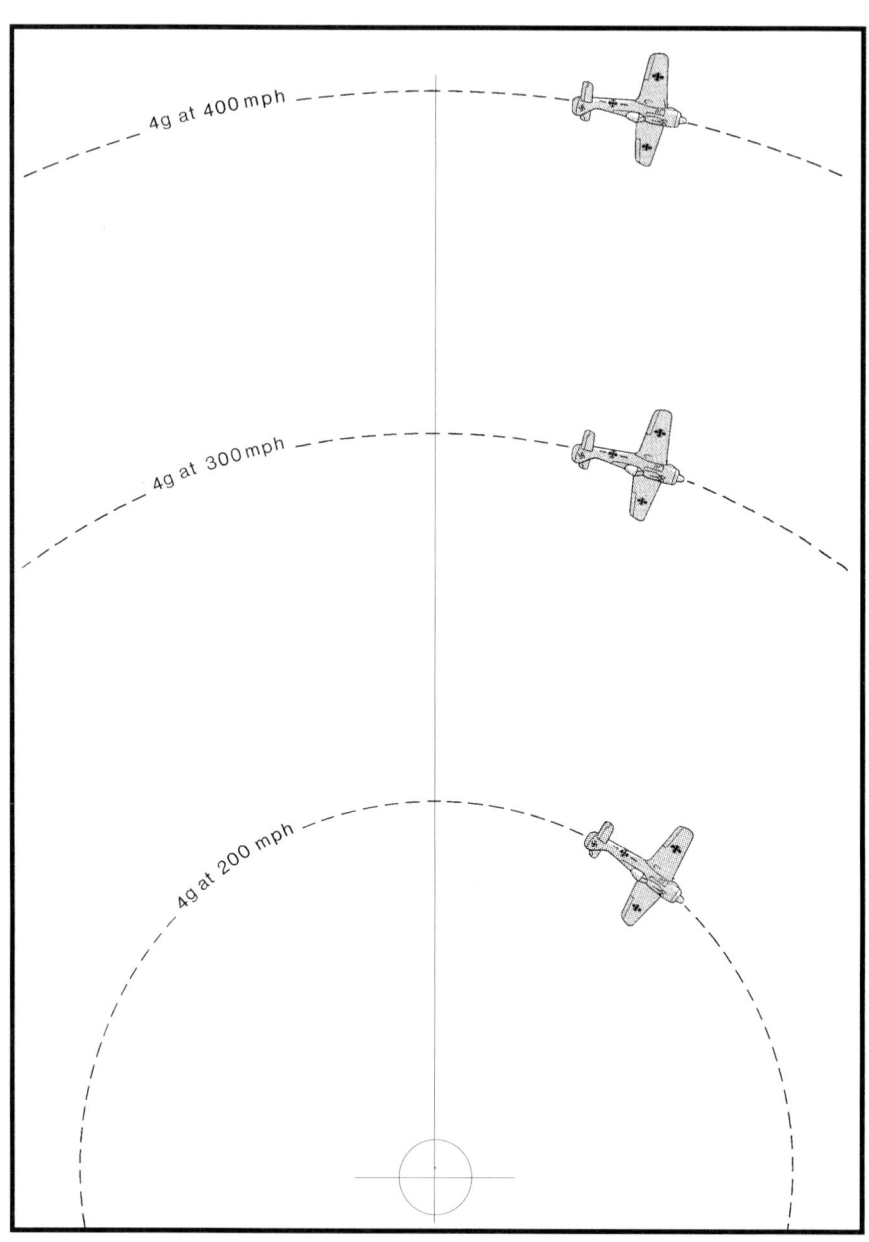

Abb. 1   Auswirkung der Geschwindigkeit auf den Kurvenradius
*Hohe Geschwindigkeit vermindert die Fähigkeit, enge Kurven zu fliegen.
Hier dargestellt sind Wendekreise desselben Jagdflugzeuges in Abhängig-
keit von der Geschwindigkeit. Dadurch wurden die Möglichkeiten eines
Piloten während des Nahkampfs selbstverständlich beeinflußt.*

14

ziellen Mitteln erteilte er, um dieses Ziel zu erreichen, mehreren Unternehmen große Aufträge, auf deren Grundlage sie Produktionsstätten errichten und neue Fabriken ausstatten konnten. Sein Erfolg kann an der Tatsache gemessen werden, daß der monatliche Ausstoß an Flugzeugen 1933 gerade einmal 31 Maschinen betrug, 1935 jedoch um 854 Prozent auf 265 gestiegen war! Vorrangig wurde in die Entwicklung neuer Baumuster, die Anlage neuer Fliegerhorste und die Errichtung weiterer Flugschulen investiert. Diese enormen Anstrengungen konnten dem Ausland nicht verborgen bleiben, so daß im März 1935 die Existenz der neuen Luftwaffe formell bekanntgegeben wurde. Zu Beginn lag deren Personalumfang bei 20 000 Mann und 1 800 Flugzeugen. Im September des gleichen Jahres fand der Erstflug eines völlig neuen Jägers, der Messerschmitt Bf 109, statt, die wahrscheinlich in größeren Stückzahlen hergestellt wurde als jeder andere Jäger. Die Bf 109 war ein Eindecker mit einer Rahmenkonstruktion, einer integrierten Kanzel und einem einziehbaren Fahrwerk im vorderen Teil der Tragflächen, das selbsttätig abgedeckt wurde. Zu jener Zeit stellte sie das „Non plus ultra" im modernen Flugzeugbau dar. Gleichzeitig gelangten weitere neuentwickelte Militärflugzeuge zum Einsatz, unter anderem der Schwere Jäger Bf 110 und der Schnelle Bomber Ju 88. Die Expansion der Luftwaffe in einem derart kurzen Zeitraum, verbunden mit der Entwicklung modernster Militärflugzeuge, die mit denen anderer Länder problemlos konkurrieren konnten, war eine kaum zu übertreffende Leistung.

Grundlegende Jagdtaktiken

Die deutschen Jagdflieger wurden zu diesem Zeitpunkt in den gleichen Standard-Flugmanövern Jäger gegen Jäger ausgebildet, wie sie damals in fast allen anderen Luftstreitkräften üblich waren. Flugakrobatik hatte dabei keinen oder nur einen geringen Stellenwert. Hauptsächlich bestand die Ausbildung darin, ganz enge Kurven zu fliegen, um in eine Position hinter das Heck des Gegners zu gelangen. Obwohl ein enger Kurvenradius von erheblicher Bedeutung für einen Jäger war, kann man diesen Aspekt nicht ohne Einschränkung anführen. Sowohl der Radius als auch die Drehgeschwindigkeit stehen in Abhängigkeit von der Fluggeschwindigkeit selbst: bei zunehmender Geschwindigkeit vergrößert sich auch der Kurvenradius, während die Drehgeschwindigkeit, die in Grad/sec gemessen wird, absinkt (s. Abb. 1). Bleiben ansonsten alle anderen Größen konstant – was selten der Fall ist –, wird sich das langsamere Flugzeug schneller drehen.

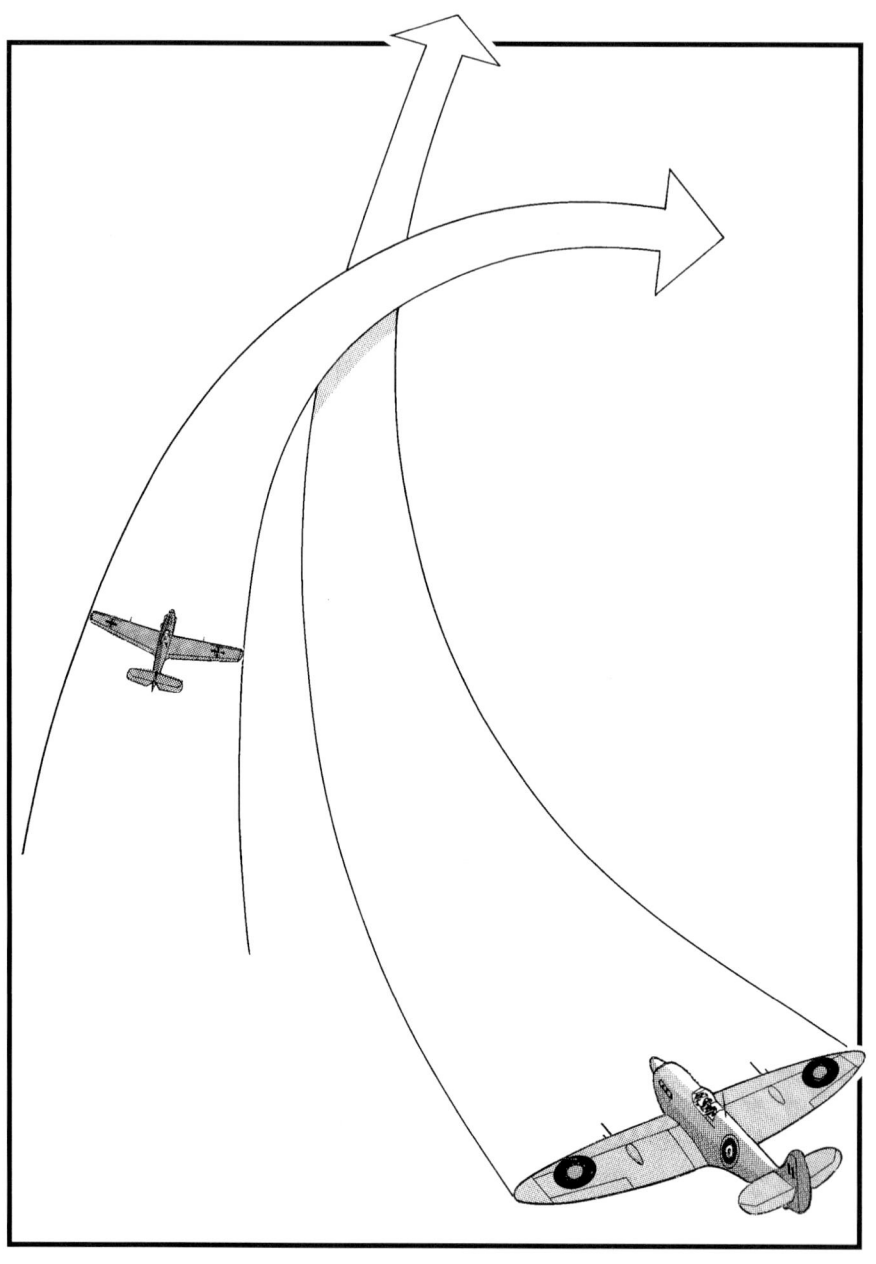

Abb. 2   Wegbrechen
Dies ist das Standardverfahren wenn man von hinten angegriffen wird:
Man dreht so eng wie möglich in Richtung des Angreifers ab.
Schießen war bei einem querfliegenden Ziel schwierig, und war der
Angreifer schneller, flog er häufig am Ziel vorbei.

Angriffe wurden im allgemeinen aus größerer Höhe angesetzt, oft mit der Sonne im Rücken. Meist ergab sich daraus eine Angriffskurve, die den Angreifer hinter seinen Gegner brachte. Wurde der Angreifer nicht erkannt und war sein Schuß genau, ging er sehr wahrscheinlich als Sieger hervor. Wurde der Angreifer jedoch beim Anflug bemerkt, flog der Angegriffene ein Ausweichmanöver, und der Kampf begann. Das grundlegende Ausweichmanöver war das Wegbrechen (s. Abb. 2). Hier drehte das angegriffene Flugzeug so eng wie möglich in Richtung auf den Angreifer, der sich nur sehr selten in gerader Linie dahinter befand. Das erhöhte schlagartig den Vorhaltewinkel und brachte den Angreifer in eine denkbar ungünstige Schußposition. War die Drehfähigkeit beider Flugzeuge etwa gleich gut und der Geschwindigkeitsunterschied nicht allzu groß, folgte ein klassisches Kurven, wobei jeder bestrebt war, den anderen auszumanövrieren, um in Schußposition zu kommen. Da enges Kurven die Geschwindigkeit reduzierte, verwandelten sich die Kreise in eine Abwärtsspirale. Dies konnte erst durch das Eingreifen eines weiteren Flugzeuges oder dann beendet werden, wenn die untere Maschine wegen Bodennähe gezwungen wurde, wieder hochzuziehen.

Da der Angreifer in der Absicht, den Abstand zu verringern, häufig erheblich schneller fliegt als sein Gegner, ist er meist nicht in der Lage, eine Position im Innenkreis zu halten, und fliegt an seinem Ziel vorbei nach außen. Das gibt dem Verteidiger die Möglichkeit, den Spieß umzudrehen, indem er seine Flugrichtung wieder in Richtung seines Gegners ändert. Jetzt kann der Angreifer wenden. Daraus ergibt sich eine Folge von Kehren, die „Schere" (s. Abb. 3) genannt wird, und in der beide Flugzeuge versuchen, die Heckposition einzunehmen, ein Vorteil, die der wendigeren Maschine zuteil wird. Bei der Schere ist die Fähigkeit zum schnellen Rollen häufig noch von größerer Bedeutung als die, enge Kurven zu fliegen, da sie schnelle Richtungsänderungen ermöglicht.

Sobald ein Angreifer vorbeifliegt, hat er zwei Möglichkeiten, in die Schere zu gelangen, indem er seine höhere Geschwindigkeit ausnutzt: Er kann außer Reichweite wegdrücken oder hochziehen und seinen Geschwindigkeitsüberschuß in Höhe verwandeln. Eine Drehung um die Längsachse beim senkrechten Aufstieg erlaubt ihm wieder, in die Waagrechte zu gehen, aus der er jede Richtung fliegen kann, die er möchte, bereit zu einem weiteren Sturzangriff. Der heutige Name für diese Drehung lautet „Immelmann" (s. Abb. 4). Eine Variante besteht darin, am Ende des Hochziehens zu kippen, sich durchsacken zu lassen und im Sturzflug gleich einen zweiten Angriff zu fliegen. Auf diesen Tricks basiert der ganze Jagdkampf.

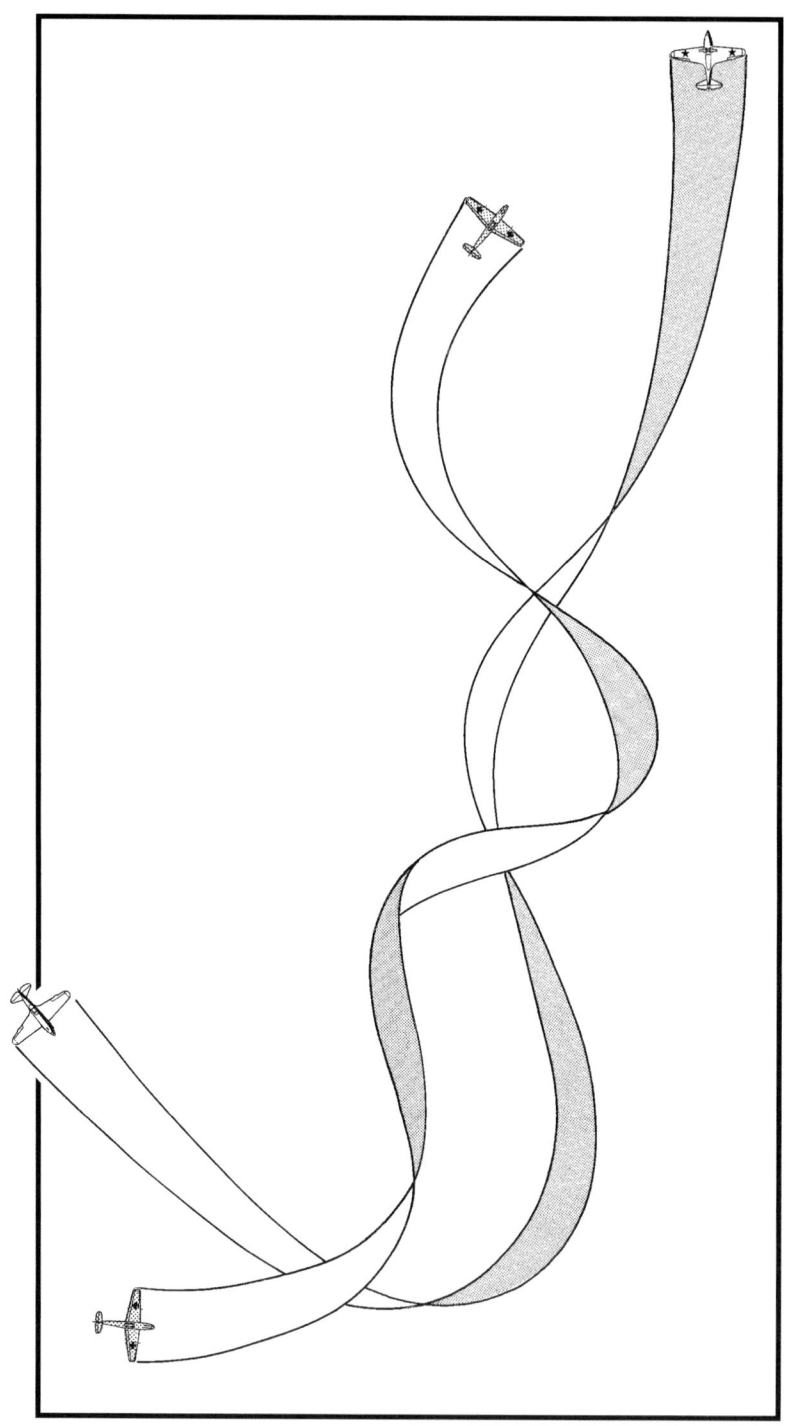

Abb. 3 Die Schere

Flog der Angreifer wegen Wegbrechens am Ziel vorbei, konnte er durch eine Folge von Kurven in Rücklage, genannt „Schere", gezwungen werden, voran zu fliegen. Nicht zu empfehlen gegen ein Flugzeug, das besser kurvt.

Die Legion Condor

Die Vorbereitung und Übung für den Krieg erfolgt größtenteils auf theoretischen Grundlagen. Die Schwierigkeit besteht darin, daß das Training unter künstlichen Bedingungen stattfindet. Nur selten kommt jemand um, und dann auch nur durch einen Unfall. Bevor scharf geschossen wird, weiß niemand recht, was geschehen wird, wie Flugzeug und Besatzung abschneiden und welche unerwarteten Probleme sich ergeben. In dieser Hinsicht hatte die Luftwaffe Glück: Ein Bürgerkrieg brach fast direkt vor der Haustür Deutschlands aus und ließ sich als Übungs- und Erprobungsplatz für neue Ideen und Theorien nutzen.

Der Spanische Bürgerkrieg, der 1936 begann, war ein Kampf zwischen Nationalisten, nur oberflächlich getarnten Faschisten, und Republikanern, kaum getarnten Kommunisten. Hitler, ein erklärter Gegner des Bolschewismus, ergriff natürlich Partei für die Nationalen und unterstützte sie, wo immer er konnte. Dieses Anliegen teilten noch andere mit ihm: Benito Mussolini schickte ein starkes italienisches Hilfskontingent. Um ein gewisses Gleichgewicht der Kräfte zu schaffen, ließ Stalin den Republikanern erhebliche sowjetische Hilfe zukommen. So profitierten drei Nationen von den Kriegserfahrungen in Spanien. Die Umstände bewirkten jedoch, daß auf dem Gebiet der Luftkriegsführung nur die Luftwaffe einen wirklichen Nutzen aus diesem Krieg ziehen konnte.

Um die Fiktion der Legalität aufrecht zu erhalten, waren die Deutschen „Freiwillige", die Spanien als „Touristen" auf Ausflugsdampfern nach und nach erreichten. Die ersten deutschen Jäger, die dort eintrafen, waren Heinkel He 51-Doppeldecker. Sie wurden den Spaniern übereignet, die aber nur wenig mit ihnen bewirkten. Dies hatte zur Folge, daß deutsche Fluglehrer die Sache selbst in die Hand nahmen und die Einsätze flogen. Sämtliche Flugzeuge trugen spanisch-nationale Hoheitsabzeichen, eine Gewohnheit, die sogar dann beibehalten wurde, als die Legion Condor zu einer Mini-Luftwaffe mit eigenen Jäger-, Bomber- und Aufklärungsgeschwadern herangewachsen war.

Der Luftkampf glich anfangs sehr dem des Ersten Weltkriegs mit Jägern in „Kette", eine Formation in V-Form oder seitlicher Staffelung. Das Standardverfahren bestand darin, von oben aus der Sonne heraus anzugreifen, wonach sich der Kampf in eine Serie von Einzelkämpfen auflöste.

Anfangs lief alles gut für die Nationalisten, deren Gegner sich aus einem bunten Haufen internationaler Freiwilliger zusammensetzte, die eine ganze Bandbreite unterschiedlichster und veralteter Flugzeuge flogen. Doch das änderte sich, als im Oktober 1936 ein großes Kontingent Sowjets auf-

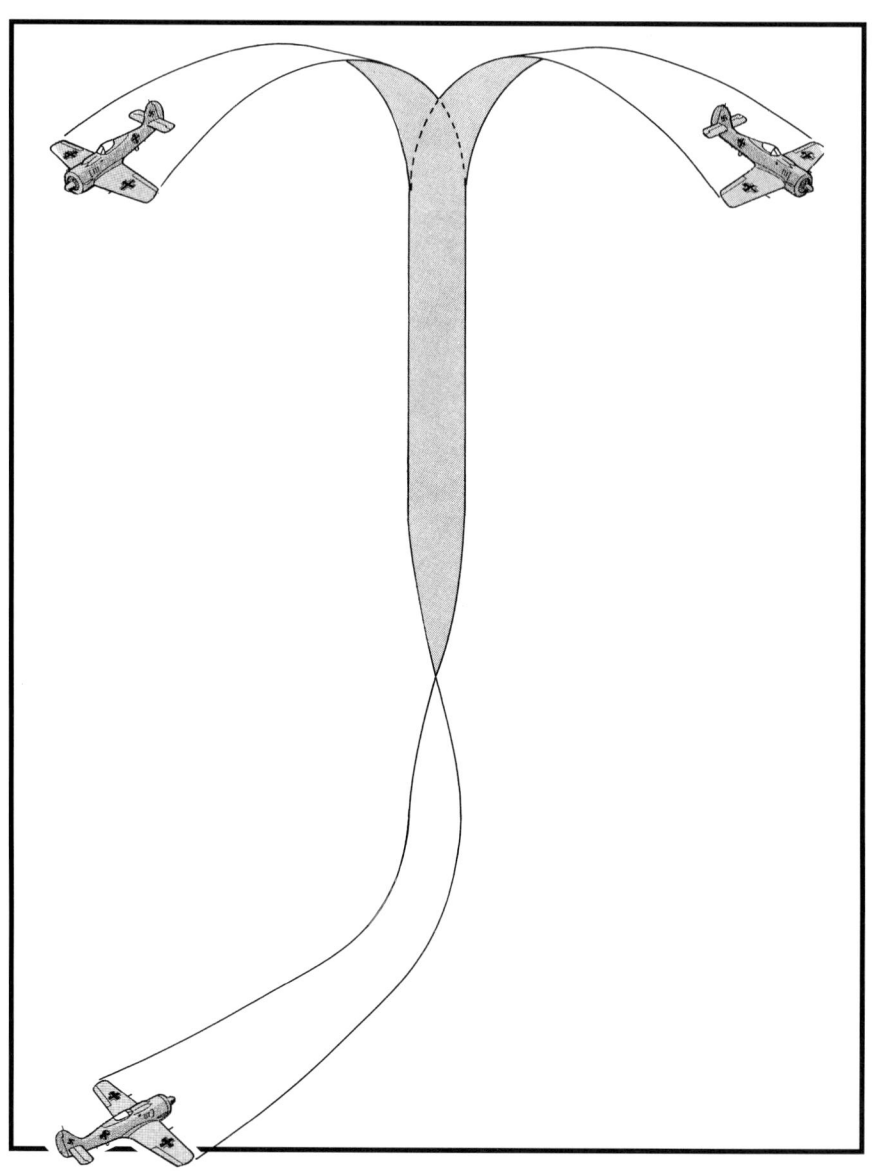

Abb. 4 Die Immelmann-Kehre

Der „Immelmann" ist nach dem Fliegerass des Ersten Weltkriegs,
Max Immelmann, benannt. Das Flugzeug kann so in eine neue
Ausgangsposition gebracht werden, ohne sich horizontal allzuweit zu
versetzen. Die Maschine zieht erst senkrecht hoch, dreht dann durch
Kippen in die gewünschte Richtung und beendet das Hochziehen
durch Übergang in den Geradeausflug.

tauchte, das mit Polikarpov I-15- und I-16-Jägern sowie Tupolev SB-2-Bombern ausgestattet war, um den bedrängten Republikanern zu helfen. Zu diesem Zeitpunkt war die I-16 der modernste Jäger im Truppendienst überhaupt auf der Welt. Im Sturz- und Steilflug übertrumpfte er die wendigen italienischen Fiat GR 32 und war den deutschen He 51 haushoch überlegen. Die I-15 war ein Doppeldecker, deren überlegene Leistung die deutschen Jäger auf allen Gebieten übertraf, während der SB-2-Bomber so schnell war, daß er vom Heinkel-Doppeldecker kaum bekämpft werden konnte.

Im Frühjahr wurde das Gleichgewicht durch die Lieferung der ersten Bf 109 B teilweise wiederhergestellt. Diese Flugzeuge teilte man der zweiten, von Günther Lützow geführten Staffel der Jagdgruppe 88 zu. Angetrieben von einem Junkers Jumo 210 D- oder E-Motor und mit drei MG-17 7,9-mm-Maschinengewehren bewaffnet, reichte die 109 B zwar auf keinem Gebiet an die Nachfolgebaumuster heran, war aber in mancherlei Hinsicht ein besserer Jäger als die I-16. Es war zu diesem Zeitpunkt vielleicht eine Laune des Schicksals, die den Weg der Legion Condor veränderte und damit auch den der gesamten Luftwaffe auf dem Gebiet der Jagdkampftaktik. Als erste Ladung waren nämlich nur sechs Flugzeuge verschifft worden, und weitere Lieferungen ließen auf sich warten. Dieser Umstand in Verbindung mit der Erfahrung, daß der erste Kampfeinsatz jedes neuen Jägers mit Wartungs- und Instandsetzungsproblemen verbunden ist, hielt die Anzahl der einsatzbereiten 109 für einen längeren Zeitraum gering. Lützow und sein Co-Staffelführer, Joachim Schlichting von der I./J88, waren daher zur Improvisation gezwungen.

Es war schwierig und häufig eine Vergeudung von Maschinen, aus der geringen Anzahl einsatzbereiter Flugzeuge Ketten zusammenzustellen, die aus drei Jägern bestanden. Aus vier einsatzbereiten Maschinen ließ sich eine Kette bilden, und ein Flugzeug blieb übrig. Eine naheliegende Lösung bestand darin, je zwei Flugzeuge als Rotte einzusetzen, wobei zwei Rotten einen Schwarm bildeten. Im Einsatz stellte sich heraus, daß zwei Jäger taktisch weitaus beweglicher waren als ein Trio. Auch beim Funksprechbetrieb zeigten sich Vorteile: Da der Gebrauch von Handzeichen weitgehend nicht benötigt wurde, ließen sich die Zwischenräume vergrößern. Nach einigen Versuchen zeigte sich, daß der günstigste Abstand zwischen zwei nebeneinanderfliegenden Flugzeugen bei 200 m lag. Mit einem Blick zum Nachbarn konnte jeder der beiden Piloten den toten Winkel unter und hinter seinem Kameraden abdecken. Die Zusammenarbeit wurde sehr erleichtert. Wenn eines der beiden Flugzeuge von hinten bedroht wurde und der Gegner zum Angriff überging, drehte sein „Katschmarek" (Rottenkamerad: ein alter, schlesischer Nachname) einfach in die gleiche Richtung. Wenn

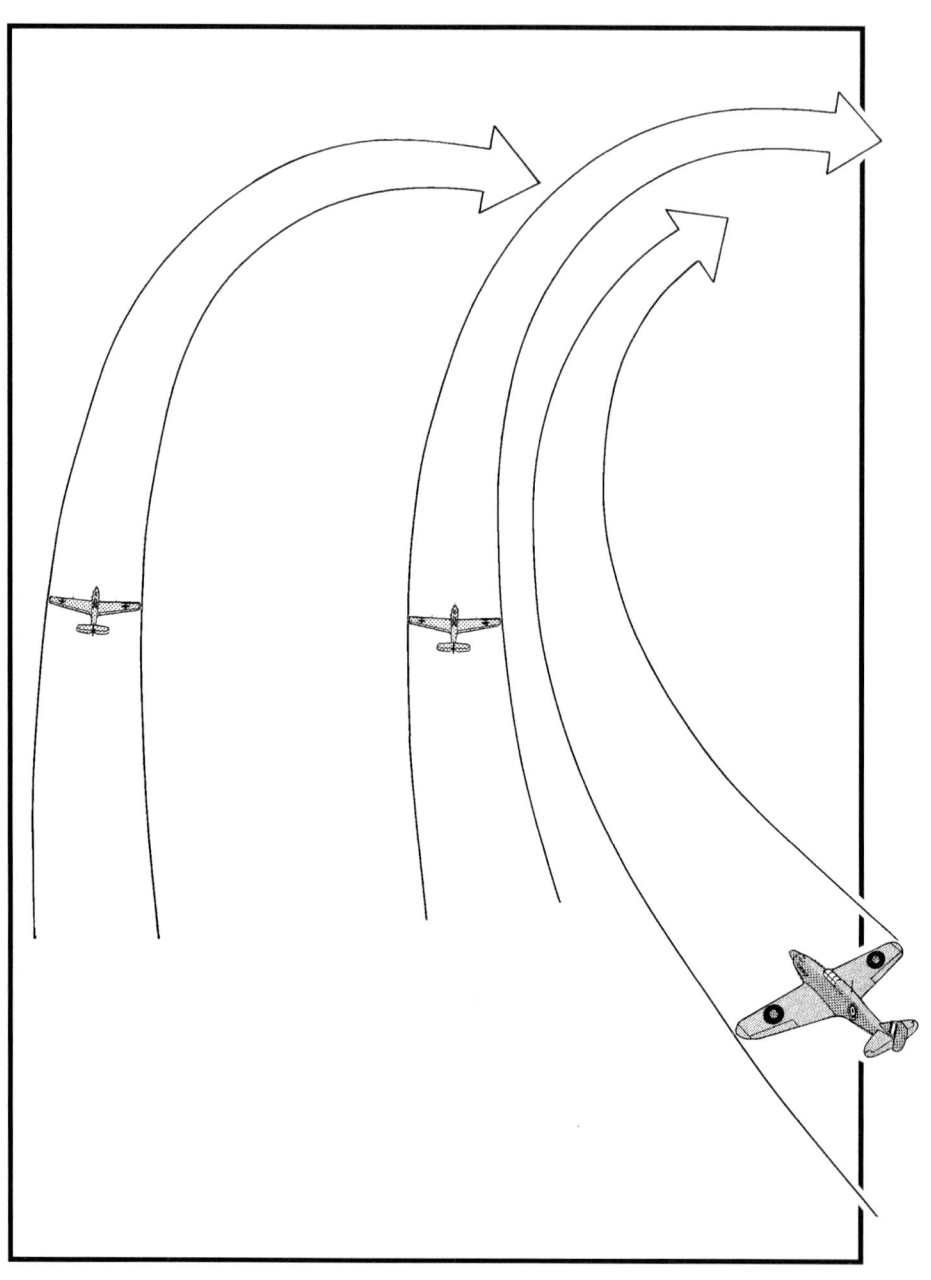

Abb. 5   Die Zange
Jedes Jagdflugzeug, das eine deutsche Rotte angriff, lief in Gefahr,
in die Zange genommen zu werden, weil die beiden Flugzeuge mit recht
großem Zwischenraum nebeneinander flogen.

der Angreifer seinem Opfer beim Wegbrechen folgte, hatte er sofort dessen Rottenkameraden am Heck, der ihn in die Zange nahm (s. Abb. 5). Wenn der Rottenführer einen Angriff flog, war die Position des Rottenfliegers genau richtig: Er konnte sich zurückfallen lassen, dem Rottenführer den Rücken freihalten und ihm die Gelegenheit verschaffen, sich ausschließlich auf den Angriff zu konzentrieren. Dieser wiederum wußte, daß er bei drohender Gefahr gewarnt werden würde.

Die He 51 wurde bis zum April 1938 bei der III./J88 zur Luftnahunterstützung eingesetzt und dann durch die Bf 109 C ersetzt, die zwar mit vier MG-17 bewaffnet war, im übrigen aber dem Baumuster B entsprach. Zum gleichen Zeitpunkt wurde der Oberbefehl dieser Einheit von Adolf Galland auf Werner Mölders übertragen – zwei berühmte Namen in den Annalen der Luftkriegsführung. Mölders war es, der die Grundidee Rotte/Schwarm zu einer verheerend wirksamen Kampftechnik verfeinert hat. Der erste Schritt bestand darin, den Rottenflieger hinter seinem Führer leicht zurückfallen zu lassen in eine Art flache Kette, oder, um die amerikanische Terminologie zu verwenden, „a slightly sucked line abreast". Die zweite Rotte, die den Schwarm vervollständigte, fiel noch weiter zurück und bildete das, was als die klassische „Vier-Finger-Formation" bezeichnet wurde, bei der man sich die Jäger an den Fingerspitzen einer ausgestreckten Hand vorstellen muß. Eine weitere Verfeinerung bestand darin, die Paare in unterschiedlicher Höhe fliegen zu lassen, wobei die zweite Rotte eine höhere, der Sonne entgegengesetzte Position einnahm. Das steigerte die Wahrscheinlichkeit, einen Angreifer zu entdecken, der aus der Sonne kam.

Nachdem man größere Zwischenräume eingeführt hatte, rund 600 m für einen Schwarm, wurden scharfe Richtungsänderungen zum Problem. Drehte man auf herkömmliche Weise, führte das dazu, daß der Pilot ganz außen mit höchster Drehzahl dahinjagen, der Innenmann das Gas aber fast bis zum Leerlauf zurücknehmen mußte. Mölders löste das Problem mit der „Kreuzwende" (s. Abb. 6). Dabei befahl der Schwarmführer die neue Richtung, und der Pilot am äußersten Flügel drehte hart nach innen ab, wobei er die Flugbahn seiner Kameraden oberhalb kreuzte. Einen Augenblick später folgte ihm der nächste und so weiter, bis alle Flugzeuge in die gewünschte Richtung gedreht hatten, wobei sie ihre Position im Schwarm tauschen konnten. Diese Methode ermöglichte rasche Richtungsänderungen ohne Kunstgriffe mit dem Gashebel, und jede Maschine konnte zügig einkurven. Die großen Abstände schlossen die Möglichkeit eines Zusammenstoßes aus und ermöglichten eine ununterbrochene Überwachung des Luftraums. Die erforderlichen Änderungen in der Höhenstaffelung konnten durchgeführt werden, während die Formation in die neue Richtung einschwang.

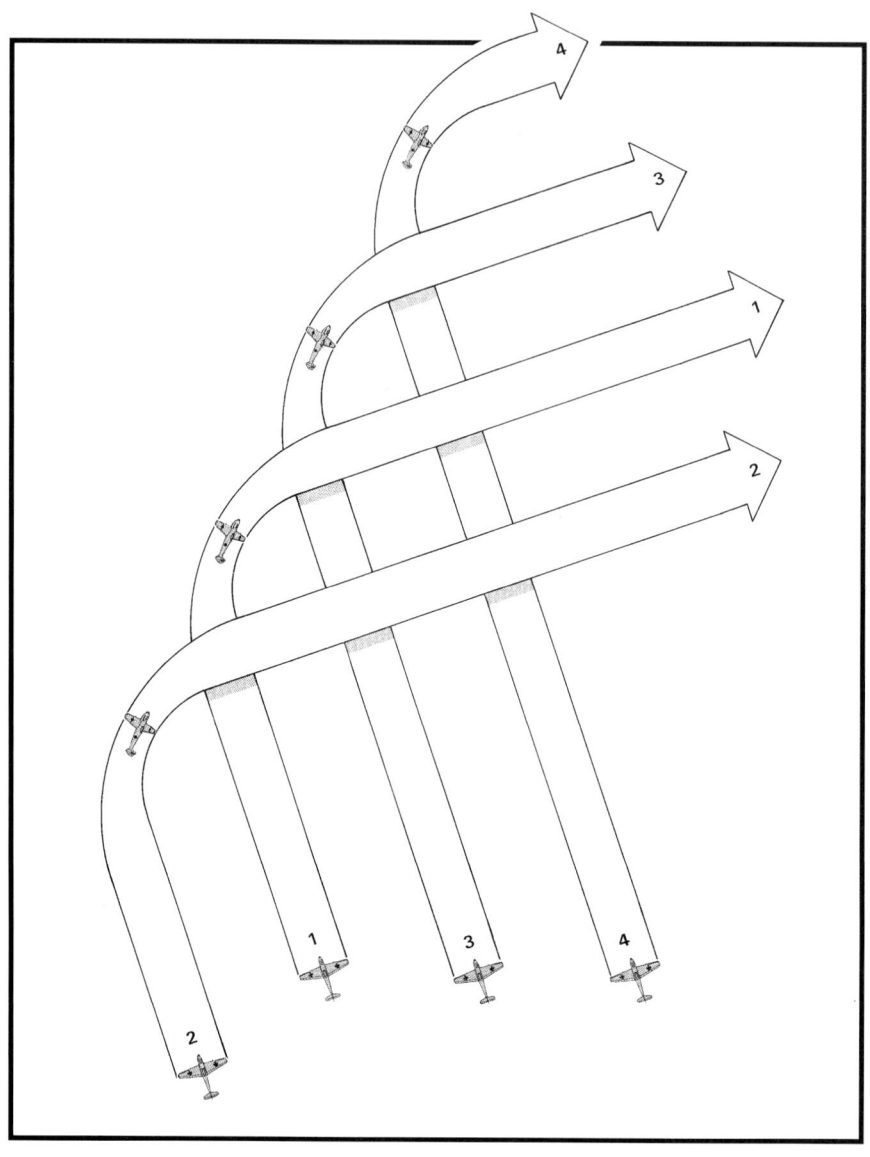

Abb. 6 Schwarmformation und Kreuzkehre

Der typische Schwarm bestand aus zweimal zwei Maschinen, die unter-
einander je 200 m Zwischenraum hielten. Dadurch behielten die Piloten
den Überblick, und die Gefahr von Zusammenstößen wurde verringert.
Wollte die Formation um 90 Grad wenden, dann zog die Maschine ganz
außen hoch und drehte über die Flugrichtung der nächsten ein. Dann
folgten die anderen nacheinander und flogen in der neuen Richtung
weiter, wobei die Grundformation erhalten blieb.

24

Die Erfindung der Kreuzwende wird häufig Werner Mölders zugeschrieben, was jedoch falsch ist. Die Anfänge dieses Manövers sind in den Wirren der Geschichte verloren gegangen, aber es scheint, als seien sie bereits 1918 der Royal Air Force bekannt gewesen. Auf jeden Fall wurde sie in der ersten Vorschrift der RAF von 1922 für das „V" mit fünf Flugzeugen beschrieben. Anschließend scheint sie nicht mehr angewandt worden zu sein, womöglich aufgrund der Schwierigkeiten und Gefahren, sie in einer Formation mit mehreren Flugzeugen auszuführen, die vielleicht nur 30 m Abstand voneinander hielten. Wie bei manch anderer guter Idee war auch ihre Zeit noch nicht gekommen. Denkbar ist, daß erst der größere Abstand zwischen den Flugzeugen, der beim J 88 im Spanischen Bürgerkrieg eingeführt wurde, dieses Flugmanöver praktisch durchführbar machte.

Der nächste taktische Schritt betraf den Grundsatz der Zusammenfassung der Kräfte. Zu diesem Zeitpunkt gab es keinen Engpaß an Jägern mehr, so daß es häufig wünschenswert war, die gesamte Staffel von zwölf Flugzeugen als geschlossenen Gefechtsverband einzusetzen. Die Staffelformation bestand dann aus drei Schwärmen, sei es in gerader Linie nebeneinander oder leicht zurückgebogen, mit Höhenstaffelung entgegengesetzt zur Sonne oder geradeaus rückwärts überhöht. Die Standardverfahren beim Angriff waren Sturzflug und anschließendes Hochziehen, wie gegen die sowjetisch-republikanischen Verbände eingeführt, da die Bf 109 bei Herumkurven gegen die wendigeren russischen Jäger gefährdet war.

Die Beteiligung der Legion Condor am Spanischen Bürgerkrieg machte es möglich, die grundlegende deutsche Jagdkampftaktik so zu entwickeln, daß nur geringfügige Änderungen erforderlich wären, würde ein neuer Weltkrieg ausbrechen. Dagegen mußten die Alliierten noch manche harte Lektion hinnehmen, bevor sie schließlich gleichzogen. Ein weiterer Vorteil war der, daß sich das Personal in Spanien in kurzen Abständen bei den Einsätzen abwechselte und man so innerhalb der Luftwaffe ein großes Kontingent kriegs- und kampferfahrener Piloten bilden konnte. Das wirft dennoch die Frage auf, warum die Italiener und Sowjets nicht entsprechend lernten?

Aus italienischer Sicht waren ihre CR.32-Jäger den russischen I-15 und I-16 völlig unterlegen. Nur allzu oft hing das Überleben lediglich von der hohen Wendigkeit ihrer Fiats ab, und sie betrachteten dies selbstverständlich als eine Kardinaltugend - eine Einstellung, die von einer derart kunstfliegerisch eingestellten Streitkraft nur allzu gern gezeigt wurde. Die Sowjets lernten etwa die gleichen Lektionen wie die Deutschen. Sie übernahmen erst Sturzflug- und Hochziehverfahren und kopierten dann das deutsche Paar und die Vier als „Pary" und „Zveno". Im Verlauf des Jahres

1938 begannen sie, diese taktischen Methoden in der Jagdfliegerei der gesamten Sowjetunion einzuführen. Daß sie nicht recht zur Auswirkung kamen, ist fast ausschließlich Stalins wahnsinnigen Säuberungsaktionen im Offizierkorps zuzuschreiben, die so manchen erfahrenen Spanienkämpfer in den Tod riß.

Der Spanische Bürgerkrieg endete im März 1939, als der republikanische Widerstand zusammenbrach. Die Legion Condor wurde aufgelöst, und ihre Angehörigen kehrten zu ihren Verbänden zurück. Ihre Erfahrung im modernen Luftkampf beeinflußte die Ausbildung der deutschen Jagdpiloten ganz erheblich. Die spanischen Erfahrungen wurden nicht nur bereitwillig aufgegriffen, auch die Schulung wurde von nun an wirklichkeitsnaher gestaltet. In den Luftverbänden anderer Nationen bestand das Training im allgemeinen im Zweikampf, mit beiden Gegnern aus dem gleichen Verband und demselben Flugzeugtyp. Das engte die Ausbildung auf fliegerisches Können und Erfahrung ein. Die deutschen Jagdflieger aber blickten auf eine weit größere Erfahrung zurück. Ein Großteil ihrer Ausbildung bestand in Luftkämpfen mit mehreren Maschinen – vier gegen vier, manchmal auch Staffel gegen Staffel –, wobei man das erhöhte Risiko von Zusammenstößen in der Luft in Kauf nahm. Das sollte sich in den folgenden Jahren auszahlen.

1. Glänzende Siege

„Ich habe in den vergangenen Jahren mein Bestes getan, um unsere Luftwaffe zur größten und stärksten der Welt zu machen. Die Schaffung des Großdeutschen Reiches wurde hauptsächlich durch die Stärke und sofortige Einsatzfähigkeit der Luftstreitkräfte ermöglicht. Geboren aus dem Geist der deutschen Luftwaffensoldaten des Ersten Weltkrieges, beflügelt von dem Glauben an unseren Führer und Oberbefehlshaber, so steht die Luftwaffe heute da, bereit, jeden Befehl des Führers in Blitzesschnelle und mit unvorstellbarer Macht auszuführen."

Hermann Göring, August 1939

In den Jahren, die dem Zweiten Weltkrieg vorangingen, besetzte Deutschland Österreich und einen Teil der damaligen Tschechoslowakei. Beide Operationen wurden erfolgreich und ohne Blutvergießen durchgeführt. Nun sollte es Polen treffen. Die Polen, nahm man an, würden Widerstand leisten, aber, da sie in Anzahl und Ausrüstung sowohl in der Luft als auch am Boden unterlegen waren, blieb ein deutscher Sieg nur eine Frage der Zeit. Womit Hitler nicht gerechnet hatte, war, daß England und Frankreich sich verpflichtet sahen, Polens Souveränität tatsächlich zu garantieren, und daß ein Krieg mit diesen beiden Großmächten somit unvermeidbar schien.

Die englisch-französische Garantie erwies sich jedoch als wertlos. Mit der Luftwaffe als Führungsspitze des Angriffs wurde Polen in wenigen Wochen eingenommen, und der Plan militärischer Unterstützung in Gestalt britischer und französischer Fliegerverbände konnte nicht rechtzeitig ausgeführt werden. Es folgte die Phase des „Sitzkrieges", der im Frühjahr 1940 abrupt endete, als die Wehrmacht in einer raschen Folge beeindruckender Feldzüge nacheinander Dänemark, Norwegen, Holland, Belgien, Luxemburg und Frankreich überrannte und besetzte. In jedem dieser Feldzüge spielten die Jagdflieger eine entscheidende Rolle, da sie den Himmel von feindlichen Jägern säuberten und damit ihren Bombern ermöglichten, fast unbehelligt tätig zu sein. Währenddessen fügten sie den alliierten Bomberformationen entsetzliche Verluste zu, als diese versuchten, in die Bodenkämpfe einzugreifen.

Übersicht 1 - Polnische Jagdfliegerverbände am 1. September 1939

	Staffeln	Flugplatz	Flugzeuge
Jagdbrigade	111 u. 112	Warschau-Okecie	23 PZL P.11c
Jagdbrigade	113 u. 114	Warschau-Okecie	22 PZL P.11c
Jagdbrigade	123	Krakau	10 PZL P.7
Armee Lodz	161 u. 162	Widzev	10 PZL P.11c, 2 PZL P.11a
Armee Krakau	121 u. 122	Igolomie	20 PZL P.11c
Armee Modlin	152	Szpondowo	9 PZL P.11c, 1 PZL P.11a
Armee Pomorze	141 u. 142	Markowo	22 PZL P.11c
Armee Poznan	131 u. 132	Dzieznica	22 PZL P.11c/a
Armee Gr. Narew	151	Zalesie	10 PLZ P.7

Der Angriff gegen Polen

Dem Angriff Deutschlands gegen Polen am Morgen des 1. September 1939 folgten fast sechs Jahre, in denen es an Europas Himmel nicht mehr ruhig wurde. Der Feldzug war im voraus sorgfältig vorbereitet worden. Die polnischen Luftstreitkräfte sollten durch eine Reihe von Angriffen auf die Flugplätze ausgeschaltet werden, um damit den Weg für Jagd- und Bombergeschwader zur Unterstützung der Bodentruppen freizuhalten.

Die Durchführung verlief jedoch nicht ganz planmäßig. Die vorangegangene Phase internationaler Spannungen ermöglichte es den Polen, ihre Einsatzflugzeuge auf Behelfsflugplätze zu verteilen. Zusätzlich vereitelte Morgennebel die deutsche Planung. Als dann der Angriff auf die Flugplätze endlich durchgeführt wurde, waren davon ausschließlich veraltete und völlig defekte Kampfflugzeuge und Ausbildungsmaschinen betroffen. Trotz dieses anfänglichen Mißerfolgs befand sich die Luftwaffe jedoch eindeutig im Vorteil. Sie besaß nicht nur eine nennenswerte Überlegenheit in der Anzahl der Flugzeuge, die ihren waren denen der Polen auch qualitativ haushoch überlegen. Darüberhinaus übertraf sie dank der spanischen Erfahrungen auch hinsichtlich Jagdfliegertaktik und Ausbildung jede andere Nation der Welt.

Die polnischen Luftstreitkräfte waren kurz vor dem Krieg reorganisiert worden. Am 1. September 1939 verfügten die Jagdverbände über gerade mal 161 Maschinen, darunter 30 veraltete PZL P.7, die eine Frontbreite von rund 560 Kilometern verteidigen sollten. Verschlimmert wurde die Situation dadurch, daß es keine einheitliche Führung gab. Eine ziemlich starke

Übersicht 2 - Jagdfliegerverbände, die am Polenfeldzug teilnahmen

Verband	Stärke	Flugzeugtyp	Flugplatz
Luftflotte 1			
I./JG 21	29	Bf 109C und E	Elbing
I.(Z)/LG 1	32	Bf 110B und C	Elbing
I.(J)/LG 2	36	Bf 109E	Lottin/Malzkow
Luftflotte 4			
I./JG 4	45	Bf 109E	Wien/Aspern
I./ZG 2	44	Bf 109D	Gross Stein
I./ZG 76	31	Bf 110B und C	Ohlau

Jagdbrigade mit vier Staffeln und 45 Jägern war in Warschau stationiert, außerdem eine einzelne, nicht voll aufgefüllte Staffel weit im Süden in Krakau mit zehn veralteten Maschinen. Alle übrigen Flugzeuge waren in den verschiedenen polnischen Armeebereichen zur Luftverteidigung und zum Begleitschutz von Bombern verstreut (s. Tafel 1). Diese Handvoll Jäger, die nach dem Stand der Technik bereits völlig veraltet waren, operierten von Behelfsflughäfen aus und wandten Flugverfahren an, die sich seit 1917 nicht verändert hatten. Auf diese Jäger traf die geballte Kraft der deutschen Luftwaffe. Das dürftige Frühwarnsystem der Polen stützte sich auf Luftraumspäher, die durch recht unzulängliche Fernmeldeverbindungen vernetzt waren. Sobald das Gefecht begann, brach auch der letzte Anschein zentraler Führung zusammen. Gegen die polnischen Flieger traten die Luftflotten 1 und 4 an, rund 1 500 Flugzeuge insgesamt. Im Einsatz befanden sich 648 Bomber, 219 Stukas, 30 Schlachtflieger und 217 ein- und zweimotorige Jäger. Die kleinen und versprengten polnischen Jagdfliegerverbände hatten keine Chance.

Die Vernichtung der deutschen Archive bei Kriegsende erschwert eine genaue Feststellung, welche Fliegerverbände am Polenfeldzug teilgenommen haben. In Übersicht 2 sind diejenigen aufgeführt, von denen es bekannt ist.

Das Ungleichgewicht zwischen den polnischen Jägern und denen der Luftwaffe hinsichtlich der Qualität der Maschinen war sehr groß. Sowohl die P.7 als auch die P.11 waren einmotorige Jäger mit hoch angesetzten Tragflächen, nicht einziehbarem Fahrwerk und offenen Kanzeln. Der Erstflug der P.7 fand im Oktober 1930 statt. Angetrieben wurde sie von einem bei

Skoda gebauten Bristol-»Jupiter«-Sternmotor und erreichte in 3 000 m Höhe eine Geschwindigkeit von gut 320 km/h. Ihre Steigfähigkeit betrug 624 m/min und die Tragflächenbelastung lag knapp unter 83 kg/m^2. Ihre Bewaffnung war mit zwei 7,92 mm MG von Vickers völlig unzureichend. Die P.11 kann im Grunde als eine erheblich verbesserte P.7 bezeichnet werden, die für den leistungsfähigeren Sternmotor von Bristol umkonstruiert worden war. Der erste Prototyp flog im August 1931, und das gängige Baumuster, die P.11c, erreichte in 5 500 m Höhe eine Geschwindigkeit von 390 km/h. Ihr Gewicht hatte erheblich zugenommen, und die Tragflächenbelastung war auf 100 kg/m^2 gestiegen. Ihre Steigfähigkeit in Bodennähe war auf 744 m/min gestiegen - eine Verbesserung um 20 Prozent. Die Bewaffnung bestand aus zwei KM Wz.33 MG 7,7 mm. Man plante den Einbau zweier weiterer Maschinengewehre in die Flügel, doch waren bei Ausbruch des Krieges erst ein Drittel aller P.11 umgerüstet. Mit der Funkausstattung sah es nicht viel besser aus. Zwar war die Beschaffung angelaufen, aber erhalten hatten sie bisher nur wenige Flugzeuge.

In den frühen dreißiger Jahren kam es zu einem Umbruch in Flugzeugbau und -technik, und die wenigen Jahren zwischen der Einführung der polnischen Jäger und der ihrer deutschen Gegner bewirkte erhebliche Unterschiede in Leistungen und Fähigkeiten. In Polen wurden die Messerschmitt Bf 109-Varianten C, D und E eingesetzt. Die Bf 109 D-1 wurde von einem flüssigkeitsgekühlten Daimler-Benz DB 600-Motor angetrieben, der 960 PS leistete. Damit erreichte das Flugzeug eine Höchstgeschwindigkeit von 520 km/h, eine höhere Gipfelhöhe und eine bessere Steigfähigkeit als ihre Vorgänger. Die Bewaffnung bestand weiterhin aus vier MG 17-Maschinengewehren. Versuche, eine FF 20-mm-Maschinenkanone durch die Propellernabe feuern zu lassen, schlugen fehl. Von der D-Variante wurden nur wenige Maschinen gebaut und als Zwischenbehelf bestimmten Gruppen und schweren Zerstörern zugewiesen, bis genügend Bf 110 für deren Ausstattung verfügbar waren.

Dem Baumuster D folgte die Variante E, die erstmals in großem Stil in die Massenproduktion ging. Sie war mit dem DB 601 ausgestattet, der sich durch eine drehzahlabhängige Ladeluftkühlung auszeichnete. Er hatte eine Benzineinspritzung anstelle eines Vergasers und leistete 1 100 PS. Dies führte zu einer deutlich gesteigerten Leistung: eine Höchstgeschwindigkeit von 555 km/h in 3 750 m Höhe, ein Anfangssteigvermögen von 946 m/min und eine Dienstgipfelhöhe von 11 000 m.

Eine Benzineinspritzung hatte den Vorteil, daß man bei negativer g-Beschleunigung Flugbewegungen durchführen konnte und dabei der Motor weiterarbeitete - ein unschätzbarer Vorteil im Luftkampf. Die zwei Maschi-

Allgemeine Hinweise zu Leistungsdaten

Die Wendefähigkeit ist abhängig von zwei Faktoren: der Tragflächenbelastung und der Geschwindigkeit. Haben zwei Jäger die gleiche Geschwindigkeit, so wird der mit der niedrigeren Tragflächenbelastung seinen Gegner ausmanövrieren. Ist er jedoch erheblich schneller als sein Gegner, wird häufig das Gegenteil der Fall sein.

Die Steigfähigkeit steht im Verhältnis zu dem Beschleunigungsvermögen. Der Jäger mit der besseren Steigfähigkeit ist im allgemeinen in der Lage, seinen Gegner auch im Geradeausflug abzuhängen.

Bei Dienstgipfelhöhe vermindert sich die Wendefähigkeit erheblich. Häufig ist eine gute Wendefähigkeit bei Dienstgipfelhöhe ein Hinweis darauf, daß das Flugzeug in größeren Höhen grundsätzlich sehr wendig ist.

Was können wir nun den Leistungsdaten bei einem Vergleich entnehmen? Zum einen ist ersichtlich, daß es den polnischen Jägern schwerfallen würde, sogar die deutschen Bomber abzufangen, ausgenommen, sie warteten bereits an der richtigen Stelle. Bei dem unzureichenden Frühwarnsystem und dem Fehlen von Funkgeräten in den polnischen Jägern würde man eine große Portion Glück brauchen, um das zu bewerkstelligen. Zum anderen ermöglichte es die geringere Tragflächenbelastung den P.7 und P.11, bei gleicher Geschwindigkeit enger zu kurven als ihre Gegner. Aber ihre sonst schlechten Leistungsdaten gestatteten es ihnen nicht, sich mit den deutschen Maschinen im Luftkampf zu messen. Auch konnten sie den Kampf nicht abbrechen, es sei denn, aus welchen Gründen auch immer, der deutsche Pilot entschied sich dazu.

nengewehre im Rumpf wurden ausgebaut, die Tragflächen-MGs jedoch gegen zwei FF 20-mm-Schnellfeuerkanonen ausgetauscht, um die Wirkung im Ziel zu verbessern. Die Tragflächenbelastung war zu jener Zeit mit 156 kg/m^2 für einen einsitzigen Jäger recht hoch und die dementsprechende Wendefähigkeit eher bescheiden.

Der dritte Luftwaffenjäger auf dem polnischen Kriegsschauplatz war die Messerschmitt Bf 110. Geplant als Begleitjäger, flog er erstmals im Mai 1936, ein Jahr nach der 109. Obgleich dieses Flugzeug wesentlich weniger wendig war und nicht so gut beschleunigte wie seine einmotorigen Brüder, zeigte sich bei der Erprobung 1937, daß es deutlich schneller war als die Bf 109 B, die zu jener Zeit gebaut wurde. Sowohl dieser Umstand als auch der absehbare Bedarf eines Langstreckenjägers, der Bomber tief in Feindesland schützen konnte, stellten schließlich seine Einführung in die Luftwaffe sicher.

Die Bf 110 B-1 wurde von zwei wassergekühlten DB 600 A-Reihen-motoren angetrieben und trug eine schwere Bewaffnung, die aus zwei 20-mm-Bordmaschinenkanonen bestand. Dazu kamen vier 7,9 mm MG im Rumpf. Da weitreichende Funkgeräte eingebaut waren, bestand die Besatzung aus zwei Mann. Im Gefecht deckte der Funker den rückwärtigen Bereich und bewirkte einen gewissen Schutz mit einem beweglichen 7,9-mm-MG 15.

Mit Baubeginn des überlegenen DB 601-Motors wurde die Herstellung der B-1 zugunsten der C-1 eingestellt, in die dieses Aggregat eingebaut war. Weitere Verbesserungen betrafen erhebliche Strukturverstärkungen und eine leicht reduzierte Spannweite. Die Höchstgeschwindigkeit der C-1 lag bei 540 km/h in 6 000 m Höhe. Die Steigfähigkeit betrug 660 m/min, die Gipfelhöhe 10 000 m und die Flächenbelastung bei maximaler Nutzlast moderate 160 kg/m^2.

Der erste Jagdkampf des Krieges spielte sich am 1. September ab, als P.11 und P.7 der Jägerbrigade auf Heinkel-Bomber trafen, die in die Richtung ihres Flugplatzes Okecie flogen. Die Begleitjäger Bf 110 der I.(Z)/LG1 reagierten sehr langsam, schossen aber letztendlich zwei P.7 ab. Ihr Kommandeur, siebenfacher Luftsieger und Veteran des Spanischen Bürgerkrieges, Walter Grabmann, wurde bei dem Gefecht verwundet. Das war für die Zerstörer wahrlich kein vielversprechendes Debüt.

Am selben Nachmittag war die I.(Z)/ LG1 wieder in der Luft, diesmal um selbst Bomber nach Warschau zu begleiten. Geführt von Hauptmann Schlief, der den verwundeten Grabmann vertrat, verbissen sie sich erneut mit der Jägerbrigade. Der erste Angriff von oben schlug fehl, aber dann versuchten es die Deutschen mit dem „Lockvogeltrick", einer altbewährten Taktik (s. Abb. 7). Eine einzelne 110 löste sich aus der Gruppe heraus, tauchte ab und flog langsam und unsicher. Eine P.11 tappte in die Falle, nur um vor Schliefs lauernde Rohre zu geraten. Vier weitere polnische Piloten wurden auf diese Art in die Irre geführt und abgeschossen, bevor das Spiel abgebrochen wurde.

Die richtige Kampfweise gegen die polnischen Jäger mit ihrer geringen Tragflächenbelastung waren Sturzflug und Hochziehen bzw. scharfe Angriffe bei hoher Geschwindigkeit. Oft genug jedoch erwies sich die Versuchung, sich in das Kurven einzulassen, als zu groß. Doch war man damit nicht gut beraten. Am Nachmittag des 2. September trafen rund 20 Bf 110 der I./ZG 2 auf sechs P.11, von denen zwei abgeschossen wurden. Eine der beiden ging auf das Konto des künftigen Nachtkampfexperten Helmut Lent, aber die Deutschen verloren drei eigene Maschinen. Die polnischen Jäger mögen zwar veraltet gewesen sein, aber man durfte das Könnnen der

Piloten dennoch nicht unterschätzen. Und ein schwerwiegender Fehler war es, sich auf deren Kampfweise einzulassen.

In wenigen Tagen war die polnische Luftwaffe vernichtend geschlagen. Die Aufgaben als Begleitjäger wurden meist von Bf 110-Piloten übernommen, während der Bf 109 mit ihrer kürzeren Reichweite die Verteidigung zufiel. Der erfolgreichste Jagdflieger des Polenfeldzuges hieß Hannes Gentzen. Er war Kommandeur der I./ZG 2, die mit Bf 109 D ausgerüstet war. Auf sein Konto gingen sieben Luftsiege: zwei Jäger und fünf Bomber. Kein anderer deutscher Jagdflieger erzielte überhaupt fünf Luftsiege.

Im Polenfeldzug verdienten sich einige der zukünftigen Experten, die hier ihre ersten Abschüsse erreichten, ihre Sporen. Zu diesen gehörten die Bf 110-Piloten Wolfgang Falcke von der I./ZG 76 mit drei Siegen und Gordon Gollob aus derselben Staffel, der später als erster 150 Luftsiege verzeichnen konnte. Piloten, die im Verlauf des Krieges berühmt werden sollten, waren Hans Philipp von der I./JG 76, Erwin Clausen und Fritz Geißhardt vom I.(J)/LG 2 sowie Gustav Rödel vom I./JG 21.

Der Frankreichfeldzug

Großbritannien und Frankreich erklärten Deutschland unmittelbar nach dem Angriff auf Polen den Krieg, und ein britisches Expeditionskorps wurde nach Frankreich entsandt. Ihm gehörten eine Luftwaffenkomponente mit Bombern und deren Verbindungsstäben zu den Landstreitkräften sowie vier Jagdstaffeln mit Hurricanes an. Die alliierten Landstreitkräfte traten wenig in Aktion, aber häufig wurden Aufklärer beider Seiten über Frankreich und Deutschland abgefangen, und es kam zu Treffen an der Grenze.

Die kleinste taktische Einheit der „Armée de l'Air" war die „Groupe de Chasse", die aus zwei oder drei „Escadrilles" von je zwölf Jägern bestand. Das entsprach in etwa der „Gruppe" der Luftwaffe und der Einrichtung „Staffel", obgleich die Franzosen kein Gegenstück zum deutschen „Stab" kannten.

Andererseits waren zwei oder drei "Groupes" zu einer "Escadre de Chasse" zusammengefaßt, was, obgleich sie in ihrer Zusammensetzung der eines Geschwaders ähnelte, sich von ihm dadurch unterschied, daß es fest an einen bestimmten Flugplatz gebunden war. Die Verlegung von einem Platz zu einem anderen hatte daher eine Umbenennung des Verbandes zur Folge. Abkürzungen waren im allgemeinen gebräuchlich. So stand z. B. die

Abb. 7   Der Lockvogel
Bis Ende 1943 wurde häufig ein „Lockvogel" eingesetzt.
Dabei handelt es sich um ein Flugzeug, das scheinbar hilflos den
feindlichen Maschinen ausgeliefert ist, jedoch in Wirklichkeit von
eigenen in größerer Höhe gedeckt wird. Danach wurde diese List
wegen der hohen Anzahl feindlicher Jagdmaschinen mit hoher
Leistung ein selbstmörderisches Unterfangen.

34

Bezeichnung GC II/5 für die zweite „Groupe de Chasse" der fünften „Escadre".

Die Taktik der „Armée de l'Air" hatte sich seit 1918 nicht geändert. Der kleinste Baustein bestand aus drei Flugzeugen, eine „Patrouille" in V-Formation, 200 m breit und in der Höhe auf 50 m gestaffelt, die am niedrigsten fliegende Maschine Richtung Sonne. Standardmethode war der Angriff aus der Flanke, was theoretisch zu schwierigem Vorhaltschießen führte, in der Praxis jedoch meist in Verfolgungsjagden endete, um hinter das Heck des Gegners zu kommen. Das Frühwarnsystem bestand aus Beobachtern mit dem unzuverlässigen französischen Telepharsystem/Telefonsystem. Es wurde durch eine Art Funkortung ergänzt, die sich aus Sendern und Empfängern zusammensetzte. Damit ließ sich zwar die ungefähre Richtung der Flugzeuge, nicht aber ihre Flughöhe bestimmen. Die Reichweite betrug lediglich 50 km, und bei Anflug einer Formation lieferte es überhaupt keine zuverlässigen Werte.

Die beiden wichtigsten französischen Jagdflugzeuge bei Kriegsausbruch waren die Morane Saulnier MS.406 und die in den USA gebaute Curtiss Hawk 75. Noch unter der Bezeichnung MS.405 wurde die MS.406 erstmals im August 1935 geflogen. Angetrieben von einem wassergekühlten Hispano-Suiza-Motor mit 860 PS, war sie mit zwei 7,5 mm MGs in den Tragflächen sowie einer 20-mm-Maschinenkanone im Rumpf bewaffnet. Ihre Höchstgeschwindigkeit betrug 490 km/h in 5 000 m Höhe und ihre Steigfähigkeit lag bei 780 m/min. Mit einer Tragflächenbelastung von 161 kg/m^2 war sie ein recht wendiges Flugzeug. Obgleich die Bf 109 E ihr leicht überlegen war, stellte sie einen ernstzunehmenden Gegner dar, wenn sie gut geflogen wurde. Die Hawk 75 war eine deutlich bessere Maschine. Ihre Flugleistungen entsprachen in etwa derjenigen der MS.406, sie stieg jedoch deutlich besser, war viel wendiger und ihr Twin-Wasp-Sternmotor von Pratt & Whitney war bei Beschädigungen im Gefecht weniger störanfällig. Zwei Drittel aller bestätigten Luftsiege der „Armée de l'Air" bis zum 25. Mai 1940 wurden von Piloten der Hawk 75 errungen.

Der erste Luftkampf über Frankreich spielte sich am 8. September ab, als ein Schwarm Bf 109 E der I./JG 53 auf fünf Hawks von der GC II/4 traf. Der Spanien-Experte Werner Mölders fiel ihnen unter anderen zum Opfer und wurde gezwungen, mit zerschossenem Motor zu landen. Doch schon bald hatte er sich von dem Schrecken erholt. Ein eindrucksvolleres Gefecht fand am 6. November 1939 statt. An der Spitze der JGr 102 (die I./ZG 2 war noch immer mit Bf 109 ausgestattet) flog Hannes Gentzen, der Meisterschütze des Polenfeldzuges, Grenzpatrouille zwischen der Maginot- und der Siegfriedlinie. Tief unter ihm entdeckte er einen französischen Auf-

Übersicht 3 - Französische Einsitzer im Truppendienst, Mai 1940

	Morane Saulnier MS.406	Curtiss Hawk 75A	Dewoitine D.520	Bloch MB.152
Spannweite	10,62 m	12 m	10,21 m	10,55 m
Länge	8,16 m	8,74 m	8,77 m	9,9 m
Höhe	2,85m	3,56 m	2,56 m	3,02 m
Tragfläche	16 m^2	23,4 m^2	15,97 m^2	18,5 m^2
Motor	Hispano-Suiza 12 Y-31 Reihe gesch. auf 860 PS	P&W Twin Wasp Sternmotor gesch. auf 900 PS	Hispano-Suiza 12 Y-45 Reihe gesch. auf 930 PS	GR 14N-25 Sternmotor gesch. auf 1.000 PS
Fluggewicht	2.541 kg	2.595 kg	2.673 kg	2.796 kg
Flächenbelastung	160 kg/m^2	117 kg/m^2	166 kg/m^2	160 kg/m^2
Höchstgeschw.	489 km/h	500 km/h	534 km/h	508 km/h
Dienstgipfelhöhe	10.000 m	9.973 m	10.248 m	ca. 9.455 m
Steigfähigkeit	780 m/min 4.575 m	4,9 Min auf 4.000 m	5,8 Min auf 2.000 m	3,4 Min auf
Reichweite	800 km	970 km	885 km	540 km
Bewaffnung	1x20 mm (60 Schuß) 2x 7,5 mm (300 Schuß)	1 MG 12,7 mm 3xMG	1x20 mm (60 Schuß) 4x 7,5 mm (500 Schuß)	2x20 mm 2xMG 7,5 mm 4xMG 7,5

klärer Potez 637, der von neun Hawk 75 von der GC II/5 gedeckt wurde. Er hatte alle Vorteile auf seiner Seite: Höhe, Kampferfahrung und eine zahlenmäßige Überlegenheit von 3:1. Er drückte zum Angriff weg.

Die Franzosen schlugen verbissen zurück. Bei der folgenden Kurbelei wurden vier Bf 109 abgeschossen, weitere vier mußten notlanden. Der einzige französische Verlust war eine Hawk 75, die eine Bauchlandung machte, jedoch wiederherzustellen war. Eine deutsche Jagdeinheit hatte mit allen erdenklichen Vorteilen auf ihrer Seite angegriffen und jämmerlich "Prügel bezogen". Wie konnte das geschehen?

Verantwortlich dafür waren hauptsächlich drei Ursachen. Zum einen verhinderte die französische Wachsamkeit die Überraschung durch die JGr 102. Zum anderen war die Hawk 75 der Bf 109 D in mancherlei Hinsicht überlegen. Obgleich die Leistungsdaten etwas niedriger lagen, war sie sehr viel wendiger, und aufgrund ihrer niedrigeren Flächenbelastung und der sorgfältig abgestimmten Ruderanlage, die einen engeren Wendekreis bewirkte, rollte das Flugzeug auch schneller und ermöglichte somit zügigere Kehren, als der deutsche Jäger sie bewerkstelligen konnten. Ein automatisch sich verstellender Propeller machte es dem 1 200-PS-Twin-Wasp möglich, mit höchster Wirksamkeit bei jeder beliebigen Geschwindigkeit zu laufen, im Gegensatz zu dem von Hand einzustellenden Propeller der Messerschmitt, was im Gefecht bei dieser eher eine Ablenkung als eine Hilfe bedeutete.

Den dritten Grund muß man erahnen. Es erscheint wahrscheinlich, daß die JGr 102 ungeachtet der spanischen Lehren die falsche Taktik anwandte! Ganz sicher blieben sie nah am Gegner und mischten sich unter die GC II/5, anstatt nach unten wegzudrücken und wieder hochzuziehen. Der Grund dafür war wohl das Überlegenheitsgefühl, ausgelöst durch die Erfahrungen in Polen und die Gewohnheit an die Kurbelei aus dem Ersten Weltkrieg. Gentzen als der ranghöchste Luftwaffenexperte (Spanien war selbstverständlich „Legion Condor" und nicht die „Luftwaffe") wird ehrgeizig bestrebt gewesen sein, die Führung zu behalten. Das „Ran-an-den-Feind-Syndrom" ist bei den Fliegern aller Nationen und Zeiten weitverbreitet und hat manches Flieger-As dazu verführt, seine Fähigkeiten zu überschätzen. Eine derartige Waghalsigkeit war nicht begrenzt auf die Jagdflieger; in Polen und Frankreich haben nachweislich mehrfach deutsche Bomberpiloten feindliche Jagdflugzeuge angegriffen!

Ein weiterer Grund war, daß viele Geschwader zu diesem Zeitpunkt noch von „alten Hasen" aus dem Ersten Weltkrieg geführt wurden, von Männern wie Ritter Eduard von Schleich oder Theo Osterkamp, die ihre Verbände mit ihren eigenen taktischen Ideen prägten und deren Heldentaten jeden dazu veranlaßten, ihnen nachzueifern. Nach den britischen und französischen Berichten jener Zeit zeigten sich die deutschen Jagdflieger einem zünftigen „dogfight" nicht abgeneigt. Ihr erster Zusammenprall mit der RAF fand am 22. Dezember statt, als auf das Konto der III./JG 53 zwei Abschüsse von Hurricanes der „No 73 Squadron" gingen, eine davon an Mölders.

Das Fliegen wurde in jenem Winter eingeschränkt, besonders bei schlechtem Wetter, und die Monate verstrichen mit nur gelegentlichen Scharmützeln im sogenannten „Sitzkrieg". Unter diesen mehr oder weniger beschränkten Möglichkeiten eröffnete mancher künftige Experte mit hohen Abschußziffern in dieser Zeit sein Punktekonto. Unter ihnen befand sich Heinz Baer (mit insgesamt 220 Luftsiegen), der bereits als Unteroffizier m.

P. seinen ersten Abschuß verzeichnen konnte, eine Hawk 75 am 29. September, Anton Hackl (192), Max Stötz (189), Wolf-Dietrich Wilcke (162), Joachim Müncheberg (135) und Erich Leie (118). Der Sitzkrieg gab der „Armée de l'Air" jedoch Zeit aufzurüsten und ihre Jagdwaffe neu auszustatten. Anfang Mai 1940 wurden zwei neue Baumuster in Dienst gestellt, die Bloch MB 151/152 und die beste von allen, die Dewoitine D.520, obgleich die letztere vor der Kapitulation nur noch in geringen Stückzahlen ausgeliefert wurde (s. Übersicht 3).

Blitzkrieg

Die beunruhigende Stille endete am Morgen des 10. Mai 1940. Um in Frankreich einzufallen, mußte Deutschland die stark befestigte Maginotlinie umgehen, die die französische Grenze schützte. Die Deutschen mieden sie, indem sie die Neutralität Belgiens und Hollands mit Fallschirmjägern und hochbeweglichen, gepanzerten Kräften verletzten. Sie stürmten nach Südwesten, gedeckt durch die Luftwaffe, die den Bodentruppen als Vorhut diente. Die zahlenmäßig schwachen und schlecht ausgestatteten niederländischen und belgischen Luftstreitkräfte wurden überwältigt und größtenteils am Boden zerstört. Dieser überfallartige Einmarsch fand zeitgleich mit schweren Bombenangriffen auf die französischen Flughäfen von Dijon, Lyon, Metz, Nancy und Romilly statt. Auch die wichtigsten Verkehrsknotenpunkte wurden bombardiert.

Die Luftwaffe besaß 860 Bf 109 und 350 Bf 110, um den 1 680 Bombern und Sturzkampfbombern den Weg freizukämpfen (s. Übersicht 4). Gegen diese Armada konnte die „Armée de l'Air" 552 moderne Jagdflugzeuge aufbieten: 278 MS.406, 98 Hawk 75, 140 Bloch MB.151/152 und 36 Dewoitine D.520. Die französischen Jäger (s. Übersicht 5), professionell unterstützt durch Hurricanes der RAF, schlugen heftig zurück, aber ohne wirksames Frühwarnsystem waren sie außerstande, eine ausreichende Anzahl von Maschinen zum Einsatz zu bringen.

Das Wesen des Blitzkriegs ist die Geschwindigkeit. Die beiden größten natürlichen Hindernisse, die sich dem Vormarsch der Wehrmacht in Belgien in den Weg stellten, waren der Albert-Kanal und die Maas. Brücken über diese Wasserläufe wurden am 10. Mai eingenommen, und so konnte man erwarten, daß die Alliierten erhebliche Anstrengungen unternehmen würden, sie zu zerstören. Die Luftverteidigung der Brücken war dem JG 27, einem erst kürzlich aufgestellten, gemischten Verband mit Bf 109 E über-

Übersicht 4 - Deutsche Jägerverbände am 10. Mai 1940			
Geschwader	**Gruppe**	**Typ**	**Flugplatz**
JG 27	I/JG 2, I/JG 11, I/JG 21	BF 109E	Mönchengladbach, Gymnich
JG 26	II und III/JG 26, III/JG 3	Bf 109E	Dortmund, Essen-Mühlheim, Hopsten
JG 51	I/JG 51, I/JG 26, I/JG 20 II/JG 27	Bf 109E	Krefeld, Bonninghardt
ZG 26	I und III/ZG 26, und II/ZG 1	Bf 110C/D	Niedermendig, Krefeld, Kirchenhellen, Gelsenkirchen
JG 77	I/JG 77, I/JG 3	Bf 109E	Peppenhoven, Odendorf, Vogelsang
ZG 76	II/ZG 76, II/ZG 26	Bf 110C/D	Köln-Wahn, Kaarst-Neuss

Anmerkung: Die Mehrzahl der aufgeführten Geschwader sind gemischte Verbände. Der Grund ist die laufende Aufrüstung der Luftstreitkräfte.

tragen worden. Die Luftkämpfe in den vorangegangenen zwei Tagen hatten seine Einsatzstärke gemindert, aber noch waren 85 Jäger einsatzbereit.

Im Morgengrauen des 12. Mai fingen die 1. und 2./JG 1, geführt von dem Spanienkämpfer Joachim Schlichting, eine Formation von neun RAF Blenheims über Maastricht ab und meldeten als Ergebnis sechs Abschüsse aus dem sich ergebenden Kampf. Die 3./JG 1, die über Lüttich Patrouille flog, traf die Davongekommenen beim Heimflug und schoß zwei weitere ab. Dieses Schema wiederholte sich noch einige Male an jenem Tag. Die kleinen Jagdeskorten, die alles waren, was die Alliierten zum Fliegen bringen konnten, wurden abgedrängt und die Bomber gnadenlos vom Himmel geholt. Im Verlauf des Tages brachte es das JG 27 auf nicht weniger als 340 Einsätze, erzielte 28 Luftsiege und verlor dabei nur vier eigene Maschinen. Noch aus einem anderen Grund war dieser Tag bemerkenswert. Adolf Galland hatte in Spanien einen Verband mit Heinkel He 51 geführt, der Luftnahunterstützung flog. In Polen kommandierte er die 2. (Schlacht)/LG 2, die mit Henschel Hs 123-Doppeldeckern ausgerüstet war und dort die gleiche Aufgabe hatte. Aber mit dem Jagdkampf hatte er bisher nichts zu tun gehabt. Doch schließlich erfüllte man ihm seinen sehnlichsten Wunsch und versetzte ihn zu den Jägern, er wurde Stabsoffizier im JG 27 und flog eine

Bf 109. Am 12. Mai war er auf freier Jagd in der Nähe von Lüttich zusammen mit seinem Kameraden Gustav Rödel, als er auf acht Hurricanes stieß, die rund 1 000 m tiefer flogen. Sein Gefechtsbericht lautet:

„Wir griffen den Feind aus einer günstigen Position überhöht und von hinten an. Gleich der erste Feuerstoß der Maschinengewehre und der Bordkanone traf das Feindflugzeug. Als ich wegdrehte, schoß Leutnant Rödel und traf ein weiteres Flugzeug. Die Feindmaschine geriet ins Trudeln, und ich folgte und schoß aus einer Entfernung zwischen 50 und 70 m. Ich sah, wie Teile der Maschine abbrachen und sie unter uns in den Wolken verschwand. Munitionsverbrauch: 90 Schuß Sprengbrand 20 mm und 150 Schuß MG-Patronen. Es schien mir, als seien die Piloten der Hurricanes schlecht ausgebildet und unterstützen einander nicht gut genug."

Die Berichte der Luftkämpfe Jäger gegen Jäger aller Kriegsschauplätze zeigen, daß in rund 80 Prozent aller Fälle das Opfer den, von dem es angegriffen wird, gar nicht zu Gesicht bekommt oder erst erkennt, daß er angegriffen wird, wenn sein Angreifer sich bereits in einer Position mit entscheidendem Vorteil befindet. So verhielt es sich auch bei Gallands erstem Sieg. Zwei weitere Hurricanes fielen an jenem Tag seinen Bordwaffen zum Opfer. Galland, den viele für den überragenden Jagdflieger des Krieges halten, hatte sein Abschußkonto eröffnet.

Die RAF verstärkte sofort ihre vier Hurricanestaffeln mit sechs weiteren und verlegte zusätzlich zwei Staffeln Gloster-»Gladiator«-Doppeldecker. Doch es war bereits zu spät. Mit der Luftwaffe als ihrer Angriffsspitze umging die siegreiche Wehrmacht das nördliche Ende der gefürchteten Maginotlinie bei Sedan, stieß unaufhaltsam durch Frankreich in Richtung auf die Kanalhäfen weiter vor und schnitt erfolgreich das britische Expeditionskorps sowie die nördlichen alliierten Armeen vom Rest Frankreichs ab.

Am 14. Mai fanden erbitterte Luftkämpfe statt, da die Franzosen alle ihnen zur Verfügung stehenden Mittel an der Front aufboten, um den deutschen Durchbruch bei Sedan aufzufangen. Von den vielen deutschen Luftsiegen meldete Hans-Karl Mayer von der I./JG 53 fünf an diesem Tag, während Werner Mölders von der III./JG 53 – im Spanischen Bürgerkrieg war er der erfolgreichste Jagdflieger gewesen und hatte es auf 14 Abschüsse gebracht – den Abschuß einer Hurricane meldete und damit die Anzahl seiner Luftsiege im Frankreichfeldzug auf insgesamt elf erhöhte. Bis zum Einbruch der Dunkelheit hatten die Jäger über Sedan 814 Einsätze geflogen, und die Trümmer von 89 alliierten Flugzeugen lagen auf dem Gefechtsfeld. Dadurch daß die deutsche Luftwaffe als Angreifer die Initiative behielt,

Übersicht 5 - "Armée de l'Air" Jagdverbände am 10. Mai 1940

Verband	Flugplatz	Staffel	Flugzeug
Verband 21	Chantilly	GC I/1	Bloch MB.152
		GC II/1	Bloch MB.152
		GC III/3	Morane MS.406
		GC II/10	Bloch MB.151
		GC III/10	Bloch MB.151
Verband 23	Laon	GC II/2	Morane MS.406
		GC I/5	Hawk 75
		GC III/7	Morane MS.406
Verband 25	Avie sur la Lys	GC I/4	Hawk 75
		GC III/1	Morane MS.406
		GC III/2	Morane MS.406
Verband 22	Velein-en-Haye	GC I/2	Morane MS.406
		GC I/8	Bloch MB.152
		GC II/4	Hawk 75
		GC II/5	Hawk 75
		GC II/6	Morane MS.406
Verband 24 (part)	Dijon	GC II/7	Dewoitine D.520
		GC III/6	orane MS.406
Verband 24 (part)	Lyon	GC I/3	Dewoitine D.520
		GC I/6	Morane MS.406
		GC II/3	Dewoitine D.520
		GC II/9	Bloch MB.151
		GC III/9	Bloch MB.151

zwang sie die Verteidiger, „nach ihrer Pfeife zu tanzen"; nun wurde dieser Vorteil noch durch eine zahlenmäßige Überlegenheit verstärkt. Als der schnelle deutsche Vormarsch die alliierten Flugplätze bedrohte, wurden die britischen und französischen Luftverbände gezwungen, sich zurückzuziehen. Häufig fanden sie sich auf Notflugplätzen mit behelfsmäßigen oder nicht existierenden Fernmeldeeinrichtungen wieder. Das primitive französische Fliegermeldesystem brach zusammen, und Ersatzteile, Flugbenzin und Munition wurden so knapp, daß der Gefechtswert der Verbände erheb-

Übersicht 6 - Einsätze und Verluste über Dünkirchen vom 27. Mai bis zum 2. Juni 1940

	Einsätze	Verluste
Luftwaffe		
Bf 109E	1.595	29
Bf 110C/D	405	8
Bomber (Do 17, He 111, Ju 88)	1.010	45
Stukas (Ju 87)	805	10
Gesamt	3.815	92
Royal Air Force		
Spitfire	746	48
Hurricane	906	49
Defiant/Blenheim	112	9
Gesamt	1.764	106

lich absank. Auch um den Kampfgeist war es in einigen französischen Einheiten nicht gut bestellt. Als es der französischen Armee nicht gelang, den deutschen Vormarsch auch nur zu verlangsamen, machte sich Untergangsstimmung breit. Wie Julius Neumann vom JG 27 damals erzählte, sah er zu dieser Zeit nur ganz wenige französische Jäger, und die, die er sah, schienen dem Kampf auszuweichen. Aber das war nicht überall der Fall. Zu Beginn hatten die französischen Jäger gegen die deutsche Überlegenheit hervorragend gekämpft, und viele „Groupes" fuhren damit bis zum bitteren Ende fort. Ihnen fiel Hannes Gentzen zum Opfer, der am 26. Mai abgeschossen wurde, nachdem er seinen sieben Luftsiegen in Polen noch zehn weitere in Frankreich hinzugefügt hatte.

Zu diesem Zeitpunkt ging eine bemerkenswerte Entwicklung vonstatten. Der Bf 110 „Zerstörer" zeigte sich gleich zu Beginn im Jagdkampf sehr verletzlich gegenüber den wendigeren alliierten Einsitzern, und ab Mai 1940 gingen die Piloten dazu über, einen ganz engen Kreis zu fliegen, wenn sie von Jägern angegriffen wurden. Dabei wurde das Heck jedes Flugzeuges durch die Waffen des Hintermanns gedeckt. Der Abwehrkreis war natürlich noch immer Angriffen von der Flanke oder von oben ausgesetzt, aber das bedeutete Schießen mit hohen Vorhaltewinkeln. Nur wenige Piloten waren derartige Kunstschützen und mit einem solchen Verfahren erfolgreich. Außerdem kämpften die Bf 110-Verbände gewöhnlich in

Gruppen- oder Geschwaderstärke. Bildete eine einzelne Staffel einen Verteidigungskreis, waren sogleich andere Staffeln zur Stelle, um die lästigen Angreifer zu verjagen. Es befanden sich nie genügend alliierte Jäger in der Luft, um ein ganzes Zerstörergeschwader in die Defensive zu drängen, aber, obgleich man dies zu jener Zeit noch nicht erkannt hatte, sollte es für die Bf 110 ein Menetekel werden.

Dünkirchen

Die Evakuierung der British Expedition Force (BFE) und eines nicht unerheblichen Teils der französischen Nordarmee zog einige der erbittertsten Gefechte nach sich, die die Jagdflieger bisher erlebt hatten. Obgleich viele Jagdgruppen auf Flugplätze nach Belgien und Nordfrankreich vorverlegt worden waren, operierten sie an der Grenze ihrer Reichweite, während gleichzeitig ein Benzin- und Ersatzteilengpaß auftrat, da die Nachschuborganisation mit dem Vormarsch nicht mithalten konnte.

Mit Spitfirejägern machten die Jagdflieger erstmals während der Evakuierung von Dünkirchen ihre Bekanntschaft. Im allgemeinen waren die Leistungsdaten des britischen Jägers mit denen der Bf 109 E identisch, aber seine überlegene Wendigkeit war für die deutschen Piloten eine üble Überraschung. Die Jagdflieger hatten jedoch meist eine zahlenmäßige Überlegenheit und kämpften in Gruppenstärke, während die Briten anfangs noch in Schwärmen zu zwölf Maschinen flogen. Ebenso wie die Deutschen operierten die Briten an der äußersten Grenze ihrer Reichweite, so daß es reiner Zufall war, wenn sich beide gleichzeitig über Dünkirchen befanden.

Den Statistiken meint man entnehmen zu können, daß es den Jagdfliegern besser erging. Während der sieben Kampftage flogen sie 2 000 Einsätze und verloren dabei 37 ihrer Maschinen, während die britischen Jäger bei 1 764 Einsätzen 106 verloren (s. Übersicht 6). Man sollte jedoch bedenken, daß das Angriffsziel der britischen Jäger die deutschen Bomber waren, und sie beim Angriff für die wartenden Messerschmitts zu einer leichte Beute wurden.

Nach der Räumung Dünkirchens durch die Alliierten wandten sich die Deutschen dem Rest Frankreichs zu. Die „Armée de l'Air" und die verbleibenden RAF-Verbände wurden immer weiter nach Westen abgedrängt. Zu dieser Zeit wurde der Spruch geboren: „Die absolute Luftüberlegenheit ist ein Panzer mitten auf der Startbahn." Das alliierte Funk- und Fernmeldenetz brach zusammen, bei den Führungsstäben herrschte Chaos, nichts lief mehr. Harte, aber immer vereinzelter gesäte Kämpfe fanden noch statt. Der letzte Jagdsieg ereignete sich am 24. Juni über Montélimar, als eine Bf 109 eine Potez 63 abschoß. Am Tag darauf wurden die Kampfhandlungen eingestellt.

Die Experten

Die meisten Abschüsse während des Frankreichfeldzuges erzielte Werner Mölders (25 Abschüsse bei 127 Einsätzen), dicht gefolgt von Wilhelm Balthasar mit 23 Luftsiegen. Ein Stück hinter ihnen lagen Helmut Wick mit 14 und Adolf Galland mit 13 Abschüssen. Beide waren erst später dazugestoßen.

Werner Mölders. Mit 14 Luftsiegen in Spanien, denen man 25 in Frankreich hinzurechnen muß, war Werner Mölders bei der Einstellung der Kampfhandlungen im Juni 1940 mit Abstand der erfolgreichste deutsche Jagdflieger. Anfangs hatte er nur mäßig Erfolg, was hauptsächlich auf den Mangel an Gelegenheiten zurückzuführen war, und für seine ersten zehn französischen Luftsiege benötigte er 78 Einsatzflüge. Dabei schoß er zwei Hawk 75, einen Blenheim, drei MS.406 und vier Hurricanes ab, von denen er eine für eine Morane hielt.

Als dann der Blitzkrieg begann, hatte er weit bessere Möglichkeiten, und die folgenden 15 Abschüsse, von denen einer eine Spitfire war, erreichte er mit nur 49 Einsätzen. Aber sein 128. Feindflug, am Abend des 5. Juni 1940, wurde für ihn beinahe zum Verhängnis. Mölders Bericht wurde in „Der Adler" veröffentlicht:

„Drei Flugzeuge über mir, die ich nicht identifizieren kann. Wir steigen auf 7 000 m. Deutsche Messerschmitts! Wir gehen daher wieder runter und drehen ab. Plötzlich treffen wir auf sechs Moranes. Ich gehe in Angriffsposition von hinten. Während ich mich nähere, erkenne ich zwei weitere Staffeln Messerschmitts, die den gleichen Gegner von oben und hinten angreifen. Weil sie zuerst da waren, drehe ich ab, um zu sehen, was passiert.
Es gibt die übliche Kurbelei, während mehrere Moranes tapfer ihren Mann stehen. Eine Messerschmitt fällt brennend zu Boden, der Pilot springt mit dem Fallschirm ab. Ich sehe eine Weile zu und greife dann eine Morane an, die ständig enge Kurven fliegt, während drei Messerschmitts vergeblich nach ihr feuern. Für einen Augenblick bekomme ich meinen Gegner ins

Visier. Er dreht sofort scharf ab, hat aber noch nicht genug. Plötzlich zieht er unter mir hoch und gerät unter meiner Tragfläche außer Sicht. Da ist er wieder, genau unter mir, dann hinter mir und macht sich seitlich davon. Mist! Er schießt immer noch, allerdings weit daneben. Ich wende rasch und ziehe dann steil hoch in die Sonne. Mein Gegner muß mich aus den Augen verloren haben, denn er dreht in die Gegenrichtung ab und verschwindet in Richtung Süden.

Unter mir kurven noch immer zwei Messerschmitts mit der letzten Morane. Ich beobachte den Kampf, als die Morane versucht, tief am Boden zu entkommen und dem Feuer durch Hakenschlagen zu entgehen. Ein Blick nach rückwärts, ein zweiter nach oben und hinten. Der Himmel ist noch immer voll mit kurbelnden Messerschmitts. Plötzlich ein Knall und ein Blitz in meiner Kanzel, und ich verliere kurz das Bewußtsein. Der Motor ist zu Schrott geschossen, die Steuersäule lose, ich stürze senkrecht ab. Jetzt nichts wie raus, sonst ist es vorbei ..."

Mölders erging es wie vielen anderen: Er wurde überraschend aus der Sonne angegriffen. Sein Bezwinger war Sous-Lieutenant Pommier Layrarges mit einer Devoitine D.520 von der GC II/7. Eingekreist von drei Bf 109, starb dieser kurz darauf und erfuhr so nie den Namen seines berühmten Opfers. Nachdem Mölders über französischem Gebiet abgesprungen war, geriet er in Gefangenschaft, kam aber bereits drei Wochen später im Rahmen des Waffenstillstandsabkommens wieder frei.

„Vati" Mölders hatte bereits einen eisernen Willen bewiesen, als er bei seiner Ausbildung luftkrank wurde. Er besaß darüberhinaus eine ausgesprochene taktische Begabung und trug eine Menge dazu bei, die Kampfweise der Jäger in jenen Tagen auf den neuesten Stand zu bringen. Er entwickelte den Schwarm mit vier Flugzeugen, der der V-Formation mit drei Flugzeugen anderer Nationen so überlegen war. Wie weiter oben bereits erwähnt wurde, war die ursprüngliche Idee jedoch eher aus der Not heraus geboren worden, und die Vorteile hatten sich erst im nachhinein herausgestellt. Vielleicht war sein wichtigster Beitrag zum Luftkampf seine Sorge um die ihm unterstehenden Piloten. Sein Credo lautete: „Das wichtigste für einen Jagdpiloten ist, daß er seinen ersten Sieg noch ohne Trauma erringt." Dieses Problem sahen die meisten anderen Kommandeure der Jagdflieger überhaupt nicht, obgleich es von nicht zu unterschätzender Bedeutung ist. Die Furcht im Kampf ist völlig normal, aber man muß sie überwinden. Bekämpft man sie nicht gleich zu Beginn, wächst sie unaufhaltsam weiter und untergräbt das Selbstvertrauen eines jungen Piloten derartig, daß er entweder nicht mehr fliegen kann oder aber sich so passiv verhält, daß er

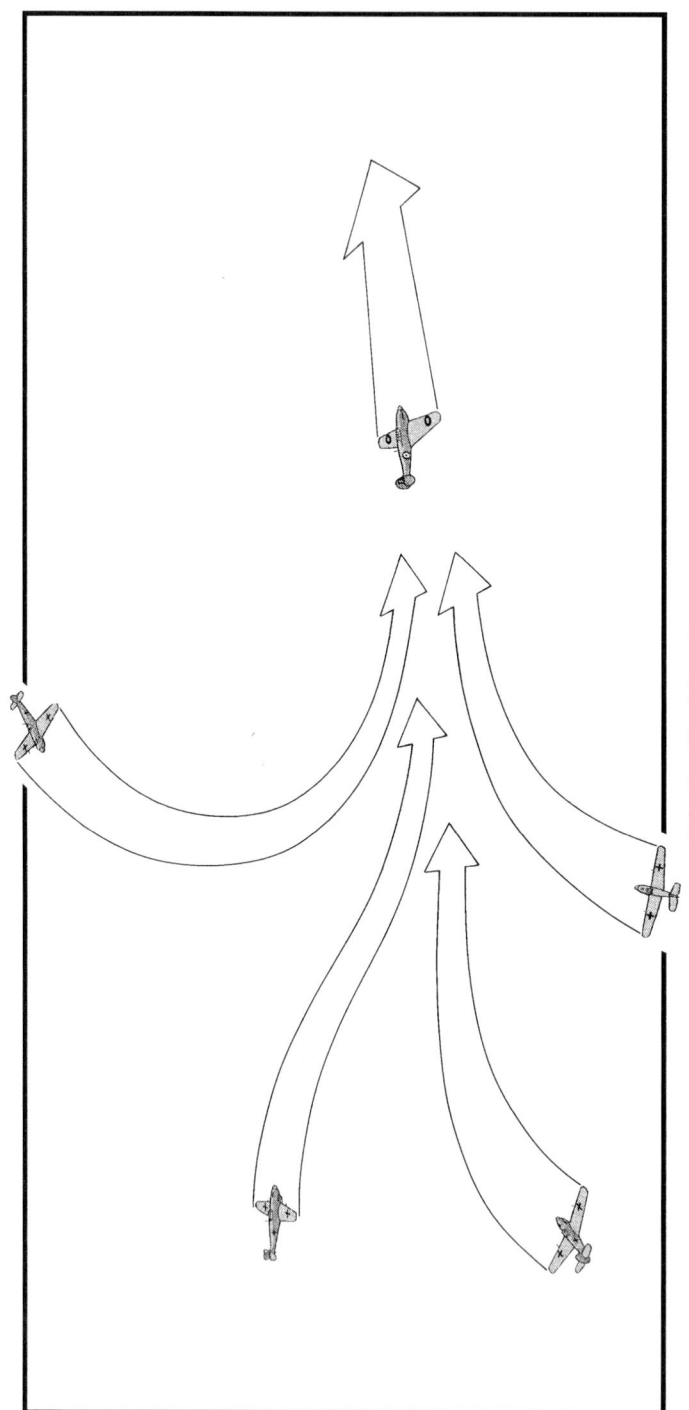

Abb. 8 Verfolgerkurve

Der bevorzugte Angriff von hinten bedingte fast stets ein vorheriges Eindrehen, das den Angreifer aus der Ausgangsstellung in Schußposition brachte. Im allgemeinen hielt man dabei einfach mit der Nase auf die gegnerische Maschine, wie es die Abbildung zeigt, und dann nahm man die Verfolgung auf. Weit besser war die Variante, den Feind bei gleichbleibendem Anflugwinkel anzufliegen, bis man dicht aufgeschlossen hatte, wobei man durch die Frontscheibe peilte.

zu einer leichten Beute für seinen Gegner wird. Ermöglicht man ihm jedoch, sein Selbstbewußtsein von Anfang an zu stärken, wird er ein Gewinn sein. Wir werden diesem Gedankengang überall dort, wo wir auf Werner Mölders treffen, wieder und wieder begegnen.

Mölders flog während der ganzen Schlacht um England, abgesehen von einer kurzen Unterbrechung, als er abgeschossen und verwundet wurde. Er kämpfte 1941 gegen RAF-Einflüge über dem besetzten Frankreich und anschließend an der Ostfront zu Beginn des Rußlandfeldzugs. Obgleich er ein hervorragender Schütze war, ging er, wenn möglich, dicht an den Feind heran, bevor er das Feuer eröffnete, und zog es vor, nur seine Maschinengewehre einzusetzen. Nach 101 Abschüssen – nicht eingerechnet seine 14 Luftsiege in Spanien – ließ man ihn ab Juli 1941 nicht mehr fliegen und beförderte ihn zum General der Jagdflieger. Er kam bei einem Flugunfall im November desselben Jahres ums Leben.

Wilhelm Balthasar. Obgleich Werner Mölders während des Frankreichfeldzuges die höchste Abschußziffer erzielen konnte, stellte ihn während des Blitzkrieges der Staffelkapitän der 7./JG 27 noch in den Schatten. Balthasar hatte eine offensichtliche Begabung für Mehrfachabschüsse. Von seinen sieben Siegen in Spanien erlangte er vier im Verlauf eines einzigen Einsatzes. Seinen erfolgreichsten Tag in Frankreich hatte er am 6. Juni 1940, als er neun Franzosen abschoß, obwohl er das nicht mit einem Einsatz schaffte. Bei der Kapitulation Frankreichs zählte sein Abschußkonto 23 Maschinen, nicht mitgerechnet mehrere Dutzend am Boden bei Angriffen auf Flugplätze zerstörte Flugzeuge.

Balthasar war ein begnadeter Mentor junger Jägerpiloten. Exemplarisch sei eine Begebenheit während des Frankreichfeldzugs erzählt, als er einen merkwürdigen Jäger rechts unter sich bemerkte. Seine Tarnbemalung war ungewohnt, weshalb er ihn als Engländer ansprach. Über Funkspruch kommentierte er alles für seine jungen Piloten und wies sie an, recht schön aufzupassen, wie er ihn gleich herunterholen würde. Erst drehte er nach rechts, um dem Opfer Vorsprung zu geben, dann aber wieder zurück nach links und ging über in die „Verfolgerkurve" (s. Abb. 8), wobei er die Nase senkte, um in den klassischen Angriffssprung von oben und hinten überzugehen.

Währenddessen hörte Adolf Galland, der nicht weit von ihm entfernt flog, bewundernd zu, während Balthasar mit wenig schmeichelhaften Worten bemerkte, daß der Engländer wohl „pennen" würde. Die einzigen Maschinen in Gallands Nähe waren ein Schwarm Bf 109 E links hoch über ihm. Dann bemerkte er plötzlich, daß der Schwarmführer wegbrach und zum

Angriff auf ihn ansetzte! Mit jähem Schrecken wurde Galland klar, daß er selbst der Engländer war! Da er auf derselben Frequenz sendete, verhinderte ein kurzes Funkgespräch das drohende Desaster. Die falsche Erkennung von Maschinen ist immer schon ein Merkmal des Luftkampfs gewesen. In diesem Fall war die Sache besonders schwierig, weil Gallands Maschine mit einem neuartigen Tarnmuster versehen war, das Balthasar täuschte.

Balthasar führte die III./JG 3 auch in der Schlacht von England, fand aber, daß Erfolge über der Insel ungleich schwerer zu erringen waren. Nach dem 31. Luftsieg wurde er im Kampf mit Spitfires der 222. Squadron verwundet und fiel dadurch mehrere Monate aus. Im Februar 1941 wurde er zum Kommodore des JG 2 an der Kanalküste ernannt und führte es mit großem Erfolg noch bis zum 3. Juli desselben Jahres. An diesem Tag, als er bei Aire die Lufterprobung seiner neuen Bf 109 F durchführte, wurde er von mehreren Spitfires angegriffen und getötet.

2. Die Schlacht um England

In den vorangegangenen Feldzügen war die Luftwaffe als Gehilfin des Heeres eingesetzt worden, wobei den Jagdfliegern primär die Aufgabe zukam, zur Unterstützung der Landkriegsführung die Luftüberlegenheit herzustellen und aufrechtzuerhalten.

Die schnellen und tiefen Vorstöße der gepanzerten Verbände hatten ihnen die Erfüllung dieser Aufgabe nicht unerheblich erleichtert, indem sie Nachschublinien und Fernmeldeverbindungen unterbrachen und alliierte Flugplätze bedrohten. Aber nun stand die Wehrmacht an der Kanalküste, so daß die Luftwaffe auf sich allein gestellt war.

Anfangs sollte sie lediglich den Druck auf die „widerspenstigen Inselbewohner" aufrechterhalten, während über Friedensbedingungen verhandelt wurde. Als dies scheiterte, sollten die erforderlichen Voraussetzungen für eine Invasion Südenglands geschaffen werden. Hitlers Weisung vom 16. Juli 1940 setzte fest: „Die englische Luftwaffe muß soweit ausgeschaltet werden, daß es ihr nicht mehr möglich ist, Landungstruppen einen wesentlichen Widerstand entgegenzusetzen ..." Der Schauplatz für die erste eigenständige Luftschlacht der Geschichte war bereitet.

Doch unterschied sich die Lage völlig von dem, was das Oberkommando der Luftwaffe je in Betracht gezogen hatte. Es sah nun einen Gegner, der zahlenmäßig stark, gut ausgebildet, energisch und mit Jägern wenigstens so gut ausgestattet war wie die Luftwaffe selbst. Darüberhinaus war dieser Gegner im Besitz eines ausgereiften Aufklärungs- und Meldesystems, das sich auf Radar und Luftraumbeobachter stützte und mit einem hochkomplexen System von Jägerleitstellen verknüpft war. Diese Bedingungen würden die Vorteile der Initiative und der Überraschung, die gewöhnlich dem Angreifer zugute kamen, ganz erheblich schmälern.

Zu Beginn der Schlacht teilte sich das RAF Fighter Command in drei Operationsgebiete oder „Groups" auf, die jedoch bereits zu einem frühen Zeitpunkt der Schlacht auf vier erhöht wurden. „No 11 Group" deckte London und den Südosten, „No 10 Group" Südwestengland und Wales, „No 12 Group" war für die Verteidigung von East Anglia und den Midlands verantwortlich, und „No 13 Group" schützte Nordengland und Schottland. Jede Gruppe war verantwortlich für die Verteidigung ihres eigenen Gebietes, für das eine hierarchische Kommandostruktur bestand, obgleich diese beweglich genug war, den Staffeln einer „Group" zu ermöglichen, ihrem Nachbarn zu Hilfe zu kommen. Die einzelnen Staffeln waren im Gefecht Abschnittsbefehlshabern innerhalb der „Group" unterstellt.

Aus technischen Gründen konnten pro Abschnitt jeweils nur vier Staffeln zur gleichen Zeit geführt werden. Die Staffeln waren jedoch nicht an ihren eigenen Abschnitt gebunden, sondern konnten sich überall frei im Gebiet der „Group" bewegen und auch, falls erforderlich, in den benachbarten Bereichen. Der Grundgedanke lautete: Beweglichkeit.

Die vorderste Linie des Aufklärungs- und Meldesystems bestand aus einer Kette von Radaranlagen an der Küste. Diese konnten Anflüge bereits auf große Entfernung feststellen und genaue Ortsangaben liefern, waren aber ungenau, was Anflughöhe und Anzahl der Maschinen betraf. Hatten die feindlichen Maschinen die Küstenlinie gekreuzt, wurde ihr Kurs von Luftraumbeobachtern verfolgt. Alle Meldungen liefen in einer Sammelstelle zusammen, wo sie ausgewertet und zum Gefechtsstand der „Group" weitergeleitet wurden. Die „Group" wies dann die Abschnittsstationen an, welche Staffel welchen Auftrag durchzuführen hatte. Dies war das modernste System zu seiner Zeit, und sein einziger Mangel bestand in einer Verzögerung von etwa vier Minuten - das bedeutet etwa 20 km Flugstrecke für eine durchschnittliche Bomberformation - zwischen der ersten Meldung und dem Moment, in dem die Luftlage auf den Tischen der Operationszentralen erschien. Die Jägerleitstellen mußten deshalb diese Zeitverschiebung berücksichtigen, wenn sie ihre Staffeln einwiesen.

Bei Schlachtbeginn verfügte „No 11 Group" über folgende Staffeln: fünf Spitfires, 13 Hurricanes, eine Defiant und drei Blenheim. Das war etwas weniger als die Hälfte des Gesamtbestandes. 28 weitere Staffeln waren in den Abschnitten von „No 12" und „No 13" eingesetzt. Zu diesem Zeitpunkt wurden die Blenheimstaffeln hauptsächlich für die Nachtjagd verwendet.

Die Kampftaktik der Jägerstaffeln der RAF war der der deutschen Jagdflieger unterlegen. Eine typische Staffelformation hatte 12 Maschinen zu zwei „Flights", jede bestand aus zwei Abteilungen zu je drei Jägern, die in enger V-Formation flogen. Die Erfahrungen in Frankreich hatten zu der Einführung einer rückwärtig hochfliegenden Sicherung geführt, entweder durch eine Dreierabteilung oder auch durch eine einzelne Maschine, die über und hinter der Formation kreuzte, um ihr den Rücken zu decken. Aber die Erfahrung zeigte, daß diese Sicherung selbst viel zu gefährdet war, so daß man sie bald wieder einstellte. Im Verlauf der Schlacht begannen einige Staffeln, die Maschinen paarweise einzusetzen. Bevorzugt wurde eine Abteilung von vier Maschinen in losem Verbund hintereinander und in der Höhe versetzt. Das war weit besser als das V, aber die deutschen Jäger beeindruckte es überhaupt nicht, und sie nannten ihn die „Idiotenreihe".

Übersicht 7 - Flugzeugdaten - Schlacht um England

	Messerschmitt Bf 109E-3	Messerschmitt Bf 110C-4	Supermarine Spitfire I	Hawker Hurricane I
Spannweite	9,86 m	16,29 m	11,24 m	12,20 m
Länge	8,64 m	12,11 m	9,12 m	9,58 m
Höhe	3,41 m	3,51 m	3,49 m	4,02 m
Tragfläche	16,16 m²	38,36 m²	22,48 m²	23,97 m²
Motor	Daimler-Benz DB 601A-Reihe ca. 1.100 PS	2 x Daimler-Benz DB 601A-Reihe ca. 1.100 PS	Rolls-Royce Merlin II ca. 1.030 PS	Rolls-Royce Merlin II ca. 1.030 PS
Fluggewicht Flächen-belastung	156 kg/m²	176 kg/m²	117 kg/m²	126 kg/m²
Höchst-geschw.	569 km/h	561 km/h	571 km/h	508 km/h
Dienst-gipfelhöhe	11.000 m	10.000 m	10.370 m	10.126 m
Steigfähigkeit	1.000 m/min	660 m/min	771 m/min	701 m/min
Reichweite	667 km	774 km	925 km	684 km

Bemerkung: Die Reichweite ist eine völlig theoretische Angabe und wird nur wegen des Vergleichs angegeben. Was wirklich zählt, ist die Kampfreichweite, die notwendigerweise Kampfeinsatzzeit mit Vollgas beinhaltet sowie eine Reserve für verzögerte Landung. Die wirksame Kampfreichweite der Bf 109E lag bei 200 km - weniger als ein Drittel der angegebenen Reichweite.

Offiziell begann die Schlacht um England am 10. Juli und endete am 31. Oktober 1940. In der Praxis gab es diese scharfen Einschnitte nie, obgleich vier verschiedene Phasen erkennbar sind. Die erste umfaßt den Zeitraum, als die Luftwaffe auf Flughäfen in Frankreich und Holland verlegt wurde und sich auf einen Generalangriff einstellte. Sie kennzeichnete sich hauptsächlich durch Angriffe auf Geleitzüge im Kanal und in der Themsemündung, verbunden mit freier Jagd über Südostengland, um die Verteidigung zu sondieren. Die Hauptlast dieser Aufgabe fiel dem JG 51 zu, das von dem Flieger-As und Pour le Mérite-Träger Theo Osterkamp geführt wurde. Erst nach und nach wurde das Geschwader durch weitere Jägerverbände verstärkt.

Hitlers Weisung Nr. 17, herausgegeben am 1. August, ordnete an, die Luftwaffe habe alle zur Verfügung stehenden Kräfte einzusetzen, um die britische Luftwaffe so schnell wie möglich zu vernichten. Dies war der Beginn der zweiten Phase der Schlacht – „Adlerangriff" genannt –, ein Versuch, mit allen zur Verfügung stehenden Mitteln die Jagdführung mit einer Folge von schweren Angriffen auf Radarstationen, Flugplätze und andere militärische Einrichtungen, die im Verdacht standen, von den Jägern der RAF geführt zu werden, zu vernichten. Ursprünglich war der Beginn auf den 10. August festgesetzt worden, der durch schlechtes Wetter jedoch verzögert wurde.

Die dritte Phase begann Anfang September, als der Schwerpunkt des Angriffs auf London verlegt wurde und man einen letzten, vergeblichen Versuch unternahm, die Jägerführung auszuschalten. Als dieser scheiterte und mit Beginn des Herbstwetters im Ärmelkanal größere Seeoperationen nicht mehr möglich waren, wurde die geplante Invasion abgesagt. Die Bomberangriffe auf die Hauptstadt wurden noch bis zum Monatsende fortgesetzt. Von da an lag der Schwerpunkt auf den Nachtangriffen. Phase vier bestand hauptsächlich aus freier Jagd und Jäger- und Bomberangriffen, die mit Beginn des Winters nachließen.

Die Jagdflugzeuge der Schlacht um England

Wie sich ein Jäger im Luftkampf bewähren wird, ist aus der reinen Datenlage nicht ersichtlich, obgleich sie auf gewissen Gebieten deutliche Hinweise geben mag. Die gute Steigfähigkeit der Bf 109 E und ihre überlegene Gipfelhöhe zeigten zum Beispiel an, daß sie in größeren Höhen beweglicher war als die Spitfire I. Weniger leicht läßt sich erkennen, daß die Spitfire in Bodennähe im Vorteil war. Aber die Mehrzahl der Kämpfe in der Schlacht um England fand in mittleren Flughöhen statt, da sich gerade dort die deutschen Bomber befanden, und in mittleren Höhen gab es kaum einen Unterschied zwischen den beiden Jägern. Die Hurricane wurde von der Bf 109 meist übertroffen, war aber unter 6 000 m sehr viel wendiger. Sie war überaus widerstandsfähig gegenüber Beschuß und eine robuste Basis für ihre Waffen.

Nach seiner Rückkehr aus der Gefangenschaft flog Mölders erbeutete Exemplare der Spitfire und Hurricane in der Erprobungsstelle Rechlin. Seine Beurteilung lautete folgendermaßen:

„Beide Maschinen fliegen sich im Vergleich zu unseren sehr einfach, Start und Landung sind kinderleicht.

Die Hurricane ist überaus gutmütig und wendig, leistet jedoch deutlich weniger als die Bf 109. Ihr Steuerknüppel ist „hart", und sie reagiert langsam.

Die Spitfire ist eine Klasse besser. Sie ist leicht zu handhaben, reagiert schnell, dreht leicht, und ihre Leistung kommt an die Bf 109 heran. Als Kampfflugzeug taugt sie jedoch wenig. Stößt man den Steuerknüppel plötzlich vor, geht der Motor aus. Und weil der Propeller nur zwei Einstellmöglichkeiten hat – Start und Strecke –, überdreht der Motor in schnell wechselnden Kampfsituationen oder kann nicht seine volle Leistung auf die Schraube bringen."

Durch den Umstand, daß die Tragflächenbelastung beider britischen Jäger etwa ein Viertel unter der der Bf 109 E lag, ist Mölders Beurteilung der Kurvenfähigkeit der erbeuteten Maschinen kaum überraschend, obgleich der Hinweis auf das schlechte Ansprechen der Hurricane auf eine allgemein niedrigere Beschleunigung in Schräglage hindeutet, als jene, die erforderlich ist, um das Flugzeug in der Kurve zu halten. Die relativ hohe Tragflächenbelastung der deutschen Einsitzer wurde zu einem gewissen Teil durch ausfahrbare Vorflügel kompensiert, die zusätzlichen Auftrieb gaben und die Kurvenfähigkeit bei Geschwindigkeiten im Bereich der Gefahr eines Strömungsabrisses verbesserten. Aber in engen Kehren hatten diese die unangenehme Eigenart, nicht gleichmäßig auszufahren, was die Seitenstabilität beeinflußte und das Zielen erschwerte (s. Abb. 9).

Die Beurteilung der Spitfire, sie „tauge wenig", beruht auf der Tatsache, daß die Einspritzermotoren es den deutschen Jägern ermöglichten, unter Vollast ohne Leistungseinbuße im negativen g-Bereich Flugmanöver durchzuführen. Das erlaubte den deutschen Jagdfliegern, Notmanöver zu fliegen, denen die britischen Jäger nicht folgen konnten, weil deren Motoren aussetzten. Um einem deutschen Jäger abwärts folgen zu können, mußten RAF-Piloten eine zeitraubende halbe Rolle drehen und durchziehen, während es der 109 mit ihrer überlegenen Fähigkeit, nach unten wegzudrücken, zwischenzeitlich gelang, außer Reichweite zu kommen. Die Bemerkung, daß beide britischen Jäger „kinderleicht" zu starten und zu landen seien, war von großer Bedeutung. Die Bf 109 wies in diesen Bereichen einige Mängel auf. Bei Start- und Landeunfällen kamen viele Piloten um, und zahlreiche Maschinen gingen zu Bruch. Die Bf 109 litt unter Querbelastung, die vom Drehmoment des Motors herrührte, und beim Abheben kam es immer wieder vor, daß sie sich auf den Rücken legte.

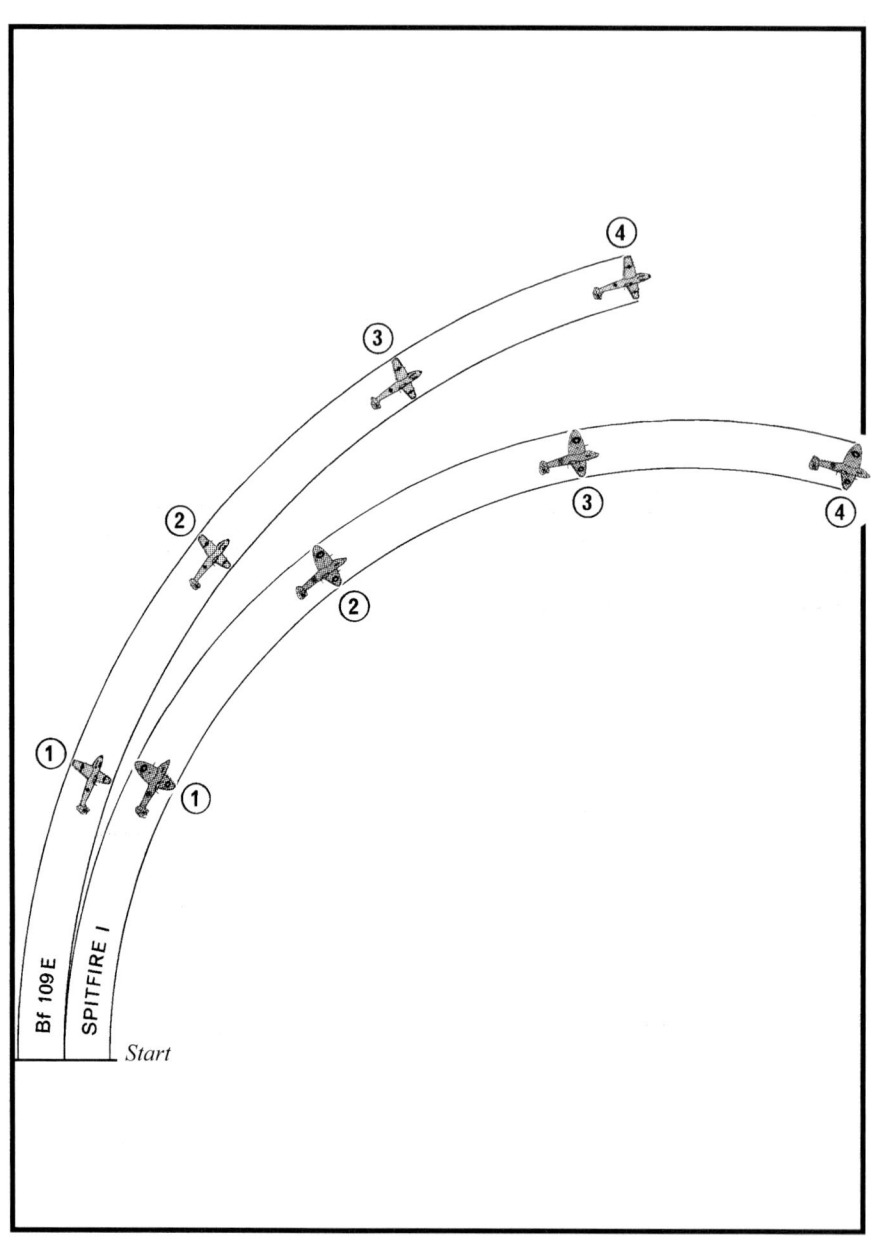

Abb. 9 Vergleich der Wendefähigkeit zwischen Bf 109 und Spitfire I
*Abgebildet ist die Wendefähigkeit der Bf 109 im Vergleich zur Spitfire I,
wobei beide mit derselben Geschwindigkeit so hart eindrehen, wie
möglich. Allerdings haben im Luftkampf zwei Jagdmaschinen nur sehr
selten die selbe Geschwindigkeit, und der Angreifer hat stets den Vorteil.*

54

„Die Spitfires waren herrlich wendige Maschinen. Die Flugkunst-
stückchen, Loopings und Rollen, die Feuereröffnung während einer Rolle im Steigflug, das alles bewunderten wir sehr. Es gab eine Menge Her-
umballern, aber kaum Treffer."

Max-Hellmuth Ostermann, III./JG 54 (102 Abschüsse)

Das Landen mußte unter Last geschehen. Die linke Tragfläche kippte bei
abnehmender Geschwindigkeit nach unten, gab man jetzt Gas, befand sich
der Pilot in einer noch auswegloseren Lage. Verschlimmert wurde das alles
durch die schmale Spurbreite und ein recht wackeliges Fahrwerk.

Mölders abschließende Bemerkung über den Propeller, der nur zwei Flü-
gelstellungen zuließ, wurde bald hinfällig. Eine Verbesserung war bereits in
Planung, um die britischen Jäger auf lastabhängige Motoren, die die Drehzahl hielten, umzurüsten. Das würde ihre Gesamtleistung steigern und ihre
Steigfähigkeit verbessern.

Ein Bereich, in dem sich die gegnerischen Jäger deutlich von den deutschen
unterschieden, war die Bewaffnung. Die Jäger der Luftwaffe führten eine
Mischung aus Bordkanone und Maschinengewehren mit Gewehrkaliber
mit sich, während die RAF bis zum folgenden Jahr fast ausschließlich auf
Maschinengewehre vertraute.

Das Gewicht der Geschosse im Ziel der Bf 109 E lag zwar um 25 Prozent
höher als das der britischen Jäger, diese konnten jedoch mehr als dreimal
so viele Geschosse pro Sekunde in einem Feuerstoß abfeuern. Gegen ein
abfliegendes Ziel war somit die Trefferwahrscheinlichkeit erheblich höher,
obgleich bei einem Vergleich der Geschosse die Wirkung der Kanone viel
größer war. Da auf beiden Seiten selbstdichtende Tanks eingebaut und die
Piloten durch Panzerung geschützt waren, wirkte ein Treffer größeren Kali-
bers im allgemeinen besser als drei kleine.

Die Kanzel der Bf 109 war eng, das Reflexvisier „Revi" ganz rechts eingebaut im Gegensatz zu der zentralen Montage der GM 2 in den britischen
Jagdflugzeugen. Die Sitzfläche lag sehr tief, so daß der Pilot seine Beine

„Die Bf 110 war einfach zu schwer, um mit der Spitfire oder der Hurricane mithalten zu können. Man konnte von Glück sagen, wenn man
überlebte."

Hartmann Grasser, II./ZG 2 (7 Luftsiege von 103 mit der Bf 110) praktisch ausgestreckt hielt. Das war kein Nachteil, da man auf diese Weise in extremen Flugmanövern nicht so leicht ohnmächtig wurde. Aber der Hauptunterschied lag im „Blick aus dem Fenster". Unter dem Klappdach des deutschen Einsitzers mit seinen schweren Metallsprossen, die die freie Sicht einschränkten, bekam man Platzangst. Die Sicht nach hinten war ebenfalls dürftig. Demgegenüber konnten die britischen Jäger das Schiebedach im Kampf ganz zurückschieben, was häufig genug auch geschah und ihnen einen uneingeschränkten Überblick bescherte.

Ein weiterer Aspekt, der den deutschen Piloten zu schaffen machte, betraf die rasche Unterscheidung von Freund und Feind in einem Kampf, in dem sich vielleicht zwei oder drei Dutzend Jäger auf einem relativ kleinen Himmelsfleckchen tummelten. Das war besonders in den Fällen wichtig, in denen man dem Gegner zahlenmäßig weit überlegen war. Ob man schießen oder nicht schießen sollte, mußte in Sekundenbruchteilen entschieden werden, und man konnte leicht einen Fehler machen. Um das zu vermeiden, führten einige Verbände die berühmte „gelbe Nase" ein, um den eigenen Maschinen ein gutes Erkennungszeichen zu geben.

Zerstörer

Der einzige zweimotorige Jäger, der in der Schlacht um England eine größere Rolle spielte, war die Messerschmitt Bf 110. Insgesamt nahmen neun Gruppen dieser schweren Jäger und zwei Staffeln der Erprobungsgruppe 210 als Jagdbomber an der Schlacht teil. Anfangs wurden die Zerstörerverbände als Eliteeinheiten betrachtet, zu denen eine Menge vielversprechender junger Piloten versetzt wurden. Die Bf 109 leistete in Polen als Langstreckenbegleitjäger zwar gute Dienste, in Frankreich dagegen bereits weniger gute. Nun sah sie sich dem britischen Luftverteidigungssystem gegenübergestellt.

Bei den Piloten war die Bf 110 durchweg beliebt. Der Einstieg lag auf der linken Seite über einer in den Rumpf hinter der Tragfläche eingebauten Leiter. Die Konstruktion der Frontkanzel war recht umständlich. Das Oberteil ließ sich nach hinten, die Seitenteile nach unten klappen. Für deutsche Maßstäbe war die Kanzel sehr geräumig. Das Reflexvisier befand sich in der Mitte, und der verstellbare Sitz war bequem. Die Blindfluginstrumente boten einen zeitgemäßen Standard, und zwei Instrumente, die in den britischen Maschinen nicht existierten, zeigten den Munitionsrestbestand an. Es wurde sogar der Verstellwinkel der Propellerblätter gemessen und die

Werte in den Rumpf übertragen, so daß der Pilot sie während des Fluges ablesen konnte.

Die eingebauten Anlasser konnten von einer Bordbatterie, von einem Bodenaggregat aus, oder, falls ausnahmsweise erforderlich, von Hand betrieben werden. Rollen am Boden war einfach, und man hatte eine gute Rundumsicht. Die erforderliche Rollstrecke war auch mit Startklappen recht lang. Bei niedriger Geschwindigkeit wurden die Steuerklappen vom Luftstrom der Motoren und Tragflächen erfaßt, was das Richtunghalten erschwerte, während das Heck nur mühsam hochkam. Das Einziehen der Startklappen bewirkte ein Absinken der Nase, da sich die Trimmung ver- änderte, und aus Sicherheitsgründen tat man das erst in 150 m Höhe.

Mit 2 300 Umdrehungen lag die Geschwindigkeit beim Aufstieg bei 240 km/h, wobei ein mäßig steiler Winkel eine befriedigende Steigleistung erbrachte. In der Luft ließ sich das Flugzeug bis und knapp über 400 km/h leicht handhaben, danach versteifte sich die Ruderanlage, insbesondere das Höhenleitwerk. Daß die Wendefähigkeit unter der seines einsitzigen Fir- menkameraden lag, war nicht verwunderlich, und auch Rollen konnte er nicht wie dieser. Im Kampf wurde er von den RAF-Einsitzern aufgrund sei- ner geringeren Wendigkeit schnell abgehängt. Seine Vorteile bestanden in der hohen Geschwindigkeit in Bodennähe, ein Heckschütze, der Überra- schungen von hinten verhinderte, und eine höhere Feuerkraft als irgend ein anderer Jäger dieser Schlacht. Wie die 109 hatte er automatische Vorflügel, die dazu neigten, nicht gleichzeitig auszufahren.

Das Landen brachte keine Schwierigkeiten mit sich. Das Fahrgestell wur- de vor den Landeklappen ausgefahren, deren Drehmoment bewirkte, daß die Nase hochkam. Dem wurde durch „Knüppel vor" entgegengewirkt. Dann verminderte der Pilot den Druck auf den Steuerknüppel wieder lang- sam, während die Landeklappen weiter ausfuhren und sich die Trimmlage normalisierte. Der Winkel für den Landeanflug war steil, aber die Sicht nach vorn aus der Kanzel stets ausreichend. Befand sich das Flugzeug erst einmal am Boden, konnte man stark abbremsen, ohne Gefahr zu laufen, sich zu überschlagen. Dies war also der Jäger, mit dem die Zerstörerflieger in die Schlacht gingen.

Überblick über die Schlacht

Die sogenannte Schlacht um England war in Wahrheit ein Feldzug mit Hauptluftschlachten an manchen Tagen und kleineren Scharmützeln an

Übersicht 8 - Kommandostruktur der RAF-Verbände der Schlacht vom 13. August 1940

Sektor	Staffel	Typ	Flugplatz
No 11 Group (Gefechtsstand Uxbridge)			
Biggin Hill	32	Hurricane	Biggin Hill
	610	Spitfire	Biggin Hill
	501	Hurricane	Gravesend
	600	Blenheim	Manston
North Weald	56	Hurricane	North Weald
	151	Hurricane	North Weald
	85	Hurricane	Martlesham
	25	Blenheim	Martlesham
Kenley	64	Spitfire	Kenley
	615	Hurricane	Kenley
	111	Hurricane	Croydon
	1 RCAF	Hurricane	Croydon
Hornchurch	54	Spitfire	Hornchurch
	65	Spitfire	Hornchurch
	74	Spitfire	Hornchurch
	266	Spitfire	Eastchurch
Tangmere	43	Hurricane	Tangmere
	601	Hurricane	Tangmere
	145	Hurricane	Westhampnett
Debden	17	Hurricane	Debden
	85	Hurricane	Debden
Northold	1	Hurricane	Northolt
	257	Hurricane	Northolt
	303	Hurricane	Northolt
No 10 Group (Gefechtsstand Rudloe Manor)			
Filton	87	Hurricane	Exeter
	213	Hurricane	Exeter
Middle Wallop	238	Hurricane	Middle Wallop
	609	Spitfire	Middle Wallop
	604	Blenheim	Middle Wallop
	152	Spitfire	Warmwell
St Eval	234	Spitfire	St Eval
	247	Gladiator	Roborough
Pembrey	92	Spitfire	Pembrey

Übersicht 8 - Kommandostruktur der RAF-Verbände der Schlacht vom 13. August 1940

Sektor	Staffel	Typ	Flugplatz
No 12 Group			
(Gefechtsstand Watnall)			
Duxford	310	Hurricane	Duxford
	19	Spitfire	Fowlmere
Coltishall	66	Spitfire	Coltishall
	242	Hurricane	Coltishall
Kirton-in-Lindey	222	Spitfire	Kirton
	264	Defiant	Kirton
Digby	46	Hurricane	Digby
	611	Spitfire	Digby
	29	Blenheim	Digby
Wittering	229	Hurricane	Wittering
	23	Blenheim	Collyweston
Church Fenton	73	Hurricane	Church Fenton
	249	Hurricane	Church Fenton
	616	Spitfire	Leconfield
No 13 Group			
(Gefechtsstand Ponteland)			
Catterick	41	Spitfire	Catterick
	219	Blenheim	Catterick
Usworth	607	Hurricane	Usworth
	72	Spitfire	Acklington
	79	Hurricane	Acklington
Turnhouse	253	Hurricane	Turnhouse
	602	Spitfire	Drem
	605	Hurricane	Drem
	141	Defiant	Prestwick
Dyce	603	Spitfire	Montrose
	263	Hurricane	Grangemouth
Wick	3	Hurricane	Wick
	232	Hurricane	Sumbergh
	504	Hurricane	Castletown
Aldergrove	24	Hurricane	Aldergrove

Anmerkung: Die 263. Staffel wurde umgerüstet auf Whirlwinds.

anderen. Die Luftwaffe beabsichtigte, das Oberkommando der RAF-Jagd-flieger als kriegsentscheidende Kraft zu vernichten. Die strategische Absicht des Fighter Command war es, existent zu bleiben, um die erwarte-te Invasion zu verhindern, und unterdessen die Luftwaffe in einem nicht hinnehmbaren Maß abzunutzen.

Die geringe Reichweite der Bf 109 beschränkte ihre Wirksamkeit auf Süd-ostengland. Nur von Flugplätzen vom Pas-de-Calais aus ließ sich das Inland bis nördlich von London erreichen sowie von Cherbourg bzw. Cotentin aus der Süden und die Südwestküste. Sollten die Bomber Jagd-schutz fliegen, mußten aber auch sie sich auf dieses Gebiet beschränken.

Während die Anzahl der einsitzigen, jeder Zeit zur Verfügung stehenden Jäger sich auf beiden Seiten ungefähr die Waage hielt, waren die Briten kaum in der Lage, auch nur die Hälfte ihrer Maschinen in den gefährdet-sten Gebieten zu stationieren. Obwohl weitere Flugplätze zur Verfügung standen, verfügten diese nicht über die erforderlichen Fernmeldeeinrich-tungen, die es ihnen ermöglicht hätten, in das Jägerleitsystem integriert zu werden, so daß sie stark beeinträchtigt wurden. Andererseits waren die Überwachungs- und Führungseinrichtungen im allgemeinen in der Lage, die RAF-Jagdfliegerstaffeln zur rechten Zeit an den richtigen Ort zu schicken und damit deren Gefechtswert zu erhöhen. Beurteilt man die Ein-satzebene unter diesem Gesichtspunk, so operierten die deutschen Jagd-flieger gewöhnlich in einer Gruppenstärke von 30 bis 40 Maschinen. Selbst wenn Ausfälle ihre Stärke herabsetzten, waren sie der „twelve-ship-squa-dron-Formation" der Briten erheblich überlegen.

Die Piloten der deutschen Jäger erfreuten sich noch zwei weiterer takti-scher Vorteile. Das vorrangige Ziel der britischen Jäger war es, die Bomber abzuschießen. Wenn sie sich darauf konzentrierten, wurden sie gegenüber den deutschen Begleitjägern verletzlich. Darüberhinaus hatte der deutsche Jagdschutz fast immer einen erheblichen Höhenvorteil, der es ihm ermög-lichte, von hoher Warte aus auf die Beute hinabzustoßen, um sie abzufan-gen. Höhe war schon immer der größte Vorteil, den ein Jägerpilot haben konnte, und die Deutschen machten davon vollen Gebrauch.

Aber die Vorteile lagen nicht alle auf einer Seite. Das Fliegen über Wasser in einer einmotorigen Maschine gestaltete sich als ein nervenbelastendes Erlebnis. Ein Motor, der über dem Festland wunderbar rund lief, klang über der See häufig viel rauher. Wie Oberleutnant Julius Neumann bemerkte: „Entweder die Spitfires oder der Kanal. Aber beide zugleich ..." Vom JG 27 in der Normandie mußten er und seine Kameraden die weiteste Entfernung über offenes Wasser zurücklegen. Aber selbst die Piloten, die am Pas-de-Calais stationiert waren, behielten immer ein Auge auf der Betriebstoff-

anzeige, wenn sie über dem Kanal flogen und warteten auf die rote Warn-
leuchte. Sobald diese aufleuchtete, blieben ihnen nur wenige Minuten, um
unbeschadet zum heimatlichen Flughafen zurückzukehren. Häufig genug
gelang es ihnen nicht mehr rechtzeitig.

Als sich schließlich die Mehrzahl der Kämpfe über England abspielte, kam
jeder deutsche Pilot, der bruchlandete oder absprang, kurz danach in ein
Kriegsgefangenenlager. Das bedeutete eine zusätzliche psychische Belastung. Ein britischer Pilot in derselben Situation würde schnell wieder
zurück bei seiner Einheit sein.

Phase 1: Anfang Juli bis 10. August

Die ersten Jagdkämpfe der Schlacht fanden am 4. Juli statt, als in einer
Serie von einzelnen Scharmützeln eine Hurricane abgeschossen und vier
weitere beschädigt wurden, zwei von ihnen so schwer, daß sie bruchlande-
ten. Alle Bf 109, die beteiligt waren, kamen heil zurück. Dieses Muster
wiederholte sich drei Tage danach, als einige Bf 109 E vom JG 51 auf eine
„section" von drei Spitfires vom „No 54 Squadron" in der Nähe von Deal
trafen, zwei abschossen und die dritte beschädigten. Später am Tag stießen
Maschinen der II. und III./JG 51 auf freier Jagd mit Spitfires von „No 65
Squadron" zusammen und schossen drei von ihnen ab, wieder ohne eigene
Verluste.

Das war ein vielversprechender Anfang für die Deutschen, doch so sollte es
nicht weitergehen. Am folgenden Tag gingen vier Bf 109 verloren und eine
weitere wurde gezwungen, mit ihrem verwundeten Piloten bruchzulanden.
Die britischen Jägerverluste beliefen sich auf drei Abschüsse und eine
beschädigte Maschine. Dann, am 10. Juli, wurde der Kampf so heftig, daß
dieser Tag offiziell (von den Briten) als der erste in der Schlacht um England bezeichnet wurde. Eine Gruppe mit 26 Do-17-Bombern wurde gegen
einen Geleitzug nahe Dover eingesetzt, begleitet von rund 20 Bf 109 der
III./JG 51, geführt vom Spanienkämpfer Hannes Trautloft, sowie von 30 Bf
110 der I./ZG 26. Die sechs Hurricanes, die über dem Geleitzug patrouil-
lierten, waren deutlich in der Minderzahl, wurden jedoch sogleich von Teilen dreier weiterer „Squadrons" auf insgesamt 30 britische Jäger verstärkt.
Die Zerstörer, denen ihre Unterlegenheit gegenüber den Einsitzern sehr
wohl bewußt war, bildeten sofort einen Verteidigungskreis, in dem jede
Maschine von den vorderen Waffen des Flugzeuges dahinter gedeckt wurde. Über diese Methode, einem Standardverfahren bei den 110-Verbänden,

ist man häufig hergezogen, da man meinte, daß die Begleitschutzjäger nicht einmal in der Lage seien, sich im offenen Kampf selbst zu schützen. Die Wahrheit ist jedoch komplexer. Indem sie einen Kreis bildeten, nahmen die Zerstörer eine beherrschende Stellung am Himmel ein. So konnten sie einerseits nur schwer angegriffen werden und waren andererseits in der Lage, jeden Augenblick selbst anzugreifen, sobald sich eine Gelegenheit bot. Der Kreis hatte notwendigerweise einen sehr großen Durchmesser – etwas mehr als eineinhalb Kilometer – und bedrohte ein erhebliches Gebiet in seiner Reichweite. Gerade weil die 110er einen „Kreis" flogen, konnten sie von den Briten nicht einfach ignoriert werden, es sei denn, diese hatten einen beträchtlichen Höhenvorteil. In dem harten Kampf, der nun folgte, und in dem die Spitfires und Hurricanes den deutschen Einsitzern zahlenmäßig überlegen waren, waren sie gezwungen, ein wachsames Auge auf die 110er zu behalten, die damit die Schlacht indirekt beeinflußten. Gegen den Kreis ließ sich kaum etwas unternehmen, obgleich es leichter wurde, ihn aufzubrechen, als die Kreise an Größe zunahmen, wie wir gleich sehen werden. Letztlich war der Kreis nicht an einen Ort gebunden. Indem er nicht so eng gehalten wurde, ließ er sich in jede beliebige Richtung dirigieren. Insgesamt gesehen war der Verteidigungskreis sehr wirksam, wenn zwei Voraussetzungen gegeben waren: Zum einen durfte er nicht zu groß sein, zum anderen mußte der Kampf über dem Kanal oder der englischen Küste stattfinden. Wenn sich der Luftkampf über dem englischen Landesinnern abspielte, wurde der Kreis irgendwann gefährdet. Spätestens der Heimflug löste den Kreis auf und machte jeden Zerstörer verwundbar.

Der Angriff auf den Geleitzug schlug fehl. Nur ein kleines Schiff wurde versenkt, während zwei Dorniers verlorengingen und eine dritte schwer beschädigt wurde. Die III./JG 51 verlor den Jäger von Oberfeldwebel Dau, Trautlofts Katschmarek, der mit einer Hurricane vom „No 56 Squadron" ganz übel aneinandergeriet. Er berichtete später:

„Die Kühlertemperatur stieg schnell auf 120 Grad. Die ganze Kanzel stank nach verschmortem Isolationsmaterial. Aber es gelang mir, im Gleitflug bis zur Küste zu kommen, wo ich nahe Boulogne eine Bauchlandung machte. Als ich aus der Maschine sprang, ging sie in Flammen auf, und innerhalb von Sekunden flogen Treibstoff und Munition mit einem Knall in die Luft."

Ein zweiter Unteroffizier m. P. von der III./JG 51 machte eine Bauchlandung bei Calais, eine Bf 110 von der III./ZG 26 wurde über dem Wasser abgeschossen, eine weitere beschädigt. Deutschen Berichten zufolge wurden bei diesem Unternehmen insgesamt sechs Feindmaschinen abgeschossen, davon zwei von Walter Oesau, der später zu den Piloten mit den höchsten Abschußziffern gehörte. In Wirklichkeit waren die britischen Verluste minimal: Eine Hurricane wurde beim Zusammenstoß mit einer Dornier zerstört, zwei Spitfires schwer und eine Hurricane leicht beschädigt. Später an jenem Tag verloren die Deutschen sieben weitere Flugzeuge, meist Aufklärer, die Briten nicht eines.

> *„Unser Auftrag lautete, Begleitschutz zu fliegen, den ich verabscheute. Das gab zwar den Bomberbesatzungen das Gefühl, beschützt zu werden, und mag auch einige der gegnerischen Piloten abgeschreckt haben, war aber für uns Piloten eine üble Sache. Wir benötigten die Vorteile in Höhe und Geschwindigkeit, um den Gegner unter günstigen Bedingungen bekämpfen zu können. Andernfalls konnten die britischen Jäger sich aussuchen, wann und wie sie uns angreifen wollten. Wir waren auf höhere Geschwindigkeiten angewiesen, da ansonsten die Bf 109 zu lange brauchte, um die Kampfgeschwindigkeit zu erreichen, wenn wir von den Spitfires aufs Korn genommen wurden."*
>
> Oberleutnant Hans Schmoller-Haldy, Bf 109-Pilot, JG 54

Nach diesem Schema verliefen auch die Kämpfe der folgenden Tage: Angriffe auf Geleitzüge, unterbrochen von Attacken auf Küstenziele, dazwischen „zur Abrundung" freie Jagd. Die „Freien Jäger" wurden von den Briten bald in Ruhe gelassen wegen des Vorteils der Abnutzung, die unweigerlich durch die Verlegung auf Behelfsflugplätze entstehen würde, von denen aus sie starteten. Am 16. Juli war die Anzahl der einsatzfähigen Maschinen von Hannes Trautlofts III./JG 51 auf 15 abgesunken, 40 Prozent unter die Sollstärke. Bei den anderen Gruppen sah es genauso aus, und erst gegen Monatsende wurden sie durch andere Jagdgeschwader verstärkt.

Zwei Jägerstaffeln des Fighter Command flogen die Boulton-Paul Defiant. Dieses originelle Flugzeug war ein einmotoriger Bomberabfangjäger, bewaffnet mit einem motorgetriebenen Turm mit Kanone, hatte aber keine nach vorn schießenden Waffen. Defiants erzielten gewisse Erfolge über Dünkirchen, wo sie für Hurricanes gehalten und von hinten angegriffen wurden. Die Jagdflieger erkannten sogleich, was es mit diesem Typ auf sich hatte – ein langsamer und schlecht fliegender „Truthahn" – und machten diesen Fehler nicht noch einmal! Ihre große Gelegenheit kam am 19. Juli. Einem frontalen Angriff aus der Sonne folgten Attacken von unten und hin-

Übersicht 9 - Die Jagdverbände der Schlacht vom 13. August 1940

Verband	Kommodore	Typ	Flugplatz
Luftflotte 2 (Flugplätze in Frankreich nördlich der Seine, in Belgien und Holland. Kommodore: Oberst Theo Osterkamp in Wissant)			
Stab/JG 3	Obstlt Carl Wick	Bf 109	Samer
I/JG 3	Maj Günther Lützow	Bf 109	Samer
II/JG 3	Hpt Erich von Selle	Bf 109	Samer
III/JG 3	Hpt Wilhelm Balthasar	Bf 109	Desvres
Stab/JG 26	Maj Gotthard Handrick	Bf 109	Audembert
I/JG 26	Hpt Kurt Fischer	Bf 109	Audembert
II/JG 26	Hpt Karl Ebbinghausen	Bf 109	Marquise
III/JG 26	Maj Adolf Galland	Bf 109	Caffiers
Stab/JG 51	Maj Werner Mölders	Bf 109	Wissant
I/JG 51	Hpt Hans-Heinrich Brustellin	Bf 109	Wissant
II/JG 51	Hpt Günther Matthes	Bf 109	Wissant
III/JG 51	Maj Hannes Trautloft	Bf 109	St Omer
Stab/JG 52	Maj Hans Trübenbach	Bf 109	Cocquelles
I/JG 52	Hpt Wolfgang Ewald	Bf 109	Cocquelles
II/JG 52	Hpt von Kornatzki	Bf 109	Peuplingues
Stab/JG 54	Maj Martin Mettig	Bf 109	Campagne
I/JG 54	Hpt Hubertus von Bonin	Bf 109	Guines
II/JG 54	Hpt Winterer	Bf 109	Hermelinghen
III/JG 54	Hpt Werner Ultsch	Bf 109	Guines
I(J)/LG 2	Hpt Herbert Ihlefeld	Bf 109	Calais-Marck
I/ZG 2	Hpt Heinlein	Bf 110	Amiens
Stab/ZG 26	Obstlt Friedrich Hüth	Bf 110	Lille
I/ZG 26	Hpt Wilhelm Makrocki	Bf 110	St Omer
II/ZG 26	Hpt von Rettburg	Bf 110	St Omer
III/ZG 26	Hpt Johann Schalke	Bf 110	Arques
II/ZG 76	Hpt Erich Gröth	Bf 110	Abbeville
EprGr 210	Hpt Walter Rübensdorffer	Bf 109/Bf 110	Calais-Marck

ten, auf die die britischen Zweisitzer keine Antwort fanden. Sechs wurden abgeschossen und eine siebente schwer beschädigt. Nur das Eingreifen einer Staffel Hurricanes verhinderte die Fortsetzung des Gemetzels.

Alle Bf 109 kamen sicher nach Hause, obgleich einige beschädigt worden waren. Am nächsten Tag waren nur noch elf Maschinen startklar. Die

Übersicht 9 - Die Jagdverbände der Schlacht vom 13. August 1940

Verband	Kommodore	Typ	Flugplatz
Luftflotte 3 (Flugplätze in Frankreich, meist südlich der Seine. Kommodore: Oberst Werner Junck)			
Stab/JG 2	Obstlt Harry von Bulow-Bothkamp	Bf 109	Evreux
I/JG 2	Maj Hennig Strumpell	Bf 109	Beaumont-le-Roger
II/JG 2	Maj Wolfgang Schellmann	Bf 109	Beaumont-le-Roger
III/JG 2	Hpt Erich Mix	Bf 109	Le Havre
Stab/JG 27	Maj Max Ibel	Bf 109	Cherbourg-Ouest
I/JG 27	Maj Eduard Neumann	Bf 109	Plumetot
II/JG 27	Hpt Lippert	Bf 109	Crepon
Stab/JG 53	Maj Hans-Jürgen von Cramon-Taubadel	Bf 109	Cherbourg
I/JG 53	Hpt Hans-Karl Meyer	Bf 109	Rennes
II/JG 53	Maj Günther von Maltzahn	Bf 109	Dinan
III/JG 53	None (KIA 12 Aug)	Bf 109	Brest
Stab/ZG 2	Obstlt Friedrich Vollbracht	Bf 110	Toussée-le-Noble
II/ZG 2	Maj Carl	Bf 110	Guyancourt
V(Z)/LG 1	Hpt Otto Leinsberger	Bf 110	Caen

Anmerkung: Diese Übersicht listet zwar die Flugplätze der Verbände auf; viele Staffeln fern der Schlacht verlegten jedoch nach vorn zum Auftanken, bevor sie in den Kampf gingen.

Gesamtverluste der Briten betrugen an diesem Tag zehn Maschinen, die der Deutschen vier. Bei diesem Verhältnis würde es nicht mehr lange dauern, bis die Luftüberlegenheit erreicht wäre.

Das JG 26 „Schlageter" mit dem gefürchteten Adolf Galland an der Spitze der dritten Gruppe nahm ab dem 24. Juli an der „Schlägerei" oben am Himmel teil. Sein erster Auftrag lautete, Dornierbomber, die einen Geleitzug in der Themsemündung angreifen sollten, zu schützen. Hoch über den Bombern kreuzend und zickzack fliegend, sah Galland eine Kette Spitfirejäger der „No 54 Squadron" sich den Bombern nähern. Galland stürzte sich von seiner überhöhten Position hinab und erreichte die Dorniers zur gleichen Zeit wie die Spitfires und traf einen, der abdrehte. Die fünf übrigen britischen Jäger waren umgeben von Bf 109 und verdankten ihr Überleben allein der Tatsache, daß sich die vielen deutschen Jäger gegenseitig im Weg waren. In dieses Getümmel mischte sich nun eine weitere Kette Spitfires von der „No 65 Squadron" ein.

Wie oft in solchen Fällen gab es eine heftige Kurbelei und Ballerei, aber wenige Ergebnisse. Da die Maschinen längere Zeit ineinander verzahnt kämpften, ging bald der Treibstoff zur Neige, und eine Messerschmitt nach der anderen brach den Kampf mit einer halben Rolle und Wegdrücken ab, während die Motoren unter Vollast qualmten, so daß viele britische Piloten annahmen, sie stürzten mit Motorschaden ab. Tatsächlich gingen nur zwei verloren, ebenso drei Spitfires, von denen eine mit ihrem verwundeten Piloten notlanden mußte. Der Mann, den viele für das größte Flieger-As des Krieges hielten, war wieder in Aktion.

Die Rückkehr von Werner Mölders in den Kampf vier Tage später stellte sich als eine weit weniger glückliche Geschichte dar. An diesem Morgen erst war er zum Kommodore des JG 51 ernannt worden, um Osterkamp zu ersetzen, und am frühen Abend führte er Teile der I. und II./JG 51 als Jagdschutz eines Bomberangriffs. Als sie sich Dover näherten, wurden sie von Spitfires der „No 74 Squadron" angegriffen, geführt von dem Mann, der allgemein als der „britische Mölders" bezeichnet wird: Adolph „Sailor" Malan. Es entwickelte sich ein heftiger Luftkampf, in dessen Verlauf Mölders Maschine schwer beschädigt und er selbst am Bein verwundet wurde, was ihn für mehrere Wochen kampfunfähig machte. Es ist möglich, daß Malan als Sieger aus diesem Kampf hervorging, da aber Richard Leppla von der I./JG 51 (insgesamt 68 Abschüsse) behauptete, er habe die verantwortliche Spitfire sofort danach abgeschossen, bleibt die Sache zweifelhaft. Auf jeden Fall gingen zwei Spitfires bei diesem Kampf verloren, wobei ein Pilot überlebte. Die Deutschen hatten vier Verluste zu verzeichnen, Mölders Maschine eingerechnet, die nach einer Bauchlandung abgeschrieben werden mußte, sowie zwei weitere mit Schäden, von denen eine bruchlandete.

Eine Sache fiel den Deutschen zu dieser Zeit auf: die Fähigkeit der britischen Jäger, genau zu dem Zeitpunkt aufzutauchen, an dem sie am wenigsten erwünscht waren. Natürlich hörten sie die Funkbefehle des Oberkommandos der Jäger mit und schlossen aus ihnen, daß ein äußerst modernes Luftüberwachungssystem existieren mußte. Wie es arbeitete, war ihnen jedoch nicht bekannt. Und genau dies sollte in der folgenden Phase entscheidend werden.

Phase 2: 11. August bis 6. Dezember

Der Angriff, der das Oberkommando der Jäger vernichten sollte, war auf den 10. August befohlen worden. Am 11. August wurde verbissen gekämpft. Der freien Jagd über England folgte ein großer Bomberangriff auf den Royal Navy-Stützpunkt in Portland. Etwa 75 Bomber mit starkem Begleitschutz von 61 Bf 110 der I. und II./ZG 2 wurden von sieben RAF Jagdstaffeln abgefangen.

> *„Von unten aus sahen wir über uns die leuchtendblauen Unterseiten der Flugzeuge der Tommies. Meist warteten sie dort, bis unsere Bomber eine Kurve flogen. Dann stürzten sie sich hinunter, zogen kurz an, feuerten aus allen Rohren und setzten sofort ihren Sturzflug fort. Alles, was wir tun konnten, waren kurze Feuerstöße ins Leere, während wir gleichzeitig die Augen offenhielten, ob uns niemand am Heck hing. Häufig zogen wir zwar so verzweifelt am Knüppel, daß die Tragflächen sich bogen, waren aber nicht in der Lage, schnell genug zu kurven und konnten nur hilflos zusehen, wie die Tommies einen der Bomber voll Blei pumpten ..."*
>
> Max-Hellmuth Ostermann, III./JG 54, Jagdschutz

Die Bf 110 bildeten sofort einen riesigen Verteidigungskreis, aber diesmal mißlang dieses Unternehmen. Die ersten Spitfires vor Ort überflogen ihn und schossen mit großem Vorhalt auf die Zerstörer am anderen Ende. Fünf Bf 110 fielen diesem ersten Angriff sofort zum Opfer. Da der Kreis nun aufgebrochen war, wurden die übrigen in ein allgemeines Durcheinander verwickelt, wobei ein weiterer abgeschossen und fünf beschädigt wurden.

Von allen Seiten bedrängt, versuchten die Zerstörer verzweifelt, die von überall her anfliegenden Spitfires und Hurricanes von den Bombern fernzuhalten, was ihnen jedoch nur teilweise gelang, obgleich sie beim Rückflug vom JG 27 verstärkt wurden. Sechs Bomber sowie sieben Bf 109 gingen verloren, damit insgesamt also 19 Maschinen. Aber auch die RAF zahlte einen hohen Preis: 17 Hurricanes und eine Spitfire wurden abgeschossen.

Die ersten wesentlichen Kämpfe vom „Adlerangriff" fanden erst am 12. August statt, als die Jagdbombergruppe EprGr 210 einen gezielten Angriff auf die britische Radarstation an der Küste flog. Es folgte ein großer

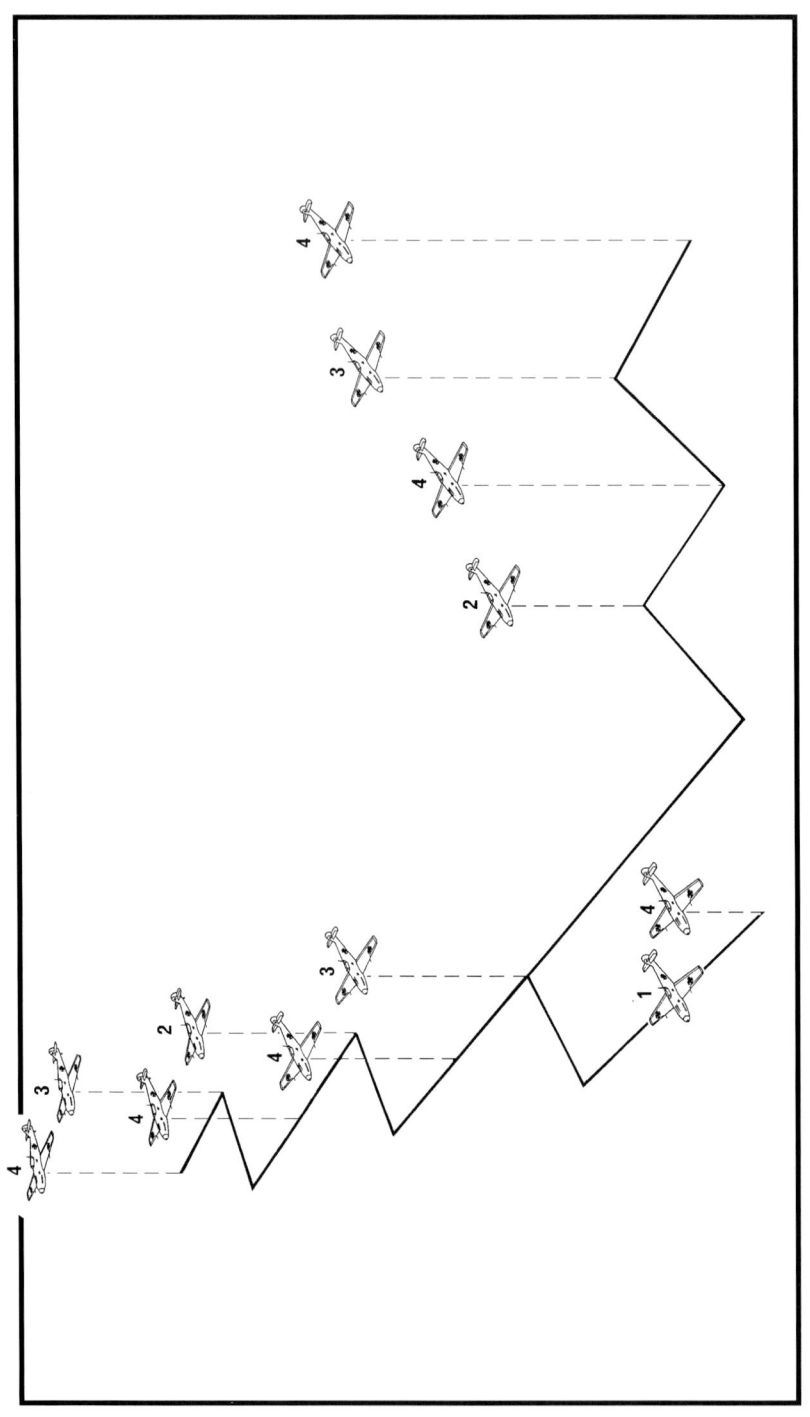

Abb. 10 Typische Staffelformation, Sommer 1940

1. Staffelkapitän, 2. Schwarmführer, 4. Rottenflieger – wie von Julius Neumann, JG 27, beschrieben.

Angriff auf die Radarstationen von Ventnor. Am gleichen Abend wurden die ersten britischen Flugplätze angegriffen.

Die Radarstationen waren bald wieder einsatzbereit, ausgenommen die von Ventnor, deren Ausfall verheimlicht wurde. Die dort entstandene Lücke schloß man durch eine mobile Anlage. Die Luftwaffe folgerte daraus, daß Radaranlagen besonders schwierig auszuschalten waren und ließ sie von nun an weitgehend in Ruhe. Auch auf die Abschnittsstellen mit ihren verletzlichen Einsatzräumen konzentrierte man sich nicht. Das war ein nicht wiedergutzumachender Fehler, weil es die Wahrscheinlichkeit, die britischen Jägerstaffeln am Boden zu erwischen, erheblich verminderte. Die Deutschen sahen das optimistischer und betrachteten alles, was Feindjäger in die Luft und ins Gefecht brachte, als Gewinn.

Obgleich am ersten Tag die Sonne schien, zeigte sich im weiteren Verlauf, daß der „Adlertag" einen Tiefpunkt aufgrund des schlechten Wetters darstellte. Die Abschußzahlen waren in einer rückläufigen Entwicklung begriffen: neun Bf 109 und 18 Bf 110 gingen verloren oder zu Bruch, darüberhinaus mußten 20 Bomber auf die Verlustliste gesetzt werden. Die Briten verloren 13 Jäger, obgleich Falschmeldungen von Abschüssen – stets eine unvermeidbare Begleiterscheinung bei Luftkämpfen – diese unerfreuliche Wahrheit den Jagdfliegern vorenthielt.

Schlechtes Wetter behinderte die Kämpfe am 14. August, aber in den folgenden Tagen wurden verstärkt hauptsächlich die Flugplätze angegriffen. Dies erwies sich weniger wirksam, als erwartet. Die unzureichende Aufklärung enthüllte zwar, welche Flugplätze genutzt wurden, gab jedoch keine Auskunft über den Flugzeugtyp, der dort stationiert war. So wurde eine Menge Energie damit vergeudet, Flugplätze zu bombardieren, die dem Oberkommando der Jäger gar nicht unterstanden.

Die schweren Kämpfe ließen die Abschußziffern der Experten sprunghaft in die Höhe steigen. Am 15. August errang Galland seinen 20. Luftsieg, dicht gefolgt von Walter Oesau (III./JG 51) und Horst Tietzen (II./JG 51). Tietzen wurde am 18. August bei Whitstable von Hurricanes abgeschossen und getötet. Werner Mölders kam zurück und schoß am 26. August nach zehn ergebnislosen Einsätzen seine 27. Maschine, eine Spitfire, ab. Zwei Tage später, so wird berichtet, erledigte er eine Hurricane, und, was recht erstaunlich ist, eine Hawk 75, ein Typ, der in der RAF überhaupt nicht geflogen wurde. Ein Dreifachsieg über Hurricanes am letzten Augusttag brachte ihn wieder vor Balthasar in Führung. Um diesen Konkurrenten hätte er sich keine Sorgen zu machen brauchen: Am 4. September wurde Balthasar bei Canterbury von Spitfires schwer verwundet und schied mit 31 Abschüssen aus dem Rennen aus.

In den ersten sechs Tagen des „Adlerangriffs" gingen insgesamt 125 Bomber verloren, davon allein 43 der so verletzlichen Ju 87-Sturzkampfbomber, die nach entsetzlichen Verlusten am 18. August aus der Schlacht abgezogen wurden. Die Jäger hatten alles getan, um sie zu schützen, was durch den Verlust von 56 Bf 109 und 63 Bf 110 belegt wird. Die RAF-Jägerverluste im Luftkampf lagen im gleichen Zeitraum knapp unter 100, obgleich Falschmeldungen den Luftwaffennachrichtendienst irreführten und man weit höhere Abschußziffern errechnete. Ungeachtet dieser Sachlage ließ sich nicht verheimlichen, daß die Kampfverluste der Luftwaffe in den ersten fünf Schlachttagen im Schnitt 49 Maschinen pro Tag betrugen, was man kaum länger akzeptieren konnte. (Am 17. August schränkte das schlechte Wetter das Kampfgeschehen ein, so daß an diesem Tag keine der beiden Seiten Verluste davontrug.)

Die deutschen Bomberbesatzungen beklagten sich bitterlich über den mangelhaften Jagdschutz, und es wurde angeordnet, daß künftig die Mehrzahl der Jäger ganz in der Nähe der Bomber fliegen sollte, um die britischen Jäger von dort aus abzuwehren. Eine weitere Maßnahme, die zu diesem Zeitpunkt veranlaßt wurde, war die Ablösung mehrerer Kommodores von Jägerverbänden, die durch junge und erfolgreiche Piloten ersetzt wurden. Adolf Galland wurde das Kommando über das JG 26 übertragen. Er war einer der ersten, die von dieser neuen Regelung profitierten, und das alles zog eine Kette weiterer Neubesetzungen nach sich. Er selbst als Kommandeur der III./JG 26 wurde ersetzt durch Gerhard Schöpfel; Heinz Ebeling wiederum übernahm Schöpfels 9./JG 26. Weitere Beförderungen brachten Günther Lützow (JG 3), Hans Trübenbach (JG 52) und Hannes Trautloft (JG 54) in Führungspositionen.

Die Auffrischung mit jungen Führern des Luftkampfes scheint sich sofort ausgewirkt zu haben. Obgleich sich die Jäger weiterhin nur ungern als Nahschutz an die Bomber binden ließen und mit einigem Recht anführten, daß ihr Vorteil an Höhe, Geschwindigkeit und Entscheidungsfreiheit verloren ginge, bleibt die Tatsache, daß innerhalb der folgenden zwei Wochen die Abnutzungsrate auf 21 Maschinen pro Tag fiel – ein Rückgang um 60 Prozent. Den größten Nutzen hatten die Bomber und die Bf 110. Die durchschnittlichen Kampfverluste der Einsitzer pendelte sich bei elf Jägern pro Tag ein, während die der Briten zu dieser Zeit unverändert bei 19 Maschinen lagen.

Werner Mölders selbst sah sich als Nachfolger des berühmten Oswald Boelcke, der im Ersten Weltkrieg als „Vater des Luftkampfs" galt. Galland wiederum fühlte sich als „Richthofen des Zweiten Weltkriegs". Beide waren sie bestrebt, ihre Taktik zu verfeinern. Die Bf 109 war im Nahkampf mit den wendigeren Spitfires und Hurricanes im Nachteil. Sie entschieden sich daher für die einzig mögliche Lösung, die darin bestand, den Kampf in die Senkrechte zu verlegen, indem sie den anfänglichen Höhenvorteil nutzten, um senkrecht hinabzustoßen, zu feuern und dann, die gewonnene Geschwindigkeit verwendend, wieder nach oben zu verschwinden. Oft genug gestattete die Situation ein derartiges Verfahren jedoch nicht. Zweimal hatte Galland Spitfires am Heck, die er nicht mehr abschütteln konnte. Seine unorthodoxe List in beiden Fällen bestand darin, mit allen Waffen nach vorn ins Blaue zu feuern. Als seine Verfolger den zurückwehenden Pulverdampf sahen und ihnen womöglich die leeren Hülsen an die Maschinen prasselten, nahmen sie wahrscheinlich an, daß sie es mit einem Jäger mit Heckwaffen zu tun hatten und brachen die Verfolgung ab.

Phase 3: 7. September bis 30. September

Anfang September hatte sich deutlich gezeigt, daß das britische Fighter Command in der Luft weder bezwungen noch seine Flugzeuge am Boden in wesentlichem Umfang zerstört worden waren. Da Angriffe auf Flugplätze keine Ergebnisse hervorbrachten, benötigte man ein neues Ziel. London! Sicherlich würden die Briten noch ihren letzten Jäger einsetzen, um die Hauptstadt zu verteidigen. Viele Jagdverbände der Luftflotte 3 wurden an den Pas-de-Calais zurückverlegt.

Am Nachmittag des 7. Septembers nahm eine gigantische Armada von 350 Bombern, die von 600 Jägern begleitet wurden, Kurs auf die Großstadt. Verwirrt durch diese Änderung des Angriffsziels, leisteten die Verteidiger kaum Widerstand. Der Bombenangriff brach wie eine Dampfwalze herein und verwüstete die Docks. Die Deutschen verloren nur zehn Bomber und 22 Jäger, die RAF 29 Flugzeuge. Am 11. September war London erneut das Ziel, worauf eine ziemlich ruhige Phase von drei Tagen folgte. Das Fighter Command hatte sich seit Anfang September sehr zurückgehalten. Vor einiger Zeit hatten die Deutschen bereits angenommen, daß die Briten nur noch ihre letzten 50 Spitfires aufbieten können. Nun schien dies wirklich denkbar zu sein.

Am Sonntag, dem 15. September, wurde die Offensive wieder aufgenommen. Ungefähr 150 Bf 109, zusammengezogen aus mehreren Gruppen, flogen in Richtung Hauptstadt. In ihrer Mitte befand sich ein Köder von 25 Dorniers von der I. und III./KG 76. Das Fighter Command sammelte 23 Staffeln, und die ersehnte Jägerschlacht begann. Die ersten Kämpfe fanden nahe Maidstone statt und setzten sich fort bis zu den Vororten von London. Die Jagdflieger gaben ihr Bestes, um ihre Schutzbefohlenen zu decken, aber trotz größter Bemühungen wurden sie abgedrängt, und als ihnen das Flugbenzin ausging, mußten sie die Bomber schutzlos zurücklassen. Der Luftkampf wird immer von der drängenden Frage begleitet, ob der Betriebsstoff für den Rückflug reicht. Je mehr Jäger am Gefecht teilnehmen, umso geringer ist die Zahl der Opfer. Diese Faustregel bewahrheitete sich bei dieser Gelegenheit, bei der niemand Sieger wurde; neun 109er gingen verloren, ebenso viele britische Jäger. Zwei Hurricanes fielen den Bombern zum Opfer, eine durch Zusammenstoß, aber dafür zahlten sie, die Bomber, einen schrecklichen Preis: Sechs von den 25 wurden abgeschossen und zwei weitere derart beschädigt, daß sie abgeschrieben werden mußten.

Am frühen Nachmittag folgte der zweite Bomberangriff den Spuren des ersten. Der Köder war diesmal größer: gut 114 Bomber, zusammengezogen aus vier verschiedenen Kampfgeschwadern und geschützt durch 361 Jäger! Die RAF reagierte wie zuvor, brachte alle verfügbaren Jäger in die Luft, und eine fortlaufende Luftschlacht entwickelte sich, die an der Küste begann und sich bis London hinzog.

Das Gefecht selbst war heftig und unübersichtlich. Mit derart vielen Flugzeugen in der Luft war es unklug, sich auf eines länger als ein paar Sekunden zu konzentrieren, weil das den Angreifer selbst der Gefahr aussetzte, überrascht zu werden. Überraschung war und ist noch immer der entscheidende Faktor beim Luftkampf, während fliegerische Kunst allein selten zu entscheidenden Ergebnissen führt. Adolf Galland, an diesem Tag an der Spitze vom JG 26, erinnerte sich später an seinen 33. Luftsieg:

„Nach einem erfolglosen Scharmützel mit wohl acht Hurricanes, bei dem ich viel Höhe verlor, griff ich mit meiner Stabskette zwei Hurricanes etwa 800 m unter uns an. Wir überraschten sie erfolgreich, ich hielt auf den Rottenflieger zu und eröffnete das Feuer aus 120 m Entfernung, während er leicht nach links abdrehte. Das Feindflugzeug wurde richtig durchgeschüttelt, als meine Geschosse den Bug von unten trafen, und Teile lösten sich von der linken Tragfläche und vom Rumpf. Aus der linken Seite des Rumpfs brach schlagartig Feuer aus."

Es war bekannt, daß Nahkämpfe gegen gut ausgebildete Piloten in gleichwertigen Maschinen ergebnislos waren, sogar für „alte Hasen" wie Galland. Ein Überraschungsangriff hatte weit höhere Aussichten auf Erfolg, und es ist bezeichnend, daß Galland seinen Angriff aus dem toten Winkel

72

von hinten und unten ansetzte, obgleich er ihn mit nicht unerheblichem Höhenvorteil begann (s. Abb. 11). Außerdem war mit 120 m die Schußentfernung ziemlich gering. Allzu oft setzten die Piloten bereits bei 300 m oder mehr ihre Waffen ein und erreichten nichts. Galland selbst schloß oft zu seinem Gegner bis zur, wie er es nannte, „Rammentfernung" auf.

Die tobende Schlacht setzte sich den ganzen Weg hin bis zum Angriffsziel und zurück zur Küste fort, wo 50 Bf 109, das „Empfangskomitee", die zurückfliegenden Bomber erwartete. Aber noch immer stießen weitere britische Staffeln zur Schlacht hinzu. Der Nachmittagsangriff kostete sie 15 Jäger, während die Verluste der Luftwaffe sich auf 21 Bomber und zwölf Jäger beliefen, womöglich auch mehr.

Phase 4: 1. Oktober bis 31. Dezember

Von Juli an hatte die EprGr 210 mit einigem Erfolg Bf 109 und 110 als Jagdbomber eingesetzt. Dadurch ermutigt, befahl Reichsmarschall Göring Anfang September, daß bis zu einem Drittel aller Jäger für einen Einsatz als Jagdbomber (Jabo) umzurüsten seien. 21 Bf 109 E der II./LG 2 hatten am 15. September einen kleineren Anteil an der Bombardierung Londons gehabt.

Die Jagdbomber waren schwer abzufangen, da sie hoch und schnell flogen, aber ihre Piloten waren in der Mehrzahl verärgert und beleidigt, daß man ihnen die Rolle eines Bomben-LKW zugedacht hatte. Nicht so gut ausgebildet wie die Spezialisten der EprGr 210, erreichten sie wenig. Bei Tag flog man jetzt mehr Freie Jagd, aber auch das nur in begrenztem Umfang. Als der Herbst weiter fortschritt, schränkte nicht nur das schlechte Wetter den Flugbetrieb ein. Die Behelfslandebahnen der Jagdstaffeln verwandelten sich in Schlammwege. Als das Jahr 1940 sich dem Ende neigte, wurde allen klar, daß man eine Niederlage erlitten hatte, obgleich deren volle Bedeutung noch eine Zeitlang nicht so offensichtlich war.

Die Experten

Die Jagdflieger unterscheiden sich von den meisten anderen Kämpfern darin, daß es bei ihnen einen objektiven Maßstab gibt, mit dem ihre Erfolge gemessen werden können, und das ist die Anzahl ihrer errungenen Luftsie-

Abb. 11 Gallands bevorzugter „Hoch-und-drunter"-Angriff
*Galland erzielte mit dieser Methode die Mehrzahl seiner Luftsiege.
Nach steilem Sturzflug von hinten erfolgte der Angriff beim Hochziehen
im toten Winkel des Gegners unten / hinten. Obgleich nicht
festgeschrieben, flog man dabei am besten ein paar Grad von rechts an:
Üblicherweise hatten die Mehrzahl der Piloten die linke Hand am Gas
und die rechte am Steuerknüppel, so daß sie den Kopf zur Beobachtung
besser nach links als nach rechts drehen konnten.*

ge. Um gleich möglichen Vorbehalten gegenüber überzogenen Zahlen zuvorzukommen, möchte der Autor betonen, daß ein Sieg im Luftkampf nicht notwendigerweise auch einen erfolgreichen Abschuß bedeutet. Es ist ein Kampf, in dem ein feindliches Flugzeug offenbar getroffen worden ist und in einer Weise zu Schaden kommt, die den siegreichen Piloten glauben läßt, es sei ein Totalverlust.

In den schweren Kämpfen während der Schlacht um England gab es eine Vielzahl von Kampfgelegenheiten, und es muß betont werden, daß die Abschußzahlen der Experten nur einen geringen Teil der Gesamtziffer einnehmen. Das Wetteifern um hohe Abschußzahlen hatte allmählich fast den Charakter eines Wettkampfs angenommen. Mölders, der am Ende des Frankreichfeldzugs führte, war verwundet und seit Ende Juli für rund drei Wochen aus dem Rennen ausgeschieden, so daß mittlerweile Balthasar an ihm vorbeigezogen war. Erst als dieser Anfang September ebenfalls verwundet wurde, ging Mölders wieder in Führung. In der Zwischenzeit hatten Galland und Helmut Wick rasch aufgeholt.

Mölders erreichte am 20. September 40 Luftsiege, fünf Tage darauf gefolgt von Galland und am 6. Oktober von Wick, der es schaffte, sich am 28. November an die Spitze zu setzen, aber am gleichen Tage mit einem Endstand von 56 Luftsiegen abgeschossen wurde. Am letzten Tag des Jahres lag Galland mit 58 Abschüssen in Führung, drei vor Mölders. Dann folgte Walter Oesau mit 39, während Hans-Karl Mayer 38 erreichte, bevor er am 19. Oktober vor dem Feind blieb. Weiter rangierten Hermann-Friedrich Joppien (31, davon fünf in Frankreich), Joachim Müncheberg (23) und Gerhard Schöpfel (22). Das am wenigsten erfolgreiche Jagdgeschwader war das JG 52, was überrascht, weil Gerhard Barkhorn, der später im Osten 301 Siege errang, aber in der Schlacht von England nicht einen einzigen, und Günther Rall, der ebenfalls über England wenig erreichte, aber dessen Schlußstand – auch im Osten – 275 betrug, zu ihm gehörten.

Die führenden Bf 110-Piloten hießen Hans-Joachim Jabs von der II./ZG 76 und Eduard Tratt von der I./EprGr 210, die beide zwölf Luftsiege für sich beanspruchten. Jabs, wohl der fähigste aller Bf 110-Piloten, hatte über Frankreich zuvor sechs Abschüsse erzielt, während Tratts Schicksal insofern bemerkenswert ist, als daß er die ganze Zeit Jagdbombereinsätze flog. Mit ingesamt 38 Siegen wurde Tratt der Pilot mit den meisten Abschüssen der Zerstörerflieger des Krieges.

Helmut Wick. Abgesehen von seiner Naturbegabung war Helmut Wick im Besitz weiterer guter Voraussetzungen. Sein Lehrer während der „Ausbildung für Fortgeschrittene" war der große Werner Mölders gewesen, von

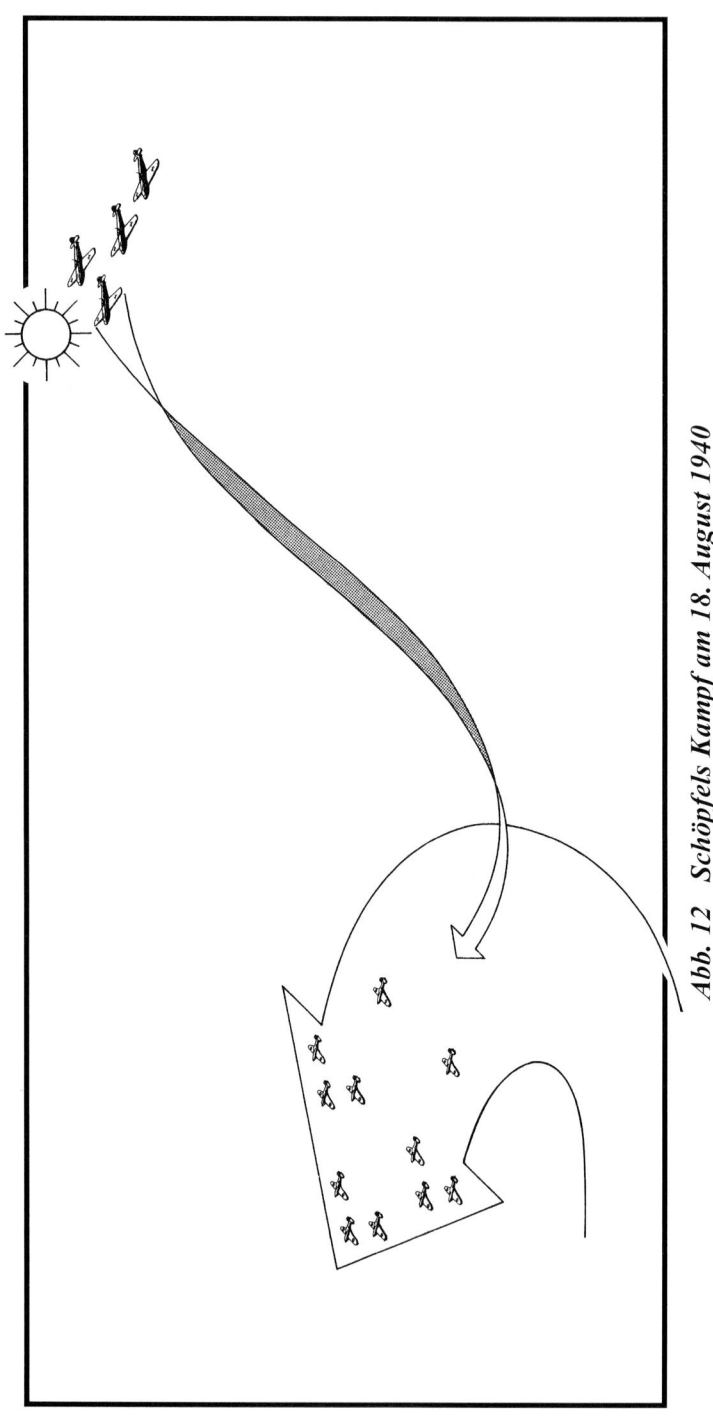

Abb. 12 Schöpfels Kampf am 18. August 1940

Gerd Schöpfel, der während Gallands Abwesenheit die III./JG 26 führte, erkannte unweit von Canterburry Hurricanes der No 501 Squadron. Er wartete, bis sie der Sonne den Rücken zukehrten, ließ seine Gruppe oben und stürzte auf den Feind nieder. Er schoß, ohne bemerkt zu werden, die beiden rückwärtigen Sicherungen und zwei weitere Maschinen ab. Nur weil er von Wrackteilen und Motoröl seines vierten Opfers getroffen wurde, mußte er seinen Angriff abbrechen.

März 1939 an auch sein Staffelkapitän der I./JG 53. Kurz nach Kriegsbeginn wurde er zur I./JG 2 versetzt und errang am 22. November 1939 seinen ersten Luftsieg. Aber erst im Frankreichfeldzug begann seine Erfolgsserie. Er zeigte schon früh ein Talent für Mehrfachsiege, als er am 22. Mai 1940 zwei französische Maschinen abschoß, später im selben Monat zwei britische Swardfisch-Torpedobomber (obgleich diese mangels Zeugen unbestätigt blieben) und vier Bloch 152 am 5. Juni sowie zwei weitere am folgenden Tag. Er beendete den Feldzug mit insgesamt 14 Luftsiegen auf dem dritten Platz hinter Mölders und Balthasar. Im Juli 1940 wurde er Staffelkapitän der 3./JG 2 Richthofen und stieg danach steil auf. Seinen 20. Abschuß erzielte er am 27. August und wurde am 7. September zum Kommandeur der II./JG 2 ernannt. Sein persönliches Glaubensbekenntnis lautete:

„Solange ich den Feind zur Ehre des Geschwaders Richthofen und zum Gewinn des Vaterlandes abschießen kann, solange bin ich ein glücklicher Mensch. Ich will kämpfen, kämpfend sterben und dabei so viele Feinde wie möglich mit mir nehmen."

Wicks Wunsch ging in Erfüllung. Er wurde am 19. Oktober zum Kommodore des JG 2 ernannt, und sein Abschußkonto stieg weiter an. Am 5. November meldete er drei Siege und am folgenden Tag fünf weitere. Am 28. November zog er endlich an Mölders vorbei und setzte sich an die Spitze der Experten. Später am gleichen Nachmittag führte er seinen Stabsschwarm hinaus über den Kanal auf Freie Jagd. Ein Scharmützel in der Nähe der Isle of Wight brachte ihm seinen 56. Luftsieg über eine Spitfire ein, doch dann wurde Wick von hinten von einer weiteren Spitfire angegriffen. Seine Bf 109 wurde abgeschossen, und Wick sprang ab, wurde aber nie gefunden. Sein Bezwinger, John Dundas von der „No 609 Squadron", wurde fast unmittelbar danach von Wicks Katschmarek, Rudi Pflanz, abgeschossen (sein Endstand: 52 Luftsiege).

Gerhard Schöpfel. Einer der weniger bekannten Experten, Schöpfel, begann den Krieg als Staffelkapitän der 9./JG 26. Sein erster Luftsieg war eine Spitfire über Dünkirchen im Mai 1940, und im Laufe des Jahres verzeichnete er 21 weitere Abschüsse. An seinem erfolgreichsten Tag, dem 18. August, schoß er allein vier Hurricanes der „No 501 Squadron" innerhalb weniger Minuten ab (s. Abb. 12). Dieser Mehrfachabschuß ist insofern einzigartig, als daß jedes Opfer zweifelsfrei identifiziert werden konnte und sie alle in der Luft zerstört wurden. Es gab nicht eine Bruchlandung.

„Plötzlich bemerkte ich eine Staffel Hurricanes unter mir. Sie benutzten die englische Taktik jener Zeit, flogen in engen Dreierformationen und kletterten in einer weiten Spirale aufwärts. Ungefähr 1 000 m höher drehte ich mit ihnen und schaffte es, hinter die zwei nach rückwärts sichernden Hurricanes zu gelangen, die unaufhörlich von rechts nach links und zurück flogen. Ich wartete, bis sie wieder Folkestone im Rücken hatten und Richtung Nordwesten flogen, zog dann herum, bis ich aus der Sonne kam, und griff von unten an."

Hier wird der Einfluß Adolf Gallands, Schöpfels Kommandeur, offensichtlich. Der Aufstieg in Spiralen zeigte zwei Schwächen: Zum einen war er aerodynamisch ineffizient, zum anderen würde die Formation früher oder später die Sonne im Rücken haben. Schöpfel wartete, bis er soweit war, und griff dann allein an, weil er sich sagte, daß die Gruppe, die er in Gallands Abwesenheit führte, mit Sicherheit entdeckt werden würde. Ein einzelnes Flugzeug könnte jedoch möglicherweise unbemerkt eine Angriffsposition einnehmen. Es sollte darüberhinaus darauf hingewiesen werden, daß sich Schöpfel dazu entschloß, von unten anzugreifen, obwohl er ursprünglich einen Höhenvorteil hatte. Zwei kurze Feuerstöße erledigten die zwei Sicherungen, und während er in die unmittelbare Nähe des nächsten V aufschloß, schoß Schöpfel eine weitere Maschine ab:

„Die Engländer machten weiter und hatten nichts mitbekommen. So drehte ich hinter eine vierte Maschine ein, um mich um sie zu kümmern. Aber dieses Mal ging ich zu dicht ran. Als ich den Feuerknopf drückte, war der Engländer so dicht vor meiner Nase, daß Teile des Wracks meine Mühle trafen. Das Öl der vierten Hurricane spritzte auf meine Frontscheibe und die rechte Seite der Kabine, so daß ich nichts mehr sehen konnte. Ich mußte den Kampf abbrechen."

Schöpfel folgte Galland als Kommandeur der III./JG 26, dann auch als Kommodore des JG 26 Ende 1941, einen Dienstposten, den er bis 1943 behielt. Er überlebte den Krieg mit 40 im Westen errungenen Luftsiegen.

3. Von Barbarossa bis Zitadelle

Hitlers Weisung Nr. 21 vom 18. Dezember 1940 beginnt mit den Worten: „Die deutsche Wehrmacht muß sich darauf einstellen, Sowjetrußland noch vor dem Ende des Krieges mit England zu vernichten." Nun waren die Würfel gefallen. Der Oberbefehlshaber der Luftwaffe, Göring, versuchte ohne Erfolg, Hitler von diesem Vorhaben abzubringen, das Deutschland in einen Zweifrontenkrieg führen würde, in eine Lage, die sich im Ersten Weltkrieg als verhängnisvoll erwiesen hatte.

Polen war nach dem Feldzug von 1939 entlang einer Linie geteilt worden, die sich zwischen Deutschland und Rußland von Ostpreußen im Norden über Bialystok, Brest-Litowsk (jetzt in Belorußland) und Lemberg (jetzt in der Ukraine), im Süden bis zur rumänischen Grenze hinzog. Zur gleichen Zeit annektierte die UdSSR die baltischen Staaten Estland, Lettland und Litauen. Stalin, der Hitlers Absichten stets beargwöhnte, verlegte riesige Truppenmassen in die neu eroberten Gebiete, nahe an die neue Westgrenze. Die Rote Luftwaffe wurde gerade einer gründlichen Reorganisation unterzogen, und 1941 wurde in diesen Landstrichen mit der Arbeit an mehr als 200, meist neuen Militärflugplätzen begonnen.

Die sowjetische Luftwaffe verfügte insgesamt über 12 000 bis 15 000 Kampfflugzeuge, von denen etwa 7 000, davon etwa die Hälfte Jäger, im Westen des Landes und den eroberten Gebieten stationiert waren. Die Kampfflugzeuge der 1. Strategischen Staffel waren in 23 Luftkampfdivisionen gegliedert, von denen grundsätzlich jede aus drei Luftkampfregimentern bestand. Diese unterteilten sich ähnlich der deutschen Struktur in Staffeln, jede etwa neun bis zwölf Maschinen stark.

Wie hoch war nun der Gefechtswert der russischen Kampfverbände? Im Winterkrieg gegen Finnland hatten sie schlecht abgeschnitten, tapfer zwar, aber ohne Können und Tatkraft. Der Hauptgrund waren Säuberungen von 1938, der viele fähige Kommandeure aufgrund politischer Unzuverlässigkeit, wie Stalin sie unterstellte, zum Opfer gefallen waren. Unter ihnen befanden sich Flieger, die im Spanischen Bürgerkrieg Erfahrungen gesammelt und miterlebt hatten, wie die Legion Condor das „Paar" und die „Vier" als Formation für den Jagdkampf einführte. Als Folge blieben die russischen Jägerpiloten beim „3-Maschinen-V2" und begriffen, daß Individualität und Erneuerungswille eine politisch gefährliche Sache waren. Das Kampfvermögen der Piloten war insgesamt erbärmlich, was auf eine unzureichende Ausbildung zurückzuführen war. Trotz dieser Abstriche beim

Personal war die sowjetische Luftwaffe allein durch die ungeheuren Massen an Maschinen ein gefährlicher Gegner.

Das gleiche traf auf die sowjetische Armee zu. Allein, was die Anzahl der Panzer betraf, war sie dem deutschen Heer mit einem Verhältnis von 5:1 weit überlegen. Sie zu schlagen, hing vor allem von der modernen Form der Blitzkriegsführung gepanzerter Verbände ab, die sich in Polen und Frankreich bewährt hatte und eng mit der Luftnahunterstützung zusammenhing. Dieser Krieg mußte schnell gewonnen werden, bevor Rußland seine unerschöpflichen Menschenmassen und seine industrielle Kapazität zu mobilisieren vermochte. Gelang das Rußland, war es fraglich, ob Deutschland den Krieg zu einem glücklichen Ende bringen würde. Und so kam es denn auch.

Der deutsche Nachrichtendienst ermittelte im Vorfeld des Angriffs, daß Rußland in seinem europäischen Bereich über 5 700 Kampfflugzeuge verfügte, davon 2 980 Jäger. Diese Angaben waren deutlich zu niedrig angesetzt, da sie nicht die Maschinen der Depots berücksichtigten. Gegen diese Massen konnte die deutsche Luftwaffe weniger als 2 000 Kampfflugzeuge aufbieten, rund zwei Drittel des Gesamtbestandes. Die Luftverteidigung des Reiches durfte nicht geschwächt werden, aber viele Verbände wurden in aller Stille von der Kanalküste in den Osten verlegt. Nur das JG 2 und das JG 26 sollten die Briten weiter beschäftigen. Eine einzige Gruppe, die I./JG 27, lag im Mittelmeerraum.

Der Angriffsplan bestand darin, mit drei gepanzerten Angriffskeilen, jeder in Armeegruppenstärke, tief in sowjetisches Gebiet vorzustoßen. Waren die Verteidigungskräfte einmal durchstoßen, sollten die deutschen Verbände ihren Gegner einkesseln und dann vernichtend schlagen. Zur Luftunterstützung war jeder Armeegruppe eine Luftflotte zugeteilt worden. Die Luftflotte 1 war der Heeresgruppe Nord zugewiesen, die in Ostpreußen lag. Deren Jägerkomponente bestand aus einem einzigen Geschwader, dem JG 54, ausgerüstet mit der Bf 109 E. Ungefähr im Zentrum, mit ihrem Hauptquartier in Warschau, wurde die Heeresgruppe Mitte von der Luftflotte 2 unterstützt. Diese verfügte über acht Gruppen einsitziger Jäger: die II. und III./JG 27 mit Bf 109 E und die JG 51 und 53 mit Bf 109 F. Zusätzlich sollten zwei Gruppen zweimotoriger Bf 110, die I. und II./ZG 26, Langstreckensicherung fliegen. Der Bereich Südpolen bis zur rumänischen Grenze lag im Zuständigkeitsbereich der Luftflotte 4, die mit acht Gruppen Jägern der Heeresgruppe Süd zugeteilt war. Von diesen waren das JG 3 und die I. und II./JG 52 mit Bf 109 F ausgestattet, während die II. und III. JG 77 sowie die I.(J)/LG 2 die Bf 109 E flogen. An den Flanken standen weitere Bf 109-Verbände bereit: in Rumänien, bei Bukarest, die III./JG 52 und in Nordnorwegen, an der russischen Grenze, eine einzelne Staffel, die 13./JG 77. Berücksichtigt man, daß nicht alle Maschinen einsatzbereit waren und einige Verbände ihre Soll-Stärke nicht erfüllten, waren kaum 500 Jäger verfügbar.

Überraschungsangriff

Der Einmarsch in die Sowjetunion unter dem Decknamen „Barbarossa" begann kurz vor Morgengrauen am 22. Juni 1941. Die Überraschung gelang. Da viele Flugplätze wegen Bauarbeiten nicht betriebsfähig waren, waren die übrigen mit Maschinen überfüllt: Flügelspitze an Flügelspitze standen sie wie zur Inspektion aufgereiht. Es waren so ungeheuer viele, daß einige deutsche Piloten zu der Überzeugung kamen, daß die Russen selbst einen massierten Angriff planten, dem sie nur zuvorgekommen waren. Dagegen sprach jedoch die Tatsache, daß man kurz vor Kriegsausbruch eigene Maschinen auf den Flugplätzen weit auseinanderziehen und tarnen würde. Wie sich zeigte, gab es kaum Gegenwehr durch Flak und überhaupt keine von Jägern. Als die Bomber ihr Werk vollendet hatten, zerschossen die Jagdflieger alles, was noch übriggeblieben war.

Die Schäden waren gewaltig, aber aufgrund der riesigen Anzahl russischer Flugplätze konnten nicht alle mit der ersten Welle angegriffen werden. Als die deutschen Flugzeuge wieder betankt und neu aufmunitioniert worden waren und sofort zum zweiten Angriff starteten, warteten die russischen Jäger bereits in der Luft zum Gefecht. Sofort kam es zu heftigen Luftkämpfen, bei denen die wendigen russischen Jäger den Jagdfliegern ernstlich zu schaffen machten. Franz Schiess vom Stab/JG 53 (67 Luftsiege) erinnerte sich später: „Sie ließen uns fast in Schießposition kommen und drehten dann um volle 180 Grad, bis beide Flugzeuge frontal aufeinander feuerten."

„Wir trauten kaum unseren Augen. In Reihen dichtgedrängt standen da Aufklärer, Bomber, Jäger wie bei einer Parade. Wir waren bestürzt über die Anzahl der Flugplätze und die der Flugzeuge, die die Russen gegen uns aufgeboten hatten."

Hans von Hahn, Kommandeur der I./JG 3 (34 Luftsiege)

Gegen die Polikarpov I-16/24, die mit zwei Sh VAK 20-mm-Maschinen-kanonen bewaffnet war, ließ es sich überhaupt nicht gut an. Im Vergleich zu den deutschen 20-mm-MG FF hatte die russische Waffe eine fast 50 Prozent höhere V0, mehr als die doppelte Feuergeschwindigkeit und verschoß deutlich schwerere Geschosse. Trafen sie gut, hatten die Russen den Vorteil einer größeren Reichweite und eines höheren Geschoßgewichts im Ziel. Aber mangelhafte Ausbildung und in vielen Fällen sogar das Fehlen eines ordentlichen Visiers (einigen russischen Flugzeugen hatte man nur einen Kreis auf die Frontscheibe gemalt) machten diese Vorteile wieder zunichte.

Was den Russen an Fertigkeit fehlte, machten sie durch wilde Bravour wieder wett. Bei vielen Gelegenheiten wurden deutsche Maschinen durch Rammen vernichtet, oft genug überlebten die russischen Piloten und kämpften später weiter. Ganz anders sah es bei den Bombern und Angriffsmaschinen aus, die in diesen ersten Tagen immer wieder ohne Jagdschutz in kleinen Formationen anflogen und gnadenlos vom Himmel geholt wurden.

Nach Luftwaffenangaben wurden am ersten Tag 1 489 Flugzeuge am Boden zerstört und 322 im Luftkampf oder von der Flak abgeschossen. Die offizielle sowjetische Geschichtsschreibung gibt den Gesamtverlust mit 1 200 Maschinen an, davon 800 am Boden. Daß die sowjetische Luftwaffe weit davon entfernt war, ausgelöscht zu sein, ergibt sich aus den Zahlen gemeldeter Luftsiege, nach denen sie am ersten Kriegstag mehr als 6 000 Einsätze flogen – gewiß kein Zeichen für eine geschlagene Streitmacht.

Es bestand kein Zweifel: Der erste Tag von Barbarossa war ein Sieg für die Luftwaffe. Dennoch trug er in sich den Keim der Niederlage. Zwar war die Zerstörung der Flugzeuge am Boden wichtig, aber ihre Flugzeugführer hatten überlebt. In der Endabrechnung war das gefährlich. Ein Überhang an ausgebildeten Piloten erleichterte die Aufgabe, neue Verbände aufzustellen, ausgestattet mit neuen und besseren Maschinen, als das sonst der Fall gewesen wäre.

Vorstoß nach Moskau

Die folgenden Monate waren eine „fröhliche Zeit" für die Jagdflieger, viele Experten erzielten enorme Abschußziffern. Werner Mölders zog am 30. Juni an Richthofens Rekord von 80 Luftsiegen vorbei, erreichte am 15. Juli 100 und war damit der erste Pilot überhaupt, der diese Zahl erreicht hatte. Drei Monate später, am 24. Oktober, erreichte Günther Lützow diese Marke, zwei Tage danach folgte Walter Oesau.

Der Wettstreit liegt den Jagdfliegern im Blut, in manchen Verbänden entwickelte sich zu dieser Zeit der Kampf um Luftsiege fast schon zu einem Wahn. Mehrere Gründe trugen dazu bei. Die schlechte Ausbildung des Gegners und die niedrige Qualität seiner Flugzeuge, verbunden mit einer hohen Anzahl an russischen Fliegern in der Luft, gaben ein Jagdrevier her, das reich an Zielen war.

Die Deutschen verfügten über mobile Radarstationen und ein Sofortmeldesystem; die Russen hatten dem nichts entgegenzusetzen. Das Ergebnis war eine Folge von Begegnungsgefechten, in denen beide Seiten versuchten, ihre Bodentruppen zu unterstützen. Im allgemeinen fanden die Kämpfe in mittleren oder niedrigen Höhen statt, ganz im Gegensatz zu dem „Immer-höher-Trend" des vorangegangenen Jahres in der Schlacht um England. Überdies gerieten viele Erfahrungen jenes Kriegsschauplatzes in Vergessenheit. Die jämmerlichen Fähigkeiten der meisten russischen Piloten zogen die Verachtung ihrer deutschen Gegner nach sich. Während die meisten deutschen Piloten gezögert hätten, sich in eine Kurbelei mit von Briten geflogenen Spitfires einzulassen, nahmen sie nun, ohne lang zu überlegen, Nahkämpfe mit einem zahlenmäßig überlegenen Gegner an. Diese Einstellung machte manche Piloten unvorsichtig und kam sie teuer zu stehen.

Vier weitere Faktoren spielten dabei eine Rolle. Zum einen dehnte sich die Front aus, je tiefer man in die Sowjetunion vorstieß. Eine größere Fläche mußte abgedeckt werden, was die Anzahl der Jäger pro 100 km Frontlinie herabsetzte. Zweitens führten die Schwierigkeiten in Nordafrika dazu, daß Verbände abgezogen und auf Kosten der Ostfront dorthin verlegt wurden. Diese zwei Faktoren bewirkten, daß die Jagdwaffe mehr und mehr als Feuerwehr benutzt und überall dahin geworfen wurde, wo die Not am größten war. Darüberhinaus vergrößerten sich durch den Vormarsch die Versorgungsprobleme, weil die Nachschubwege immer länger wurden. Flugbenzin und Ersatzteile waren oft Mangelware, Instandsetzungsarbeiten wurden immer schwieriger. Das unausweichliche Ergebnis war ein hoher Aufwand ohne entsprechenden Erfolg, während die russische Luftwaffe täglich an Stärke zunahm. Das letzte Glied in dieser Kette von Faktoren war der „General Winter", der dem deutschen Vorstoß im Norden kurz vor Moskau und weit im Süden kurz vor den Ölfeldern des Kaukasus ein Ende bereitete.

Mit Winteranfang schnellte die Zahl der durch schlechtes Wetter und Vereisung verursachten Unfälle in die Höhe, während durch die schneidende

Kälte die Motoren einfroren und das Fliegen fast unmöglich wurde. Das zuletzt genannte Problem wurde durch gefangengenommene russische Piloten gelöst. Die Sowjets hatten Erfahrung mit extremen Wetterbedingungen und die aus ihnen resultierenden Schwierigkeiten mit Methoden gelöst, die nach westlichen Maßstäben übermäßig gefährlich waren. Das steife Motoröl wurde durch Zugabe von Petroleum verdünnt. Wurden die Motoren heiß, verdampfte das Petroleum, und um zu vermeiden, daß die Motoren einfroren, wurden unter ihnen offene Feuer entfacht, die sie warm hielten. Überraschenderweise führten diese Methoden nur selten zu Katastrophen.

Halt und wieder zurück

Im Frühjahr 1942 nahmen die Deutschen den Vormarsch wieder auf, nach Osten Richtung Stalingrad und nach Süden zu den Ölfeldern des Kaukasus. Nach Anfangserfolgen brachten die russischen Gegenangriffe die Deutschen erst zum Stehen und schlugen sie dann zurück. Die 6. Armee unter von Paulus wurde vor Stalingrad eingekreist und Anfang 1943 ausgelöscht. Dies war der Anfang vom Ende. Nachdem die deutschen Armeen einen zweiten strengen Winter durchlitten hatten, wurden sie in den ersten sechs Monaten des Jahres 1943 zum Rückzug gezwungen, der im Sommer in der entscheidenden Schlacht von Kursk gipfelte.

Die deutschen Jagdflieger geben in der Regel offen zu, daß Luftsiege im Jahre 1941 noch leicht, 1942 schon schwieriger und 1943 schließlich sehr schwer zu erringen waren. Die Gründe dafür liegen auf der Hand. Die russische Jagdwaffe wurde in all diesen Jahren in ihrer Qualität erheblich verbessert und zahlenmäßig vergrößert. Die qualitative Verbesserung umfaßte nicht nur die Flugzeuge, sondern auch die Ausbildung der Piloten. Das erste Jahr des „Großen Vaterländischen Krieges" war für die Russen eine gute Lehrzeit. Sie übernahmen von den Deutschen nicht nur die „Vier-Finger-Formation", erstklassige Piloten wie Alexander Pokryshkin überprüften und verbesserten auch die Kampfverfahren, so daß die Piloten ihre Leistungen erheblich steigerten. Doch das war noch nicht alles. Eingeführt wurde ein Flugzeug zur Luftnahunterstützung, die Ilyushin Il-2. Man sagte von ihr, sie sei aufgrund ihrer schweren Panzerung sehr schwer abzuschießen. Bei einer bemerkenswerten Gelegenheit, als der Kommodore eines Jagdgeschwaders sah, daß ein ganzer Schwarm Bf 109 eine Il-2 ohne erkennbaren Erfolg angriff, fragte er: „Was geht denn da unten vor sich?"

und erhielt die trockene Antwort: „Herr Oberst, versuchen Sie mal, einem Stachelschwein in den Hintern zu beißen!"

Die Russen wurden stärker, die Deutschen schwächer. 1943 waren nur noch vier Jagdgeschwader an der 3 200 km langen Ostfront eingesetzt, und von ihnen bestand das JG 5 nur noch aus zwei Gruppen. Das bedeutete: etwa ein Jäger auf acht Kilometern. Auch die Qualität der Piloten ging zurück. Tod, Verwundung und Überbeanspruchung verringerte die Anzahl der „alten Hasen"; sie wurden von Piloten ersetzt, die keinen wirklichen Ersatz darstellten. Für jeden Experten, der „am laufenden Band" Feindmaschinen abschoß, gab es Dutzende junger Piloten, die, kaum an der Ostfront angekommen, eine Handvoll ergebnisloser Einsätze flogen und dann verschwanden, als hätten sie nie existiert. Eines der Jagdgeschwader zum Beispiel verlor in nur kurzer Zeit 80 Piloten, von denen es 60 zu keinem einzigen Abschuß gebracht hatten.

Jagdflugzeuge zu Beginn der Ostfront

Die deutschen Jäger unterschieden sich in dieser Zeit nur wenig von denen, die im Vorjahr in der Schlacht um England gekämpft hatten. Die Bf 109 E und die zweimotorige Bf 110 C waren noch immer im Einsatz, unterstützt durch die verbesserte Bf 109 F. Dieser Jäger war eine erheblich umgerüstete 109 E mit dem Daimler-Benz DB 601 E-1-Motor, der 1 300 PS leistete und in einem völlig neu konstruierten, symmetrischen Gehäuse eingebaut war. Auf der Nase des Propellers, der nun 15 cm im Durchmesser weniger maß, saß eine größere Abdeckung. Auf der linken Seite der Motorabdeckung war der wuchtige Einlaß des Ladeluftkühlers so konstruiert worden, daß der Staudruck erhöht wurde. Hinten machte ein unverspreiztes Heckleitwerk die Stützstreben, die bisher für die Bf 109 so typisch gewesen waren, überflüssig. Das Spornrad konnte man jetzt einziehen, und die Flügel und Oberflächen wurden neu durchkonstruiert. Die Spannweite wurde vergrößert und die Tragflächenenden wurden abgerundet.

Über die Bewaffnung der Bf 109 F war man geteilter Meinung. Es handelte sich um eine 20-mm-Kanone (15 mm in der F 2) MG 151, die durch die Propellernabe schoß, und zwei MG 15 im Gewehrkaliber in den Flügeln. Während die größere Feuergeschwindigkeit und höhere V0 sie gegenüber der MG FF weit überlegen machte, wurde eine einzige Kanone von manchen als ein Rückschritt betrachtet. Werner Mölders zog die leichtere Bewaffnung vor, Adolf Galland war strikt dagegen. Mag es nun sein, wie

Übersicht 10 - Technische Daten der Jagdmaschinen - Ostfront -

	Messer-schmitt Bf 109 F-3	Poli-karpov I-16 Typ 27	Mikoyan & Gurevich MiG-3	Lavoch-kin LA GG-3	Yakov-lev Yak-1
Spannweite	9,91 m	8,99 m	9,30 m	9,81 m	9,92 m
Länge	8,87 m	6,03 m	8,25 m	8,82 m	8,49 m
Höhe	3,41 m	2,57 m	3,31 m	3,61 m	2,64
Tragfläche	16,07 m²	14,96 m²	17,46 m²	17,46 m²	17,18 m²
Motor	Daimler Benz DB 601 E gesch. 1.300 PS	Shvetsov M-62 (Stern) gesch. 1.000 PS	Mikulin AM- 35 Reihe gesch. 1.350 PS	Klimov 105 PF Reihe gesch. 1.310 PS	Klimov 105 PA Reihe gesch. 1.310 PS
Fluggewicht	2.741 kg	1.909 kg	3.345 kg	3.185 kg	2.891 kg
Flächen-belastung	171 kg/m²	126 kg/m²	190 kg/m²	180 kg/m²	166 kg/m²
Höchst-geschw.	630 km/h	525 km/h	640 km/h	560 km/h	580 km/h
Gipfelhöhe	12.000 m	9.000 m	12.020 m	9.605 m	10.000 m
Steigfähigk.	1.310 m /min	ca.976 m /min	ca.1.130 m /min	ca.1.190 m /min	ca.1.190 m /min
Reichweite	708 km	400 km	820 km	650 km	852 km

es will, die Bf 109 F war schneller und wendiger als ihr Vorgänger und den Bedingungen an der russischen Front besser angepaßt.

Die Russen hatten zu diesem Zeitpunkt mehrere unterschiedliche Jäger-typen im Truppendienst. Die Polikarpov I-16 war aufgrund ihrer großen Stückzahlen die wichtigste, aber zum Zeitpunkt von „Barbarossa" wurden die Mikoyan MiG-3, die Lavochkin LaGG-3 und die Yakovlev Yak-1 gerade in Dienst gestellt. Obgleich große Stückzahlen britischer und ameri-kanischer Jäger an Rußland geliefert wurden, vor allem die Hurricane und die Airacobra, trugen diese vier Eigenkonstruktionen die Hauptlast der frühen Kämpfe.

Erstmals am Silvestertag 1933 geflogen, befand sich die I-16 an der Spitze aller Jägerkonstruktionen. In der Ära der Doppeldecker entwickelt, war sie ein Eindecker mit tief angesetzten, selbsttragenden Tragflächen, integrierter Kanzel und einziehbarem Fahrwerk. Angetrieben von einem Neunzylinder-Sternmotor, war sie 1941 den deutschen Jägern zwar hoffnungslos unterlegen, hatte jedoch andere Vorzüge. Sie war klein und grundsätzlich etwas unstabil in der Luft, im Kampf trug das jedoch zur Wendigkeit bei. Ihre hervorragende schwere Bewaffnung wurde oben bereits erwähnt.

Die MiG-3 wurde als ein in großen Höhen fliegender Abfangjäger konstruiert. Sie war eine sehr schlanke Maschine, angetrieben von einem Zwölfzylinder-Reihenmotor, und in der Lage, es mit der Bf 109 in mittleren und großen Höhen im Gefecht aufzunehmen. In Bodennähe tat sie sich wegen ihrer für die damalige Zeit hohen Tragflächenbelastung damit deutlich schwerer. Bewaffnet war sie eher leicht: ein einzelnes 12,7- und zwei 7,62- mm Maschinengewehre. Der Spitzenmann der Russen, Alexander Pokryshkin, errang die Mehrzahl seiner 59 Luftsiege mit der MiG-3.

Oberflächlich betrachtet, ähnelte die LaGG-3 der amerikanischen P 40 Tomahawk. Im Wesentlichen war die Maschine eine Holzkonstruktion bis hin zur Außenhaut aus Birkenholz. Ihre Beschleunigung war schlecht und hatte im Grenzbereich eine Neigung zum Überziehen und Abkippen. Das schränkte ihre Piloten beim Nahkampf ein, obgleich man später herausfand, daß ein paar Grad Ausfahren der Landeklappen dieser Unart entgegenwirkte. Die Bewaffnung variierte, bestand aber normalerweise aus einer 20-mm-Maschinenkanone und zwei 12,7-mm-MG, die im Rumpf eingebaut waren.

Die beste Maschine von allen war die Yak-1. Sie unterschied sich in ihrem aerodynamisch günstigeren Entwurf von ihren Zeitgenossen durch einen Stahlrumpf, obgleich große Teile der Oberflächen aus Birkenholzbeplankung bestanden. Sie war schnell, sehr wendig und der Vorfahre einer ganzen Familie von erfolgreichen einsitzigen Yakovlev-Jägern. Wie die Mehrzahl der Flugzeuge dieser Zeit war auch sie leicht bewaffnet und trug eine 20 mm Maschinenkanone und zwei 12,7 mm MG im Rumpf.

Die Experten

Zu Beginn des Rußlandfeldzugs lag Werner Mölders an der Spitze. Nach kurzer Zeit an der Front errang er 100 Luftsiege, ein Rekord, den bisher noch kein Pilot erreicht hatte. Nun wurde Mölders das Kommando über die Jagdwaffe übertragen. Damit war das Rennen wieder offen. Viele Jagdflieger mit hohen Abschußziffern erlangten zu dieser Zeit Berühmtheit, aber der erste mit 150 Luftsiegen, am 29. August 1942, war der frühere Zerstörerpilot Gordon Gollob. An der Ostfront hatte er 144 Feindmaschinen abgeschossen. Gollob, ein Österreicher mit einem schottischen Vater (McGollob), wurde Kommandeur der Jagdflieger im Westen und nahm nicht mehr an Luftkämpfen teil. Er trat im Januar 1945 die Nachfolge Adolf Gallands als General der Jagdflieger an.

Hermann Graf. Gollobs Rekord wurde sechs Tage später von Hermann Graf gebrochen, der am 2. Oktober schon 202 Luftsiege errungen hatte. Grafs Werdegang war außergewöhnlich. Nach seiner Dienstzeit als Fluglehrer wurde er als Feldwebel zur 9./JG 52 versetzt. Seinen ersten Luftsieg errang er am 3. August, und von da an ging es steil bergauf. In den letzten vier Wochen vor der magischen „200" hatte er allein 75 russische Maschinen abgeschossen. Das war und blieb seine persönliche Bestmarke. Kurz darauf wurde er verwundet und flog nun wieder in der Luftverteidigung des Reichs, wo er zehn schwere Bomber abschoß. Gegen Ende des Krieges kehrte er als Kommodore zum JG 52 zurück, erzielte jedoch keine weiteren Abschüsse.

Namen, die in dieser Zeit wirklich hervorstechen, sind Gerhard Barkhorn und Günther Rall, beide vom JG 52. Sie überlebten den Krieg als die Piloten mit den zweit- und dritthöchsten Abschußziffern aller Zeiten, nämlich mit 301 bzw. 275 Luftsiegen; die Mehrzahl dieser Siege stammte jedoch aus der ersten Hälfte des Rußlandfeldzugs.

Gerhard Barkhorn. Gerhard Barkhorns Einstieg in den Luftkampf bei der Schlacht um England stand unter einem schlechten Stern. Zum einen hatte er kein feindliches Flugzeug abgeschossen, zum anderen wurde er selbst zweimal vom Himmel geholt, wobei er das eine Mal über dem Kanal aussteigen mußte. Erst am 2. Juli 1941, bei seinem 120. Einsatz, eröffnete er sein Punktekonto. Einmal angefangen, setzte er seine Erfolgsserie fort. Seinen 100. Sieg feierte er am 19. Dezember, und am 20. Juli 1942 schoß er während eines einzigen Einsatzes vier feindliche Maschinen ab. Danach erhöhte sich sein Abschußkonto langsamer, und die Zweihunderter-Marke erreichte er erst am 30. November 1943. Barkhorns Beurteilung seiner russischen Gegner ist vielsagend:

„Manche russischen Piloten flogen und sahen weder nach rechts, nach links noch nach hinten. Ich schoß so eine Menge von ihnen ab, ohne daß sie je sahen, daß ich überhaupt da war. Ein paar waren so gut wie andere europäische Piloten, aber die meisten reagierten beim Luftkampf einfach zu unbeweglich."

Obgleich nicht ausdrücklich erwähnt, kann hieraus entnommen werden, daß Barkhorn ein Meister des Überraschungsangriffs, des Sturzfluges aus der Sonne oder des schnellen Anfluges von tiefer und hinten war. Aber er scheute auch nicht den gewöhnlichen Luftkampf, besonders mit der Bf 109 F, die er bevorzugte, sogar die Variante mit der 15-mm-Kanone. Aber nicht alle russischen Piloten waren leichte Gegner:

„1943 hatte ich einmal einen vierzigminütigen Kampf mit einem ausge- kochten russischen Piloten, den ich einfach nicht fassen konnte. Der Schweiß lief mir nur so runter, als ob ich aus dem Dampfbad käme, und ich fragte mich, ob es ihm wohl genauso ging. Er flog eine LaGG-3, und wir gingen beide durch jedes akrobatische Manöver, das wir kannten, und eini- ge neue erfanden wir noch dazu. Ich konnte ihn einfach nicht festnageln, und er mich auch nicht. Er gehörte zu einem der Garderegimenter, in denen die Russen ihre besten Piloten zusammenziehen ..."

Ein Zweikampf, der 40 Minuten dauert, muß eine Art Rekord sein. Im all- gemeinen sind andere Jäger in der Nähe und greifen ein. Oder, in den sel- tenen Fällen, in denen Einzelflieger sich treffen, hat einer von beiden einen entscheidenden Höhenvorteil oder die bessere Position. Man kann also aus der obigen Schilderung des Kampfes schließen, daß beide Piloten einen Abwehrkampf führten und sich vorsahen, nicht in eine nachteilige Position zu geraten. Daß Barkhorn seinen Kampftrieb durch Vorsicht dämpfte – möglicherweise eine Lehre aus den Erfahrungen beim Fliegen gegen die RAF –, läßt sich aus zwei Tatsachen folgern. Einmal daß Einsätze, bei denen ihm Mehrfachabschüsse gelangen, seltener waren als bei vielen anderen Experten, und zweitens, daß er bei 1104 Einsätzen selbst nur neun- mal abgeschossen wurde.

Aber dann, im Mai 1944 (273 Luftsiege) wurde Barkhorn, völlig ausgelaugt und ziemlich nachlässig, von einem russischen Jäger vom Himmel geholt und mußte für vier Monate aus dem Kampf ausscheiden. Bei seiner Rück- kehr zum JG 52 erhöhte er seine Abschußzahl noch auf 301, wurde danach in den Westen versetzt und zum Kommodore des JG 6 ernannt. Es folgten keine weiteren Erfolge, und er flog dann in Gallands JV 44 die neue Me 262. Ein Motorschaden bei seinem zweiten Einsatz mit diesem Düsenjäger führ- te zu einer Bruchlandung und einer erneuten schweren Verwundung.

Nach dem Krieg flog Barkhorn wieder, jetzt bei der neuen Luftwaffe. Mitte der sechziger Jahre fiel er mit einer im Stand schwebenden Kestrel (Vorgänger des Harrier) herunter, die er erprobte. Als man ihn aus der zerbeulten Maschine zog, heißt es, er habe gemurmelt: „302!"

Günther Rall. Von allen Experten war Günther Rall wohl der beste Schütze. Obgleich er es vorzog, nahe heranzugehen, war er in der Lage, aus größter Entfernung und mit extremen Vorhalt zu treffen. Seine Meisterschaft beim Schießen mit Vorhalt war angeboren und erstaunte alle, die ihn beobachteten (s. Abb. 13). Seinen ersten Luftsieg errang er am 12. Mai 1940, als er eine französische Hawk 75 abschoß, aber, wie Barkhorn, hatte auch er in der Schlacht um England wenig Erfolg. Es ist erstaunlich, daß das erfolgreichste Jagdgeschwader des Krieges, in dem Könner wie Barkhorn, Beisswenger, Dickfeld, Grislawski, Dammers und Eichel-Streiber flogen, die zusammen Rekorde von mehr als 1 000 Luftsiegen erreichten, zu dieser Zeit keinen Experten von Rang hervorbrachte. Aber mit den ersten Tagen von „Barbarossa" änderte sich dies.

Rall, nunmehr Staffelkapitän der 8./JG 52, begann den Krieg in Constanza, Rumänien, um dort die Ölraffinerien zu schützen. Seine erste Feindberührung war die mit einer Formation russischer DB-3-Bomber:

„Als sie uns im Anflug kommen sahen, um sie abzufangen, noch waren wir unter ihnen und stiegen auf, drehten sie zurück nach Osten, und einige warfen ihre Bomben ab. Sie waren silberfarben oder weiß, und nun ging die Jagd los. Wir griffen sie von unten an und schossen viele von ihnen von hinten ab. Ich zielte auf den rechten Motor einer Maschine und schoß sie in Brand. Sie fing an zu trudeln. Wir setzten unsere Angriffe fort, bis wir keinen Treibstoff mehr hatten und zum Flugplatz zurückkehren mußten. Da sie überhaupt keinen Begleitschutz hatten, war das eine leichte Sache."

Innerhalb weniger Tage schoß Ralls Verband zwischen 45 und 50 russische Bomber ab. Sie kehrten dann zu ihrer Gruppe, der III./JG 52, zurück und beteiligten sich an der Offensive in Südrußland. Der werdende Experte erhöhte seine Abschußziffer auf 36, als er am späten Nachmittag des 28. November einen russischen Jäger in Brand schoß. In der Dämmerung war die Versuchung zu groß zuzuschauen, wie die Maschine abstürzte. Durch diesen Anblick abgelenkt und geblendet von der kometenhaften Lichtspur, wurde er durch einen anderen Russen von hinten abgeschossen. Bei der folgenden Bruchlandung brach sich Rall den Rücken.

Erst acht Monate später kehrte er wieder an die Front zurück, wo er die verlorene Zeit schnell aufholte. In etwas mehr als zwei Monaten schoß Rall 64 Russen ab und erreichte die Hunderter-Marke. Im August 1943 errang er dann seinen 200. Luftsieg, im November seinen 250., nachdem er im Vormonat 40 Russen vom Himmel geholt hatte.

Damit war er der zweite Pilot überhaupt, der eine derartige Leistung vollbrachte, gerade mal sechs Wochen nach Walter Nowotny (insgesamt 258 Luftsiege).

Die Begabung Ralls, mittels unglaublicher Schießkunst gegnerische Maschinen abzuschießen, wurde bereits erwähnt. Einmal errang er jedoch einen Luftsieg als Ergebnis eines Zusammenstoßes hoch in der Luft. Unsicher, ob das Flugzeug, das er sich gerade aufs Korn genommen hatte, ein Russe war oder eine Fw 190, die zu dem Zeitpunkt gerade neu an der Front war, flog er näher heran, um sich dessen zu vergewissern:

„Ich konnte weder die Farbe des gegnerischen Flugzeugs ausmachen noch das Hoheitsabzeichen, nur den Schattenriß. So jagte ich es mit hoher Geschwindigeit, zog hoch und sah jetzt die Maschine vor dem Hintergrund der Erde statt der Sonne. Am Rumpf leuchtete groß der Rote Stern. Ich konnte nicht abdrehen, weil er das dann auch sofort getan hätte, um mich wie eine lahme Ente abzuschießen.
Ich drehte also nach links zurück und hinunter. Als ich den Feuerschalter zog, gab es einen ohrenbetäubenden, entsetzlichen Rums. Zusammenstoß! Diesen Russen hatte ich von oben angegriffen. Mit meinem Propeller zerfräste ich seine Tragfläche und er mit seinem Propeller meinen Rumpf. Er bekam mehr ab, da mein Propeller durch seinen Flügel ging wie eine Kreissäge."

Tödlich verletzt stürzte der Russe ab, während Rall eine Bauchlandung hinlegte. Sonst war ihm nichts passiert.

Mit einem Kontostand von 273 wurde er im März 1944 als Kommandeur der II./JG 11 in den Westen versetzt. Das war keine glückliche Lösung. Wie so viele seiner Frontkameraden von der Ostfront sah er sich außerstande, gegen die Massen der anstürmenden amerikanischen Bomber und Jäger anzukämpfen. Am 12. Mai wurde er von einer P-47 abgeschossen, wobei er seinen linken Daumen verlor. Eine Infektion, die von dieser Verwundung herrührte, hielt ihn bis zum November des gleichen Jahres vom Kriegsschauplatz fern, und im Anschluß daran wurde Rall in einen Stab versetzt. Sein letztes Frontkommando erhielt er noch im März 1945 als Kommodore des JG 300. Im Verlauf von 621 Einsätzen wurde er fünfmal abgeschossen, sein Endstand betrug 275 Luftsiege, womit er, was die erfolgreichsten Jadgflieger aller Zeiten betrifft, an dritter Stelle rangiert.

Günther Scheel. Kein Buch über Jägerpiloten kann geschrieben werden, ohne Leutnant Günther Scheel wenigstens zu erwähnen. Was ununterbrochene Massenabschüsse betrifft, ist er unübertroffen. Einige wenige Exper-

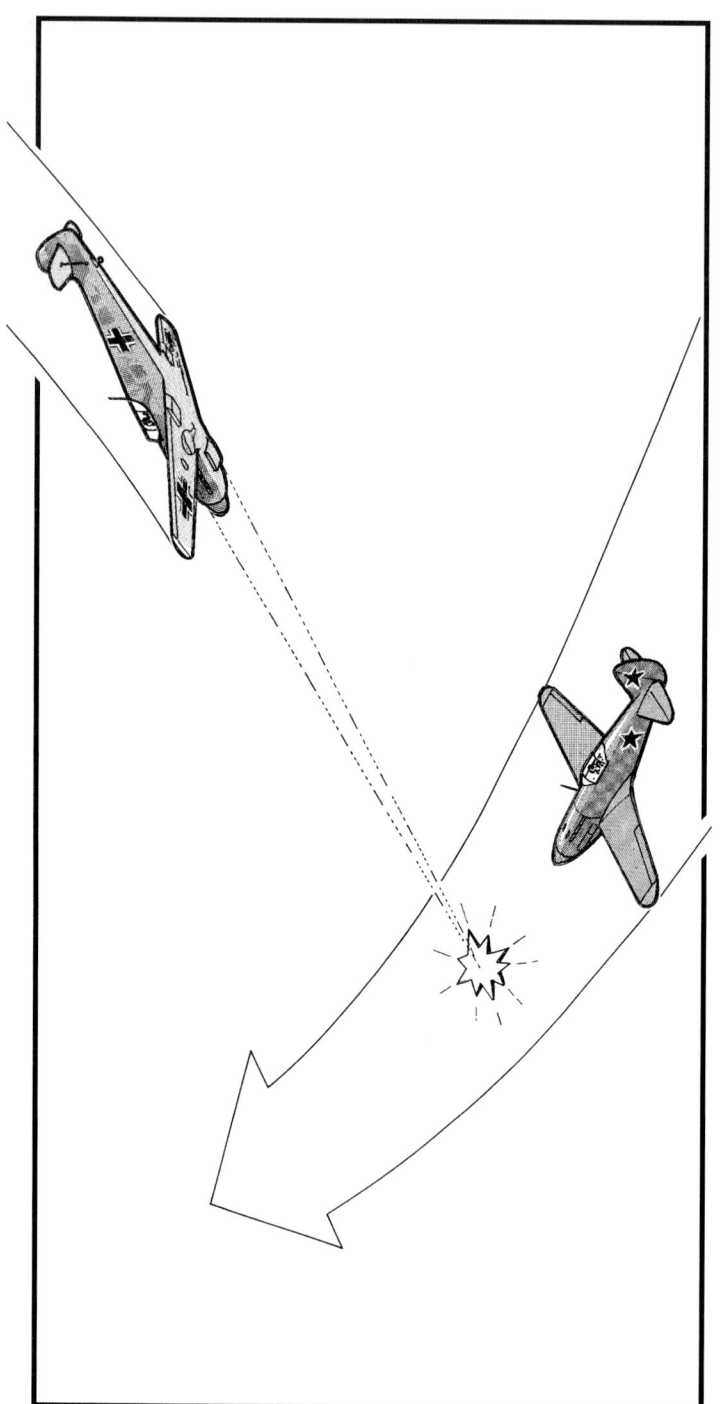

Abb. 13 Schießen mit Vorhalt

Geschosse benötigen etwa eine Sekunde bis zur gegnerischen Maschine, die sich dann aber dort gar nicht mehr befindet. Schießen mit Vorhalt ist die Kunst, soweit vor das gegnerische Flugzeug zu zielen, daß es dort zugleich mit den Geschossen eintrifft. Der Ostfrontexperte Günther Rall wurde allgemein als der Pilot betrachtet, der Schießen mit Vorhalt am besten beherrschte.

ten hatten Glückssträhnen, bei denen sie mit seinen Dauererfolgen gleichzogen, aber erst nachdem sie eine Zeit gebraucht hatten, um sich einzugewöhnen und die Auseinandersetzung zu erlernen.

Scheel war anders. Er wurde im Frühjahr zur 3./JG 54 versetzt und erreichte sofort in einer durchgehenden Abschußserie bei 70 Einsätzen 71 bestätigte Luftsiege. Das war ein Rekord, der nie gebrochen worden ist. Sein Glück endete am 16. Juli, als er mit einer Yak-9 nahe Orel in Bodennähe zusammenstieß, abstürzte und in seiner Maschine verbrannte.

4. Westfront 1941-1943

Mit Winteranfang 1940/41 schliefen die Kämpfe bei Tag über Südosteng-land langsam ein. Nur bei Nacht setzten die deutschen Bomberverbände den Luftkrieg gegen die Inselfestung fort. Die Kämpfer beider Seiten gin-gen davon aus, daß mit dem Beginn des besseren Wetters im Frühjahr 1941 die Tagangriffe wieder aufgenommen werden würden, aber dem war nicht so. Wie im vorangegangenen Kapitel dargelegt, konzentrierte sich Hitler nun auf den Osten.

Generalleutnant Adolf Galland erklärte später, der Krieg gegen England habe nie Hitlers Absichten entsprochen. Er war nur ein Stein, der ihm seinen eigentlichen Weg versperrte und weggeräumt oder umgangen werden mußte. Auf jeden Fall mußte England daran gehindert werden, seinem Hauptziel, der Vernichtung des Bolschewismus, im Wege zu stehen. Nachdem es Hitler im Sommer 1940 nicht gelungen war, diesen Stein beiseite zu rollen, beschloß er nun, ihn zu umgehen. Wenn sich die Insel-bewohner nach der Eroberung der Sowjetunion noch immer halsstarrig zeigen sollten, konnte das dann viel mächtiger Deutschland es mit ihnen von Neuem aufnehmen, weil, wie Hermann Göring es ausdrückte, man über die unerschöpfliche Rohstoffbasis Rußlands verfügen würde.

Infolge der schweren Verluste in der Schlacht um England (die III./JG 52 beispielsweise hatte im Oktober 1940 nur noch vier ihrer ursprünglichen Piloten) wurden die Jagdgeschwader im Wechsel nach Deutschland verlegt, um dort neu ausgerüstet zu werden und die jungen Piloten auszubilden. Im Mai 1941 wurde die Bf 109 F-2, die in vielerlei Hinsicht der neuesten britischen Spitfire Mk V überlegen war, in Dienst genommen und weitere Verbände zügig auf diese Maschine umgerüstet.

In der ersten Hälfte des Jahres 1941 bestand die Kriegführung an der Kanalküste fast ausschließlich in freier Jagd mit wenigen deutschen Jägern in Staffel- oder Schwarmstärke, die am Himmel dahinjagten. Die RAF war der gleichen Auffassung und „tauchte nur von Zeit zu Zeit vorsichtig einen Zeh in den Kanal", um die Stärke der deutschen Luftabwehr zu prüfen. Mittlerweile wurden ohne großes Aufsehen viele Jagdgeschwader in den Osten verlegt, so daß nur das JG 26 „Schlageter", geführt vom berühmten Adolf Galland, sowie das JG 2 „Richthofen", vom Juli 1941 an unter der Leitung Walter Oesaus, an der Kanalküste zurückblieben, um hier die Front zu decken.

Eine Luftstreitmacht muß aktiv bleiben, wenn sie ihre Schlagkraft nicht verlieren will, und so führte das Oberkommando der RAF ein neues Verfahren ein: „leaning forward into France” (sich nach Frankreich lehnen). Es nahm unterschiedliche Formen an. „Rhubarbs” (Rhabarber) und „Ranger” (Sonderkommando) nannte man Vorstöße mit wenigen Maschinen – meist nur mit zweien –, wobei die Jäger tief flogen und nach Zielen Ausschau hielten. Weit wichtiger waren die „Rodeos” und „Circuses”. Sie unterschieden sich nur dadurch, ob Bomber mit von der Partie waren. Ein „Rodeo” bestand lediglich aus Jägern auf Patrouille, im Regelfall eine oder zwei „wings” aus je drei „squadrons” (36 Jäger). Wurde ein „Rodeo” von den Deutschen rechtzeitig aufgeklärt und identifiziert, ließen es die Jagdflieger in Ruhe. Damit folgten die Deutschen dem Schema des vorangegangenen Jahres, als die RAF der Freien Jagd der Luftwaffe über Südengland keine Beachtung schenkte. Im „Circus” flogen Bomber mit, was die Jagdgeschwader zum Eingreifen zwang. Obwohl es sich nur um wenige Bomber handelte und die Schäden, die sie den Zielen zufügten, häufig nur gering waren, konnte man die „Circuses” nicht unbehelligt fliegen lassen. Denn dies hätte die RAF nur noch ermutigt, ihre Angriffe zu verstärken, und die Folge wären noch schwerere Zerstörungen gewesen.

Die Zusammensetzung eines „Circus” bestand gewöhnlich aus bis zu 24 „Spitfire- und Hurrican-Esquadrons”, jede „squadron” aus zwölf Jägern, die einige Bomber schützten. Der Hauptformation voraus flogen in großer Höhe drei Luftunterstützungsgruppen, jede drei „squadrons” stark. Ihre Aufgabe war es, den Himmel entlang der Flugstrecke der Hauptmacht und über dem Ziel frei von jeglicher Gegenwehr zu halten. Um die Sache den Verteidigern noch zu erschweren, trafen die Luftunterstützungsgruppen am Bomberziel aus verschiedenen Richtungen und zu unterschiedlichen Zeiten ein.

Die Hauptkräfte bestanden gewöhnlich aus einem halben Dutzend Blenheim- oder Stirlingbombern, die in etwa 3 600 m Höhe flogen, umgeben von neun oder zehn „squadrons” Spitefires oder Hurricanes. Deren Aufbau änderte sich gelegentlich, sah aber anfangs etwa folgendermaßen aus: Der Jägernahschutz flog aufgeteilt an beiden Seiten der Bomber etwa 1 000 m seitlich in gleicher Höhe oder nur wenig höher. Unter den Bombern befand sich eine weitere „squadron”, aufgeteilt auf beide Seiten wie der Jägernahschutz, aber 300 m tiefer als die Bomber. Hinter und etwa 300 m über dem Nahschutz flog der mittlere Nahschutz, eine weitere „squadron”, die wiederum von einer dritten „squadron” (high escort squadron), die sich etwas weiter hinten und weitere 300 m darüber befand, geschützt wurde. Diese vier „squadrons” wurden aus der Jagdnahschutz-Gruppe gebildet. Darüber flogen drei „squadrons” des Begleitschutzes, die auf 1 200 m noch über der höchstfliegenden „squadron" des Jagdschutzes zurückgestaffelt waren und zur Sonne ausgerichtet flogen. Darüber wiederum befanden sich in 2 200 bis 2 500 m überhöht die drei „squadrons" des „high cover wing", wiederum in Höhenstaffelung zur Sonne. Die ganze Formation erreichte damit eine Gesamthöhe von 3 300 bis zwischen 7 600 und 8 000 m.

Das war aber noch nicht alles. Zwei oder drei „squadrons" der vorausfliegenden Unterstützungsgruppe trafen die Bomber an der französischen Küste beim Anflug, während die Nachhut, im allgemeinen zwei „squadrons" stark, beim Abflug über dem Kanal ein „Empfangskomitee" bildete. Die Gesamtzahl der britischen Jäger eines typischen „Circus" überstieg oft diejenige des JG 2 und JG 26. Für die Abfangjäger war es schwierig und gefährlich, diese Nuß zu knacken.

Die Deutschen dachten nicht daran, sich auf dieses Kräftemessen einzulassen. Wie oben bereits erwähnt, waren ohnehin eher die Gruppen als die Geschwader die Träger des Kampfes und lagen weit zerstreut. Die drei Gruppen von Gallands JG 26 waren in Moorseele (später Wevelghem) in Belgien und in St. Omer und Abbéville, Frankreich, stationiert. Das JG 2, das von Februar bis Juli 1941 von Wilhelm Balthasar geführt wurde, schützte vor allem das Gebiet südlich der Seine, obgleich eine Gruppe gelegentlich zur Verstärkung des Nordens abberufen wurde. Neben weiteren Aufgaben war es für den Schutz der deutschen Marinestützpunkte in Cherbourg und Brest verantwortlich. Insbesondere der zuletztgenannte lag zwar außerhalb der Reichweite eines „Circuses", war aber häufig Ziel schwerer Tagangriffe britischer Bomber, die von Spitfirejägern mit Zusatztanks begleitet wurden, besonders wenn deutsche Großkampfschiffe im Hafen lagen.

Der „Circus No 1" wurde am 10. Januar 1941 geflogen, aber man kam mit dem Aufbau dieser Taktik nur langsam voran, so daß sich die Gesamtzahl Mitte Juni erst auf 14 belief. Das ermöglichte den Deutschen, ein eigenes Radarerfassungs- und Meldesystem in diesem Bereich aufzubauen. Es war weder so störsicher noch so leistungsstark wie das vernetzte britische, erfüllte seine Aufgabe aber durchaus zufriedenstellend. Das britische Radar reichte inzwischen weit bis nach Frankreich hinein, vorausgesetzt, die Flugzeuge flogen sehr hoch. Damit war dies die erste Luftschlacht, in der Radarführung und Fliegerleitstellen beiden Seiten zur Verfügung standen.

Die Jagdflieger an der Kanalküste mußten wenigstens ein Minimum an Luftverteidigung leisten und sich gleichzeitig als schlagkräftige Streitmacht in Bereitschaft halten. Gelegentlich sandte man eine oder zwei Gruppen gegen einen „Circus" aus, während der Rest zurückgehalten wurde, um bei unvorhergesehenen Situationen Reserven zu haben. Dadurch waren die Verteidiger den kreisenden Schwärmen britischer Jäger in den meisten Fällen hoffnungslos unterlegen.

Einige Kommentatoren haben die „Circus"-Operationen mit einer seitenverkehrten Schlacht um England verglichen und angeführt, die deutsche Verteidigung habe gegen eine Übermacht gekämpft. In Wirklichkeit ähneln sich die beiden Fälle nur wenig. Die deutschen Jäger verteidigten sich nicht gegen vernichtende Angriffe durch Bomberschwärme. Obgleich die von den Briten gewählten Ziele für die Deutschen relativ wichtig waren, hatten sie für den künftigen Kriegsverlauf doch kaum Bedeutung. Die Bombenlast, die die britischen Flugzeuge trugen, reichte nie aus, um wirklich ernsthaften Schaden zu verursachen. Darüberhinaus wurden keine deutschen Zivilisten am Boden getötet. Während der Luftkampf selbst eine lebensbedrohende Angelegenheit war, konnten sich die Jagdflieger hier etwas Zurückhaltung leisten.

Die Grundidee war, größtmöglichen Schaden bei kleinstem Risiko zuzufügen. Wenn möglich – und in den meisten Fällen verhielt es sich so, weil eine Abwehr nicht zwingend erforderlich war –, suchten die Jagdflieger den Höhenvorteil, bevor sie angriffen. Kleine Einheiten machten sich zum Zwecke der Ablenkung an den Flanken des „Circus" zu schaffen, bevor andere steile Sturzflugangriffe unternahmen. Man ging nicht davon aus, daß man jedesmal die Bomber würde angreifen können. Nur den erfahrensten Führern gelang es manchmal, in die geballten Massen Spitfires und Hurricanes einzubrechen. In Wirklichkeit stellte die große Anzahl der britischen Jäger häufig eher einen Nachteil dar, da sie sich gegenseitig im Weg waren und erheblich zum Durcheinander beitrugen. Gerieten jedoch die Deutschen mitten ins Getümmel, konnten sie Glückstreffer anbringen, ohne sich allzusehr um die sichere Feindkennung kümmern zu müssen. Ein weiterer Faktor bestand in der Qualität der Flugzeuge. Die Hurricane war mittlerweile in großen Höhen, in denen nun die Mehrzahl der Kämpfe stattfand, völlig überfordert. Eine Zeitlang wurde sie noch geflogen, dann jedoch nach und nach zugunsten der Spitfire ausgemustert. Die überragende Bf 109 F übertraf die Spitfire I und II in mancherlei Hinsicht, obgleich sie den britischen Jägern im Nahkampf noch immer nicht gewachsen und daher gezwungen war, der Taktik „Zuschlagen-und-weg" des vorangegangenen Sommers zu folgen. Ein weit leistungsfähigerer Gegner war die Spitfire VB, die ab Februar 1941 den Verbänden zugeführt wurde. Mit zwei 20-mm-Hispano-Maschinenkanonen und vier 0.303-inch (Kaliber 7,62 mm)-Maschinengewehren bewaffnet, war die „Mark VB" im wesentlichen eine Spitfire I mit stärkerem Motor.

Focke-Wulf 190 A

Berichte über die ersten Jahre der Luftwaffe hinterlassen häufig den Eindruck, als sei die Bf 109, sobald sie eingeführt war, die einzige einmotorige Maschine im Truppendienst gewesen. Das entspricht jedoch nicht den Tatsachen. Das Konzept der Fw 190 stammte aus dem Jahre 1938, und der erste Prototyp flog am 1. Juni 1939, also noch vor Ausbruch des Krieges. Angetrieben von einem BMW-Sternmotor, war die Fw 190 ein besonders robustes Flugzeug und unterschied sich dadurch von der empfindlichen Bf 109. Anders als beim Messerschmitt-Jäger konnte man das Dach als Ganzes zurückschieben. Dadurch hatte der Pilot eine erstklassige Rundumsicht aus der Kanzel. Die leicht nach vorn geneigte Fluglage ermöglichte ihm darüberhinaus eine ausgezeichnete Sicht nach vorn. Der Sitz ließ sich halb zurückklappen und stieg hinten an, so daß der Pilot höhere g-Kräfte aushalten konnte.

Übersicht 11 - Technische Daten der Jagdmaschinen - Kanalküste 1941-1943

	Focke-Wulf Fw 190 A-3	Supermarine Spitfire VB	Supermarine Spitfire IX
Spannweite	10,51 m	11,23 m	11,23 m
Länge	8,85 m	9,13 m	9,30
Höhe	3,97 m	3,84 m	3,84 m
Tragfläche	18,3 m²	22,5 m²	22,5 m²
Motor	BMW 801 Dg Sternmotor ca. 1.700 PS	Rolls-Royce Merlin V-12 ca. 1.440 PS	Rolls-Royce Merlin V-12 ca. 1710 PS
Fluggewicht	3.466 kg	3.012 kg	3.398 kg
Flächenbelastung	190 kg/m²	137 kg/m²	151 kg/m²
Höchstgeschw.	642 km/h	602 km/h	656 km/h
Gipfelhöhe	10.310 m	11.285 m	13.420 m
Steigfähigkeit	ca. 1.250 m/min	ca. 1.113 m/min	ca. 1.265 m/min
Reichweite	1.036 km	756 km	698 km

Anmerkung: Die Entwicklung der Fw 190A war ein fortlaufender Vorgang, und viele weitere Baumuster wurden vor Ende 1943 in Dienst gestellt. Das gleiche traf auf die Spitefire zu, von der es spezielle Höhen- und Tiefflugvarianten gab. Daher sind die Angaben dieser Übersicht nur ein ungefährer Anhalt.

Eine weitere ausgetüftelte Sache stellte das Kommandogerät dar, das selbsttätig den Anstellwinkel der Luftschraube, den Treibstoff und dessen Einspritzung, die Ladeluft und die Motordrehzahl überwachte, somit also den Piloten entlastete. Bei unterschiedlichen Flugbedingungen brauchte die Maschine daher vom Piloten auch nicht nachgetrimmt zu werden. Sauber durchkonstruierte Tragflächen ließen dieses Flugzeug schneller rollen als seinen Hauptgegner, die Spitfire. Die Richtungsstabilität war gut, die Höhenstabilität neutral, während bei der Seitenstabilität die unglaubliche Fähigkeit zum Rollen berücksichtigt werden muß. In niedrigen und mittleren Höhen waren Beschleunigung und Steigfähigkeit ebenfalls gut, Wegdrücken und Sturzflug geradezu phantastisch.

Wie jeder Jäger hatte aber auch die Fw 190 ihre schwachen Seiten. Die Flächenbelastung war etwas zu hoch, was dieser Maschine einen ungewöhnlich großen Wendekreis einbrachte. Instrumentalflug war schwierig, und die Eigenschaften bei einem Strömungsabriß katastrophal. Der britische Testpilot Eric Brown, der eine erbeutete Maschine flog, meinte:

„Die Strömung der Fw 190 A-4 riß im Geradeausflug bei 204 km/h ab und zwar plötzlich und ohne Vorwarnung. Die linke Tragfläche sackte so heftig weg, daß sich das Flugzeug fast überschlug. Wenn das deutsche Flugzeug in einer Rechtskurve in diesen Bereich geriet, flog es auf der gegenüberliegenden Seite aus der Bahn und begann zu trudeln, wenn der Pilot nicht sehr genau aufpaßte."

Die Zahl 204 km/h war die von den Instrumenten angezeigte Strömungsgeschwindigkeit der Luft. Die wahre Luftgeschwindigkeit liegt in der dünneren Atmosphäre großer Höhen um einiges darüber. Die Geschwindigkeit bei Strömungsabriß in einer 6-g-Kurve entspricht 500 km/h wahrer Luftgeschwindigkeit auf Höhe Null. Die Eigenschaft des Strömungsabrisses bei Hochgeschwindigkeit war unangenehm genug in großen Höhen, in Bodennähe konnte das tödlich ausgehen. Dies hielt viele deutsche Piloten davon ab, in Bodennähe gewagte Flugmanöver durchzuführen.

Die ersten Fw 190 für den Einsatz erhielt im Juli 1941 die II./JG 26, aber die Forderung nach einigen Verbesserungen an diesem neuen Typ sowie nachhaltige Motorprobleme verzögerten ihren ersten Kampfeinsatz bis zum September. Es dauerte noch weit bis in das nächste Jahr hinein, bis sich die Anwesenheit des neuen Jägers bemerkbar machte, und erst im April stieg die I./JG 26 von ihren Bf 109 F auf die Fw 190 A um. Im selben Monat erhielt auch das JG 2 seine letzten neuen Maschinen.

Die britische Antwort

Der Focke-Wulf-Jäger war eine derart überragende Maschine, daß die RAF in die taktische Defensive gedrängt wurde. Als Zwischenlösung wurde sofort die Spitfire IX in Dienst genommen. In den Grundzügen war sie eine Spitfire V, die von dem neuesten und stärkeren Merlinmotor angetrieben wurde. Er besaß einen zweistufigen Turbokompressor mit zwei Geschwindigkeiten, der ihm unter 7 600 m zu ähnlichen Leistungen wie der der Fw 190 A und bei darüberhinausgehenden Höhen zu einer leichten Überlegenheit verhalf. Bis auf die bessere Fähigkeit des deutschen Jägers zum Rollen war die Spitfire beim Hochziehen und Sturzflug eine der Fw 190 A gleichwertige Maschine. Außer bei Überraschungsangriffen entschied die Fähigkeit des Piloten einen Nahkampf zwischen diesen Jägern. Eine wesentliche Schwierigkeit zeigte sich den deutschen Piloten allerdings nun: Äußerlich glichen sich die beiden Spitfire-Typen völlig. Bevor der Kampf begann, wußte der Pilot nicht, ob er gegen die unterlegene Mk V oder die stärkere Mk IX antrat (s. Abb. 14 und 15).

Die Schlacht

In den ersten sechs Monaten des Jahres 1941 zeichnete sich die Fliegerei an der Kanalküste durch Planlosigkeit aus. Dann, am 21. Juni, wurden gleich zwei „Circuses" an einem Tag geflogen. Wann immer das Wetter es ermöglichte, setzten die Briten damit fort und ließen den Druck nicht mehr abbrechen. Die heftigen Kämpfe dieses Tages kosteten sie nur fünf Jäger und einen Bomber. Es dauerte jedoch nicht lange, bis das Pendel nach der anderen Seite ausschlug.

Betrachtet man ausschließlich die Abnutzungsrate, so bedeutete die Schlacht an der Kanalküste einen kleinen Sieg für die Jagdflieger, deren Gewinn- und Verlustrechnung das Verhältnis 3:1 häufig überstieg. Bei so vielen Jägern, die am Himmel umherirrten, führte das daraus resultierende Durcheinander unweigerlich zu überhöhten Abschußmeldungen. Das war auch teilweise der Grund dafür, daß das britische Oberkommando der Jäger sein Vorhaben weiter fortsetzte. Den Briten war nicht bewußt, daß sie letztlich mehr Maschinen verloren als abschossen. Zwischen dem 14. Juni und 4. Juli beispielsweise errechnete das RAF-Oberkommando 214 Abschüsse. Tatsächlich beliefen sich die deutschen Verluste jedoch nur auf 48 zerstörte und 33 beschädigte Maschinen. Im gleichen Zeitraum verloren die

Briten 80 Maschinen und 62 Piloten. Diese Tendenz setzte sich 1941 und 1942 und auch noch in das folgende Jahr fort.

Die Gründe für die deutschen Erfolge lassen sich leicht herausfinden. Der harte Kern der beiden Jagdgeschwader bestand aus Fliegerveteranen. Der Prozentsatz des jungen Fliegernachwuchses aus den Luftwaffenschulen war klein, und die wenigen jungen Piloten wurden erst nach und nach eingesetzt. Im Gegensatz dazu hatte die RAF erheblich aufgerüstet. Zwar waren die Staffel- und Gruppenkommandeure erfahrene Jagdflieger, der Anteil der Neulinge lag jedoch weit über dem der deutschen Verbände. Verstärkt wurde dieses Ungleichgewicht noch dadurch, daß die RAF ihre Spitzenleute weniger häufig zum Einsatz brachte, ein Verhalten, das sich zwar auf lange Sicht hin auszahlte, die augenblickliche Kampfkraft aber schwächte.

Hinzu gesellten sich Probleme im taktischen Bereich. Das britische Oberkommando der Jäger ging nicht die ersten Schritte in Richtung einer Übernahme der „Vier-Finger-Formation", die die Deutschen seit dem Spätsommer 1941 erfolgreich anwandten. Die Umstellung zog sich hin, und selbst dann fand man kaum den Anschluß. Die unterlegene „Idiotenreihe" von 1940 mit ihren vier Maschinen hintereinander wurde weiterhin noch ungleich häufiger benutzt und hielt sich sogar bis zum Jahre 1943. Inzwischen begann die Luftwaffe, mit vier Jägern nebeneinander auf gleicher Höhe zu fliegen, eine Anforderung, die der „Vier-Finger-Formation" noch überlegen war.

Die deutschen Jagdflieger zahlten einen hohen Preis für das, was sich als ein vorübergehender Sieg herausstellen sollte. Noch war dies aber nicht offensichtlich. Viele Experten vergrößerten ihr ohnehin bereits beachtliches Abschußkonto, andere starben im Kampf. Gustav Sprick (31 Abschüsse) wurde am 28. Juni bei Holque von Spitfires abgeschossen, Wilhelm Balthasar ebenfalls durch Spitfires am 3. Juli über Aire. Balthasar hatte als Kommodore des JG 2 weitere elf Luftsiege errungen, insgesamt 40, nicht eingerechnet seine sieben Siege in Spanien. Rolf Pingel hatte es in Spanien auf vier Abschüsse gebracht und wurde am 10. Juli gefangen genommen; sein Kontostand zeigte bis dahin 26 Luftsiege. Am 18. September wurde Walter Adolph in seiner Fw 190 abgeschossen. Er hatte bei nur 79 Einsätzen 28 feindliche Jäger abgeschossen. Männer wie diese standen für die künftigen, entscheidenden Schlachten nun nicht mehr zur Verfügung. Ihr Verlust auf einem Nebenkriegsschauplatz war für die Luftwaffe eine Tragödie.

Das Winterwetter erschwerte die Luftoperationen großen Stils; am 8. November wurde der letzte „Circus" (No 110) des Jahres 1941 geflogen.

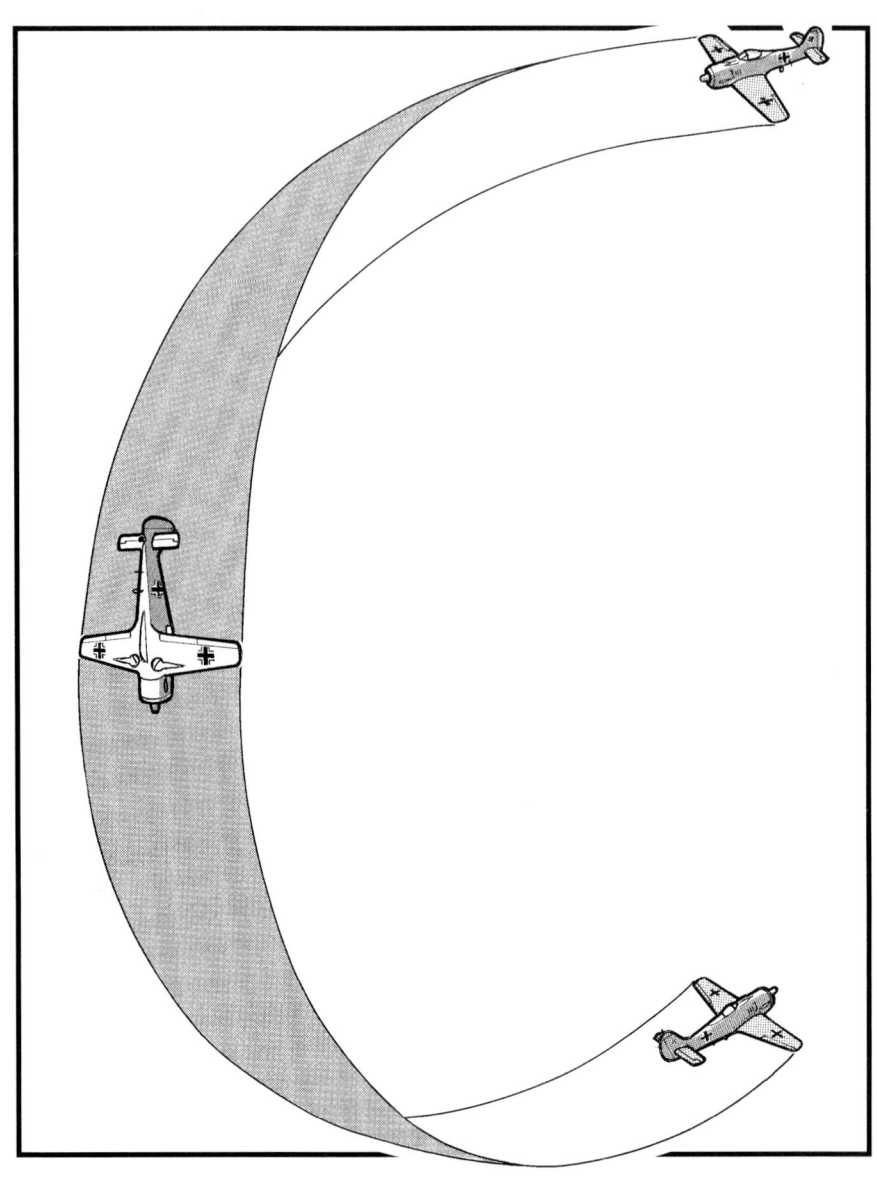

Abb. 14   Der Abschwung

Der Abschwung war bei den Briten als halbe Rolle und bei den
Amerikanern als geteiltes S bekannt. Er wurde allgemein angewendet,
wenn man den Kampf abbrechen wollte. Er begann mit Drehen in
Rücklage, worauf man in steilen Sturzflug überging und anschließend
in entgegengesetzter Richtung weiterflog. Wird nicht zur Verwendung
bei Gegnern mit besseren Sturzflugfähigkeiten empfohlen.

102

Zu dieser Zeit hatte Adolf Galland 93 Feindmaschinen, Joachim Müncheberg 59 (25 während einer Kommandierung nach Italien) und Josef Priller 58 abgeschossen. Im selben Monat wurde Galland von der Front abgezogen und zum General der Jagdflieger ernannt. Er ersetzte Werner Mölders, der bei einem Flugunfall ums Leben gekommen war. Als neuer Kommodore des JG 26 folgte ihm Gerhard Schöpfel.

Es dauerte genau fünf Monate, bis die Briten die „Circus"-Angriffe wieder aufnahmen. Zu diesem Zeitpunkt waren die mit der Fw 190 A ausgerüsteten Gruppen mit der neuen Maschine vertraut geworden und hatten sie im Griff. Das kam gerade gut und recht. Während früher die Jagdflieger die Vorteile von Höhe und Ausgangsposition gesucht hatten, bevor sie schossen und sich an den Rändern der kompakten „Circus"-Formation zu schaffen machten, wurden sie nun durch eine völlig neue Taktik der Briten überrascht.

Anstatt ihre Absicht durch die Staffelung in großen Höhen, voll im Erfassungsbereich des deutschen Radars, anzukündigen, gingen die Briten nun dazu über, den Kanal im Tiefflug zu überqueren und erst dann leicht hochzuziehen, wenn sie die Steilküste erreichten. Zur gleichen Zeit flogen auch die leichten Bomber im Tiefflug nach Frankreich ein, so daß ein neues Konzept für den Begleitschutz erforderlich wurde. Für die deutschen Jäger war es mit der geruhsamen Bereitschaft zum Alarmstart, dem ein ungestörtes Steigen auf Abfanghöhe folgte, vorbei: die Spitfires, die mit Vollgas aufstiegen, warteten bereits.

Seit der Truppeneinführung der Fw 109 A war das nun nicht mehr so gefährlich wie zuvor. Die Maschine schlug sich im Nahkampf hervorragend, und die Piloten nutzten sie dementsprechend. Im Sommer des Vorjahres hatten sich die britischen Piloten, die ständig den vernichtenden Sturzangriffen der 109 ausgesetzt gewesen waren, beschwert, daß „Jerry" nicht blieb und kämpfte, wobei sie jedoch nicht bedachten, daß sich die deutschen Piloten taktisch vollkommen richtig verhielten. Jetzt ging ihr Wunsch in Erfüllung: Mit ihren neuen Fw 190 A blieb „Jerry" und kämpfte wie noch nie.

Am 2. Juni waren die Deutschen besonders erfolgreich, als die „No 403 Canadian Squadron", eine Mahalla ohne jede Kampferfahrung, geführt von Al Deere, einem erfahrenen Flieger aus Neuseeland, Jagdschutz über einem Rodeo flog. Die auf sie angesetzten Jagdflieger wurden von Johannes Seifert (I./JG 26) und Müncheberg (II./JG 26) geführt, die warteten, bis der Rodeo wieder abflog, bevor sie im Schutz der Wolken in Abfangposition gingen.

Ihr Eröffnungszug war der Angriff einer Staffel mit vollem Tempo von hin-

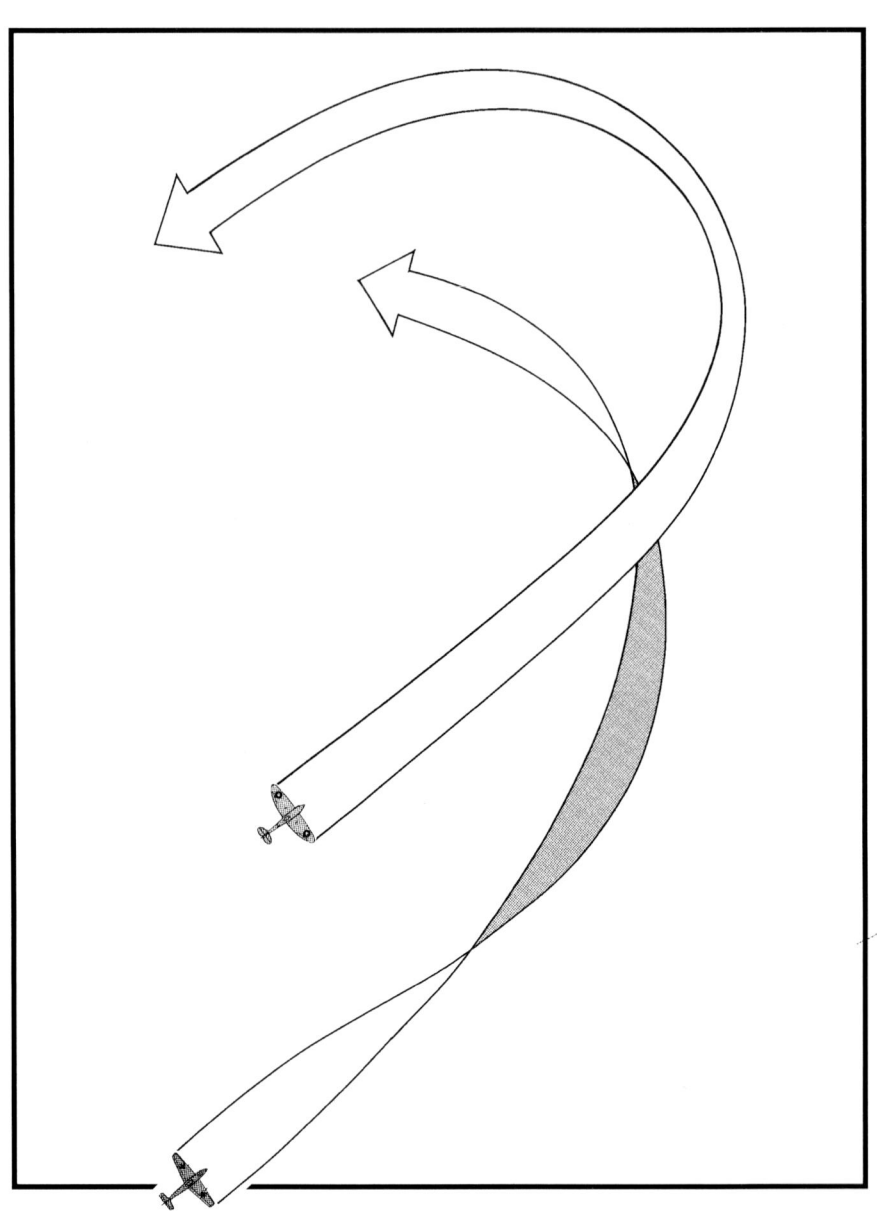

Abb. 15 Die Pfeilrolle

Ein Flugzeug, daß leichter rollte, konnte ein besser drehendes besiegen.
Mit Abkippen aus der Drehrichtung war es dem Verfolger möglich,
dem anderen den Weg abzuschneiden. Daß dieses Verfahren jedoch
zweischneidig ist, bewiesen die amerikanischen Thunderbolts,
die die Pfeilrolle (Vektorrolle) häufig gegen die Bf 109 einsetzten.

ten. Deere sah sie im Anflug und befahl ein kompliziertes Wegbrechen in drei verschiedene Richtungen mit Wende, um den Angreifern entgegenzufliegen. Damit entfernte sich die „No 403 Squadron" nicht nur von der Gruppe, sie riß sie förmlich auf, hatte aber womöglich keine andere Wahl. Als die Spitfires wendeten, wurden sie seitlich von zwei weiteren Staffeln angegriffen, die bisher durch die Wolken verdeckt gewesen waren. Nur der Bruchteil einer Sekunde blieb ihnen für einen kurzen, frontalen Feuerstoß auf die erste Formation Fw 190, und sofort wurden sie wieder an der anderen Flanke von einer ganzen Gruppe beschossen. Die Spitfires V der „No 403", den Fw unterlegen und außerdem erheblich in der Minderzahl, wurden völlig zusammengeschossen. In seinem Gefechtsbericht schrieb Deere später:

„Ich drehte und kurvte, verzweifelt bestrebt, kein Ziel abzugeben und gleichzeitig in eine gute Schußposition zu kommen. Noch nie hatte ich erlebt, daß die Hunnen standhielten und kämpften, so wie diese Focke-Wulf-Piloten jetzt."

Von den ursprünglich zwölf Spitfires gingen acht verloren und eine davon mußte nach einer Bruchlandung bei Manston abgeschrieben werden. Die Hälfte der Piloten kam ums Leben. Die Deutschen hatte keine Verluste zu verzeichnen. Bei dieser Begegnung schoß Müncheberg zwei Feindjäger ab und erhöhte seine Abschußliste auf 81 Maschinen. Seifert, der auf insgesamt 57 Siege kam, bevor er 17 Monate später mit einer amerikanischen P-38 Lightning zusammenstieß, stand jetzt bei 35.

Nach diesem Gefecht wurde es für mehrere Monate merklich ruhiger am Himmel. Die Briten begannen, die Spitfire IX in Dienst zu stellen, obgleich es noch einige Zeit dauerte, bis ihre Anzahl groß genug war, um die Bedrohung durch die Focke-Wulf auszugleichen. Dann, am 19. August, wurde der große Seelandeangriff bei Dieppe durchgeführt. Unterstützt von der Luftwaffe der USA, bildeten die Briten über dem Landekopf mit 2 462 Jagdeinsätzen einen gewaltigen Luftschirm. Die Deutschen zeigten Stärke und sandten alle verfügbaren Jäger und Bomber in dieses Gebiet. Ein gewaltiges Kräftemessen um die örtliche Luftherrschaft entbrannte, nach dessen Ende sich beide Seiten zum Sieger erklärten. Die RAF verlor 106 Flugzeuge, davon 88 Jäger, die USAAF acht Spitfires. Die deutschen Verluste lagen bei 48 Maschinen, davon jedoch nur 20 Jäger. Der erfolgreichste Jagdflieger des Tages hieß Josef Wurmheller von der III./JG 2, der es trotz eines gebrochenen Beins und einer Gehirnerschütterung auf sieben Abschüsse brachte.

Im Verlauf des Spätsommers kam der „Circus" mehr und mehr außer Gebrauch. Die Luftüberlegenheit der Focke-Wulf über die Spitfire V machte ihn zu einem Verlustgeschäft, während die Tiefflugangriffe mit leichten oder mittleren Bombern viel größere Schaden verursachten, als es die „Köderbomber" jemals getan hatten. Auf jeden Fall machte sich nunmehr eine ganz andere Größe bemerkbar: Die USAAF hatte man schon seit langem dazu bestimmt, bei Tag Präzisionsangriffe mit Massenverbänden schwerer Bomber zu fliegen. Im August waren die ersten Verbände einsatzbereit. Bereits zwei Tage vor dem Angriff auf Dieppe hatte ein Dutzend B-17 „Fliegende Festungen" mit vier „squadrons" Spitfires IX als Jagdschutz den Eisenbahnknoten von Rouen angegriffen, und alle Maschinen waren unversehrt zurückgekommen.

Dies waren die Vorboten künftiger Ereignisse. Anfangs wagten sich die schweren amerikanischen Bomber nur selten außerhalb der Reichweite, in der die Spitfires sie schützen konnten. Sie wurden jedoch um so selbstbewußter, je mehr Erfahrung sie sammelten. Schließlich führten sie Angriffe weit in die Tiefe Deutschlands ohne jeglichen Begleitschutz durch und hatten dadurch schwere Verluste zu verzeichnen, während sie die deutschen Jagdflieger vor völlig neue und schwierige Probleme stellten. Aber das ist ein anderes Thema.

Die Experten

Viele führende Experten der zweijährigen Kämpfe an der Kanalküste konnten sich als „alte Hasen" bezeichnen und waren durch die Erfahrungen in der Schlacht um England und in den folgenden Einsätzen zu Vollblutprofis geworden. Erfahren im Umgang mit der RAF, setzten sie nun dort wieder an, wo sie im vergangenen Jahr aufgehört hatten. Andere Piloten wurden an die Ostfront versetzt und kamen erst später wieder in den Westen zurück. Allerdings unterschieden sich die Bedingungen im Osten deutlich von denen im Westen, und das Niveau des Gegners war dort so niedrig, daß die Piloten nachlässig wurden. Gegen das britische Fighter Command anzutreten war äußerst gefährlich, und viele überlebten nicht lange.

Obgleich die altgedienten Experten weiter ihre Abschußerfolge an der Kanalküste verzeichneten, brachte es niemand auf diesem Kriegsschauplatz zu wirklich hohen Abschußzahlen, da für Unerfahrene die Überlebenswahrscheinlichkeit hier nicht sehr hoch war. Siegfried Lemke (96 Luftsiege) kam im Herbst 1942 zur I./JG 2. Wilhelm-Ferdinand („Wutz")

Galland, der Bruder Adolf Gallands, schoß bei der II./JG 26 zwischen dem 27. Juli 1941 und seinem Tod durch das amerikanische Fliegeras Walker Mahurin im August 1943 55 Maschinen ab. Gerhard Vogt aus der gleichen Gruppe brachte es zwischen dem 6. November 1941 und dem 14. Januar 1945 auf 48 Luftsiege und wurde in Bodennähe von Mustangs abgeschossen. Der dritte der Gallandbrüder, Paul, wurde am 31. Oktober 1942 von einer Spitfire nach seinem 17. Luftsieg getötet.

Kurt Bühlingen. Bühlingen kam im Juli 1940 als einfacher Unteroffizier zur II./JG 2. Der Erfolg ließ eine Weile auf sich warten. Erst am 4. September errang er seinen ersten Luftsieg. Dann stieg seine Abschußziffer langsam an bis zum 13. Juni 1941, dem Tag seines Durchbruchs; er hatte nun den Bogen raus. An diesem Tag stieg er mit seiner Bf 109 F auf, um bei Boulogne einen „Circus" abzufangen. Bühlingen flog in der Stabsgruppe mit, geführt von Kommandeur Heinrich Greisert:

„Wir stießen mit dem Kommandeur runter und zogen dann schnell wieder hoch, und jeder suchte sich seine Spit aus. Ich sah, wie in meinem Visierring die Tragfläche immer größer wurde und ging noch näher ran. Ich zielte darunter, die Spitfire war sehr schnell, und als ich ganz dicht dran war, eröffnete ich das Feuer. Der Kommandeur tat das gleiche. Ein wildes Durcheinander entwickelte sich jetzt, aber ich schaffte es, hinter meiner zu bleiben, und meine Geschosse durchsiebten sie. Bruchstücke fingen an, nach hinten wegzufliegen, und sie begann zu qualmen. Dann stürzte sie ab. Kein Schirm. Ich glaube, auch der Kommandeur schoß eine Spitfire ab, aber wir wurden getrennt. Ich sah mein Opfer abstürzen und blickte mich dann um. Ich sah, wie der Kommandeur eine weitere Spitfire angriff. Aber er ging zu schnell ran, und anstatt unter die Spit flog er über ihr Heck und drehte nach links, als wollte er zu einem zweiten Anflug ankurven. Aber auch der Pilot der Spitfire drehte links ab, um über und hinter ihn zu gelangen. Ich konnte von meiner Position aus hinter ihr reindrehen und ihr folgen, also wendete ich so eng ich konnte zu ihrem Heck hin. Ihre Absicht war, den Kommandeur runterzuholen. Ich kam näher ran und blieb ihr in der Kurve am Schwanz. Als ich ganz dicht dran war, schoß ich und konnte sofort die Treffer sehen. Weißer Rauch zog hinter ihr her, und ich feuerte weiter. Dann brach das halbe Heck weg."

In diesem Bericht finden wir einige aufschlußreiche Angaben. Der Führer versuchte nicht einmal, die Bomber anzugreifen, was bei dem starken Begleitschutz auch sehr gefährlich gewesen wäre. Der erste Angriff bestand

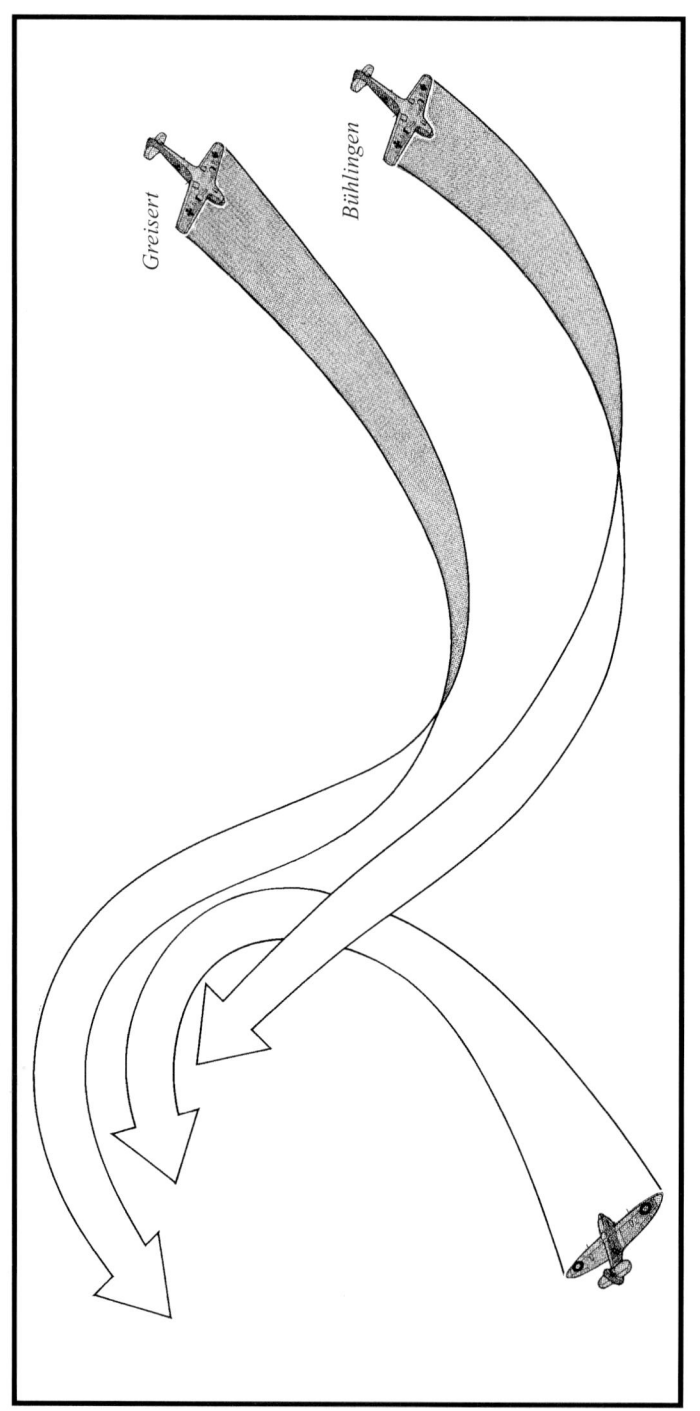

Abb. 16 Bühlingens Sieg am 13. Juni 1941

Bühlingens Rottenführer, Heinrich Greisert, beschießt eine Spitfire, verfehlt sie, fliegt an ihr oberhalb vorbei und dreht hart ein. Der Pilot der Spitfire versucht nun, Greisert im Innenkreis auszumanövrieren, hat mittlerweile aber Bühlingen im Nacken. Obgleich deutlich schneller, bekommt Bühlingen die Lage in den Griff, schießt und trifft. Das hier ist ein typischer Nahkampf, der vom Beginn bis zum Sieg nur wenige Sekunden dauert.

darin, im schnellen Sturzflug unter die Spitfires zu kommen, dem sich ein Hochziehen in den toten Winkel hinten und unten anschloß. Es scheint, daß die gebräuchliche Methode, einen Angriff abzubrechen, eher darin bestand, nach unten wegzudrücken und damit im toten Winkel zu bleiben, als hochzuziehen und über das Ziel hinwegzufliegen, wenngleich Geisert, hätte er noch steiler hochgezogen, sicherlich die Spitfire nicht an seinem Heck gehabt hätte. Schließlich gelang es Bühlingen, bei seinem zweiten Opfer sehr eng anzukurven. Obgleich die Spitfire bei jeder beliebigen Geschwindigkeit die Bf 109 F leicht ausmanövrieren konnte, bewirkte die Tatsache, daß die Messerschmitt hinten flog, daß die Spitfire für kurze Zeit im Schußfeld war, auch wenn sie enger drehte, weil man – allerdings mit schnell zunehmendem Vorhalt – durch den Wendekreis schießen konnte. Nur wenn eine Spitfire für mehrere Sekunden so eng drehte, wie nur möglich, wurde die überlegene Kurvenfähigkeit wirklich entscheidend (s. Abb. 16).

Kurz darauf griff Bühlingen erfolgreich eine Hurricane an, wieder nach der Methode „Von-oben-und-dann-drunter", die das dritte Opfer dieses Einsatzes wurde. Seine Abschußrate stieg nun schnell an und erreichte am 4. September 1941 die 21. Ein Geheimnis aus seiner Trickkiste bestand darin, daß er seine Maschine hecklastig trimmte. Obgleich man dadurch beim Geradeausflug ständig einen leichten Druck auf den Steuerknüppel ausüben mußte, um sie waagerecht zu halten, sprach sie dadurch beim Ziehen besser an und kam vorne ohne Verzug hoch.

Nachdem die II./JG 2 auf die Fw 109 A umgerüstet worden war, wurde sie im November 1942 nach Tunesien verlegt, wo Bühlingen trotz der erheblichen Übermacht des Gegners in fünf Monaten 40 feindliche Maschinen abschoß. Nachdem er in den Westen zurückgekehrt war, erreichte er im Juni 1944 seinen 100. Luftsieg. Inzwischen war er zum Kommodore aufgestiegen und hatte sich einen Ruf als Massenvernichter schwerer Bomber gemacht. In über 700 Einsätzen war er nur dreimal abgeschossen worden, und sein Endstand von insgesamt 112 Siegen im Westen wurde nur von zwei anderen Piloten noch überboten.

Walter Oesau. „Gulle" Oesau war einer der ganz großen Führer der Luftwaffe während des Krieges. In seiner Person vereinten sich Kampfgeschick, Führungsqualität und die Fähigkeit, seine Methoden energisch und erfolgreich anderen zu vermitteln. Johannes Steinhoff, dem wir im folgenden Kapitel noch begegnen werden, bezeichnete ihn als den zähesten Jagdpiloten überhaupt; eine wirklich außergewöhnliche Anerkennung aus dem Munde des Mannes, der die Nachkriegsluftwaffe führen sollte.

Oesau hatte zu Beginn des Krieges bereits in Spanien acht Luftsiege errun gen und setzte diese Erfolgsserie in Frankreich und in der Schlacht um England fort. Von August 1940 an war er Kommandeur der III./JG 51, und als er am 18. des Monats seine 20. Maschine abschoß, war er der fünfte, dem das gelang. Am 5. Februar 1941 erreichte er als vierter Pilot die Vierziger-Abschußmarke.

Als Kommandeur der III./JG 3 besiegte er an der Ostfront in fünf Wochen 44 russische Piloten und wurde in den Westen zurückversetzt, um im Juli Balthasar als Kommodore des JG 2 abzulösen. Nach Mölders und Lützow war er am 26. Oktober der dritte Pilot mit 100 Abschüssen. Wie oben vermerkt, scheiterten viele Experten der Ostfront am Wechsel in den Westen. Zurück in Frankreich, konnte auch Oesau seine Luftsiege in dem gewohnten Tempo nicht fortsetzen, aber das hinderte ihn nicht daran, als dritter Experte die magische Zahl von 100 Siegen zu erreichen. Weitere Erfolge ließen allerdings auf sich warten; zwischen den wenigen Abschüssen lagen größere Zwischenräume, und man versetzte ihn im Juni 1943 in einen Stab. Im Oktober kehrte er jedoch an der Spitze des JG 1 an die Front zurück und nahm den Kampf gegen die riesigen Flotten amerikanischer Bomber auf, von denen er wenigstens zehn abschoß. Am 5. Mai 1944 verließ ihn sein Glück, und er wurde von amerikanischen Lightnings über der Eifel abgeschossen und getötet. Oseau hatte in etwas mehr als 300 Einsätzen 123 Maschinen abgeschossen.

Adolf Galland. Galland wird von vielen als der Experte schlechthin bezeichnet. Sein Gesamtergebnis von 104 Luftsiegen mag nach den Maßstäben der Luftwaffe nicht außergewöhnlich sein, aber sie wurden alle im Westen gegen die Alliierten erzielt, überwiegend vor November 1941. Er war einer der großen Männer der Luftwaffe. Von Natur aus ein Bonvivant, liebte er die guten Dinge im Leben, einschließlich die Gesellschaft schöner Frauen, und in seine Bf 109 F ließ er sich einen Zigarrenanzünder einbauen. Unter der Kanzel war sein persönliches Markenzeichen aufgemalt, eine zigarrenrauchende Mickey Maus, die Revolver und Kriegsbeil schwang. Seine Meinung über den Krieg der Jägerpiloten läßt sich im folgenden lesen:

„Ihr ureigenstes Element ist der Angriff, die Verfolgung, die Jagd und die Vernichtung des Feindes. Nur so kann der ehrgeizige und erfahrene Jagdflieger seine Fähigkeiten beweisen. Binde ihn an eine bestimmte und begrenzte Aufgabe, nimm ihm die Initiative und du verlierst die besten und wertvollsten Eigenschaften, die er besitzt: Angriffslust, Freude am selbständigen Handeln und die Passion des Jägers."

Bei Jahresbeginn wies Gallands Abschußkonto 58 Siege auf. Mehrere Monate lang blieben die Gelegenheiten rar, und Mitte Juni war er nur neun Siege weiter. Drei von diesen erzielte er in typischer Galland-Bravour am 15. April, als er und sein Katschmarek, einen Sektkübel und einen Korb Hummer in der Kanzel, einen nicht geplanten Umweg zur englischen Küste machten. Am 21. Juni führte Galland seinen Stab und seine Staffel des JG 26 in den Kampf, um einen „Circus" bei Arques abzufangen:

„Aus größerer Höhe stieß ich glatt durch den Jagdschutz hindurch bis zu den Bombern. Ich griff das tiefstfliegende Flugzeug hinten aus der Nähe an. Die Blenheim fing sofort Feuer. Ein Teil der Besatzung sprang mit dem Fallschirm ab.
In der Zwischenzeit schlug sich mein Verband mit den Spitfires und Hurricanes herum. Zu diesem Zeitpunkt waren neun Rottenflieger und ich die einzigen, die die Bomber angriffen. Sofort setzte ich zum zweiten Angriff an. Wieder gelang es mir, von oben an den Jägern vorbeizukommen. Diesmal war es eine Blenheim an der Spitze einer Reihe der Formation. Flammen und schwarzer Rauch quollen aus ihrem Steuerbordmotor."

Das Interessante dieses Berichtes ist aber das, was nicht erwähnt wurde. Nicht nur, daß der erste Angriff ohne Behinderung durch die Begleitjäger durchgeführt werden konnte, es gelang Galland ganz offensichtlich, sich aus dem Durcheinander herauszulösen und dadurch genug Höhe zu gewinnen, um den Angriff zu wiederholen. Sicherlich verstrichen vier Minuten zwischen den beiden Angriffen, und das ist im Kampf eine lange Zeit. Es ist wahrscheinlich, daß Galland nach seinem ersten Angriff in einem flachen Sturzflug und mit hoher Geschwindigkeit wegdrückte, um sich von dem Feind zu lösen, bevor er wieder hochzog, um erneut in Ausgangsposition zu gelangen. Doch nun verlor sich der Überraschungseffekt, und die Spitfires warteten auf ihn. Obgleich auch sein zweiter Angriff erfolgreich war, wurde seine Bf 109 so jämmerlich zusammengeschossen, daß er gezwungen war, eine Bauchlandung zu machen. Hegenauer, sein Rottenflieger, wurde schwer getroffen und mußte abspringen. Als ob die Aufregung für diesen Tag nicht genügt hätte, flog Galland am Nachmittag gleich wieder alleine (Hegenauer war noch nicht wieder zurück) gegen einen weiteren „Circus" und schoß eine Spitfire im Überraschungsangriff ab. Das war sein 70. Sieg. Doch Augenblicke später wurde er von einer anderen Spitfire von hinten angegriffen, und sein Flugzeug fing Feuer. Obwohl Galland nur leicht verletzt wurde, gelang es ihm fast nicht mehr, aus der getroffenen Maschine abzuspringen.

Galland konnte, wenn es sich anbot, in seinen Methoden auch sehr einfallsreich sein, obgleich er grundsätzlich ein Anhänger des Vorteils eines schnellen Angriffs von oben war. Mehrfach schaffte er es, sich in einen „Circus" einzuschmuggeln und so zu tun, als gehöre er dazu, indem er die Bewölkung ausnutzte. Vier Messerschmitts wurden leicht für eigene Maschinen gehalten, wenn der Himmel voll von Flugzeugen war, besonders, wenn sie sich unauffällig verhielten. Am 13. November 1941 flog Galland mit Peter Göring, dem Neffen des Reichsmarschalls, gegen ...

„... eine Formation von Blenheimbombern, die dicht von Jägern geschützt wurde. Beim Aufstieg kamen wir ganz nah an diesen dicken Brummern vorbei. Rechts und links überholten wir britische Jäger. Wir verhielten uns so unglaublich frech, daß wir damit durchkamen."

Diese offensichtlich so „unschuldige" Annäherung war das Luftkampfgegenstück zu „Hände-in-die-Taschen-und-pfeifen". Sogar beim Aufsteigen konnten die beiden 109er überholen, da der Begleitschutz das Gas zurückgenommen hatte und hin- und herflog, um bei den Bombern zu bleiben. Aber diesmal endete das Manöver fatal. Als Peter Göring das Feuer eröffnete, wurde er vom Turmschützen des Blenheimbombers abgeschossen und getötet.

Zwischen Juni und November 1941, als er aus dem Kampf gezogen wurde, erhöhte Galland seine Abschußliste um 27 auf insgesamt 94 Maschinen. Als General der Jagdflieger flog er dann noch gelegentlich Einsätze, um die Lage an der Front selbst beurteilen zu können. Im Januar 1945 wurde er von seinem Posten abgelöst und stellte den Düsenjägerverband JV 44 auf, bei dem ihm noch einige weitere Abschüsse gelangen.

Werner Mölders steigt aus seiner Bf 109. Die Anspannung des Kampfes zeichnet sein Gesicht. Das Fliegerass Mölders hatte in Spanien 14 Luftsiege errungen, bis zu seinem Tod bei einem Fluzeugunglück 1941 waren es 115. (Quelle: Bruce Robertson).

Mölders klettert 1940 in Frankreich in seine Bf 109. Zu diesem Zeitpunkt war er Staffelkapitän des 8./JG 51. Auf dieser Aufnahme ist das seitlich abklappbare Kabinendach deutlich zu sehen. (Quelle: Bruce Robertson).

Bildteil 1

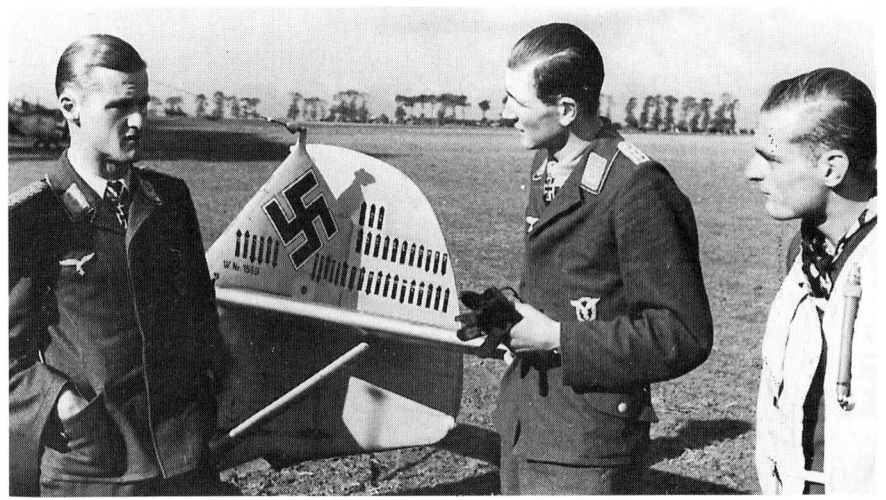

Wilhelm Balthasar (Mitte) gegen Ende der Schlacht um England am 7. Oktober 1940.
Links der ehemalige Spanienkämpfer Günther „Franzl" Lützow (108 Abschüsse),
Kommodore des JG 3 Udet und Sohn des deutschen Admirals.
Er flog während des gesamten Krieges, und wird seit dem 24. April 1945,
als Pilot einer Me 262, vermißt. Rechts Egon von Troha, Staffelkapitän des 9./JG 3.
Er wurde am 23. Oktober 1940 über Kent abgeschossen und gefangen genommen.

Helmut Wick, Kommodore des JG 2 (Mitte):
„Ich will kämpfen und kämpfend sterben, und dabei soviele Gegner mitnehmen, wie
möglich." Er mußte für seinen Hochmut zahlen und wurde am 28. November 1940
mit 52 Luftsiegen über dem Kanal abgeschossen.
Rechts im Bild die Fliegerkameraden Rudi Pflanz (52 Abschüsse), der am 31. Juli
1942 bei Abbeville von Spitfires abgeschossen wurde und Erich Leie (118 Abschüsse),
der bei einem Zusammenstoß mit einer Yak-9 am 7. März 1945 ums Leben kam.

Bildteil 2

Gerd Schöpfel (40 Abschüsse), der zweimal Adolf Gallands Nachfolger wurde, erst im August 1940 als Kommandeur des III./JG 26, danach im Dezember 1941 als Kommodore.

Gerd Barkhorn, Kommandeur des II./JG 52, feierte am 13. Februar 1944 seinen 250. Luftsieg. Er sollte es auf 301 bringen, die zweitbeste Leistung überhaupt, obwohl er seinen ersten Abschuß erst nach 120 Feindflügen schaffte.
Nach dem Krieg war er in der neuen Luftwaffe General. (Quelle: Bruce Robertson).

Bildteil 3

Hermann Graf (212 Abschüsse), war einer der erfolgreichsten Jagdflieger in den ersten Jahren des Rußlandfeldzuges. Am 2. Oktober 1942 war er der erste Pilot mit 200 Luftsiegen. Als er 1943 zur Luftverteidigung des Reiches abgezogen wurde, war er nicht mehr so erfolgreich und schoß noch zehn alliierte Flugzeuge ab.

Bildteil 4

Günther Rall lag mit 275 abgeschossenen Feindmaschinen
an dritter Stelle der erfolgreichsten Jagdflieger. Er war wohl der beste Schütze der
Jagdwaffe und erreichte am 28. November 1943 als Zweiter 250 Luftsiege.
Nach dem Krieg war er in der neuen Luftwaffe General.

Kurt Bühlingen war den ganzen Krieg über beim JG 2 Richthofen und wurde sein
letzter Kommodore. Sämtliche 112 Luftsiege erkämpfte er im Westen,
davon 40 in Tunesien. Bei über 700 Feindflügen wurde er dreimal abgeschossen.

Bildteil 6

Der General der Jagdflieger Adolf Galland war nach Meinung vieler der größte
Jagdflieger. Er verfügte über ein ungeheures Verständnis taktischer Forderungen.
Wie Montgomery vereinigte er in sich Popularität und Schauspielerei, wobei der eitel
und unvorschriftsmäßig hochgeschlossene Rockkragen nur ein kleines Beispiel ist.
(Quelle: Bruce Robertson).

Bildteil 7

Der Spanienkämpfer Walter „Gulle" Oesau (123 Abschüsse) war der dritte Pilot, der 100 Luftsiege errang (26. Oktober 1941). Nachdem es ihn kurz an die Ostfront verschlagen hatte, kehrte er in den Westen zurück und übernahm erst das JG 2, danach das JG 1. Am 11. Mai 1944 wurde er von amerikanischen Lightnings abgeschossen.

Bildteil 8

Abgehärmt und erschöpft wirkt „Jochen" Marseille wenigstens zehn Jahre älter, als seine 22 Jahre. Er war ein ganz überragender Flieger und errang seine 158 Luftsiege sämtlich gegen alliierte Piloten im Westen, davon 151 in Nordafrika. Am 30. September 1942 fing der Motor seiner Bf 109G Feuer. Marseille sprang ab, sein Fallschirm öffnete sich jedoch nicht. (Quelle: Bruce Robertson).

Joachim Müncheberg (rechts) flog beim JG 26 und JG 51 bevor er in Tunesien Kommodore des JG 77 wurde. Von seinen 135 Abschüssen erfolgten 33 an der Ostfront. Seine Leistungen über Malta stellen alles in den Schatten. Am 23. März 1943 wurde er abgeschossen und getötet.

Helmut Lent war zu Beginn des Krieges Zerstörerpilot in der I./ZG 76.
Er wandte sich anschließend dem Nachtkampf zu, und errang am 17. Mai 1941
seinen ersten Luftsieg und erreichte seinen 100. Luftsieg am 15./16 Juni 1944.
Am 5. Oktober 1944 kam er am Tage bei einem Flugzeugunglück ums Leben.
Insgesamt hatte er 110 Flugzeuge abgeschossen.

Bildteil 10

Rechts: Bevor Walther Dahl zum Kommodore einer der neuen Gefechtsverbände der Luftverteidigung des Reiches ernannt wurde, war er ein erfolgreicher Jagdflieger an der Ostfront. Auf dem Bild erkennen wir, daß als zusätzlicher Schutz das Kabinendach gepanzert ist. Von seinen 128 Siegen errang er 77 an der Ostfront, wobei von den übrigen 36 auf schwere amerikanische Bomber entfielen.

Unten: Wegbereiter und Vordenker der Nachtjäger, Ludwig Becker, kehrt von einem Einsatz zurück. Er setzte straffe Führung der Jäger durch Bodenleitstellen durch und später Bordradargeräte, die nur wegen seiner Beharrlichkeit eingeführt wurden. Sein Leben büßte er am 26. Februar 1943 gegen schwere amerikanische Bomber ein, nachdem er 46 Flugzeuge abgeschossen hatte.

Heinz Knoke war der Pionier des Luft-Luftbombardements. Seine 44 Siege errang er im Westen und schoß 19 Bomber ab. Die Spirale aufwärts war seine Methode, um feindlichen Jagdbegleitschutz zu entkommen. Ende 1944 wurde er schwer verletzt, als sein Wagen auf eine Mine fuhr. Danach nahm er nicht mehr an Luftkämpfen teil.

Bildteil 12

Wortführer der Nachtjagdpiloten mit 121 Luftsiegen war Heinz-Wolfgang Schnaufer, der für das Vorhandensein von feindlichen Flugzeugen ein eigenes Gespür entwickelte.

Seine unkonventionelle Methode bestand darin, dorthin zu fliegen, wo sein Radar am häufigsten gestört wurde und dann nach Sicht weiterzusuchen. Etwa 20 bis 30 seiner Abschüsse gelangen ihm mit „Schräger Musik", die übrigen mit konventionell nach vorn schießenden Bordwaffen. Schnaufer überlebte den Krieg, und kam 1950 bei einem Autounfall ums Leben.

Adolf Hitler (von der Jagdwaffe unehrerbietig mit Fortschreiten des Krieges „Gröfatz" genannt) überreicht hier mit Goering das Eichenlaub zum Ritterkreuz. Von links nach rechts: Alfred Grislawski (133 Siege, davon 109 im Osten); Emil „Bully" Lang (173 Siege, davon 148 im Osten), von amerikanischen Thunderbolts am 3. September 1944 abgeschossen; Günther Schack (174 Siege, alle im Osten); Otto Kittel (267 Siege im Osten), wurde im Luftkampf mit Il-2-Maschinen am 14. Februar 1945 getötet; und Anton Hafner (204 Siege, davon 20 im Westen), er prallte bei einem Gefecht mit einer Yak-9 am 17. Oktober 1944 gegen einen Baum. (Quelle: Bruce Robertson).

Bildteil 13

Heinrich, Prinz zu Sayn-Wittgenstein war einer der großen Männer der Nachtjagdflieger. Zu Beginn des Krieges war er Bomberpilot und wurde im August 1941 zur Nachtjagd versetzt. Später war er ein heftiger Gegner der Nationalsozialisten, kämpfte aber
tapfer weiter, um sein Vaterland zu verteidigen. Er errang 83 Luftsiege und wurde von
einer amerikanischen Mosquito am 21. Januar 1944 abgeschossen.

Bildteil 14

Mit 258 Abschüssen war Walter Nowotny der erfolgreichste österreichische Pilot des Zweiten Weltkrieges. Seinen ersten Luftsieg errang er am 15. Juli 1941, seinen 250. am 14. Oktober 1943. Nachdem er einige Monate Kommandeur der Luftwaffenschule gewesen war, flog er mit der Me 262 gegen den Feind. Er wurde im November 1944 von amerikanischen Mustangs abgeschossen. (Quelle: Bruce Robertson).

Bildteil 15

Die Experten des JG 26: links der Kommodore Josef „Pips" Priller, gerade mal
1,61m groß aber mit 101 Luftsiegen, sämtlich im Westen. Die abgeschossenen Maschinen setzen sich wie folgt zusammen: 85 Jäger, 11 viermotorige Bomber, 5 zweimotorige Bomber. Rechts steht Adolf „Addi" Glunz (71 Luftsiege, davon 68 im Westen –
eingeschlossen 20 viermotorige Bomber – und drei Moquitos). Trotz 574 Feindflügen
wurde Glunz nie abgeschossen oder verwundet. (Quelle: Bruce Robertson).

Bildteil 16

Erich „Bubi" Hartmann vom JG 52, der Jagdflieger mit den meisten Luftsiegen aller Zeiten. Seine 352 Abschüsse erfolgten zwischen Oktober 1942 und dem letzten Kriegstag. In dieser Zeitspanne flog er mehr als 1350 Einsätze, offensichtlich ohne sich verausgabt zu fühlen. Nach dem Krieg war er Oberst in der neuen Luftwaffe. (Quelle: Bruce Robertson).

Bildteil 17

Johannes „Macky" Steinhoff (links) 1939 als junger Leutnant.
Von seinen 176 Siegen entfielen 148 auf die Ostfront. In den letzten Kriegswochen
entwickelte er sich auch mit der Me 262 zum Fliegerass. Im April 1945 erlitt er bei
einem Startunfall schwerste Verbrennungen, die er jedoch überlebte.
Nach dem Krieg führte er die neue Luftwaffe. (Quelle: Bruce Robertson).

Heinz „Pritzl" Baer, einer der wenigen Experten, die den Krieg vom ersten bis zum letzten Tag mitmachten. Seine 220 Luftsiege errang er gleichermaßen an allen Fronten. Bereits als Unteroffizier war er in der Schlacht um England einer der erfolgreichsten Piloten. Zu Kriegsende erzielte er mit Düsenjägern höhere Abschußzahlen als irgend ein anderer. Im April 1957 kam er bei einem Flugzeugunglück ums Leben.

Bildteil 19

Viele unterschiedliche Baumuster der Messerschmitt Bf 109 wurden im Krieg geflogen. Dies ist die Bf 109B, die erstmals im spanischen Bürgerkrieg vom J 88 geflogen wurde. In den folgenden Jahren wurde die Maschine zügig verbessert und war dann deutlich leistunsstärker. (Quelle: Fly-Past).

Eine Bf 109G-4 in Rußland mit der glatteren Motorabdeckung. Dieses Flugzeug wurde von Wolf-Dietrich „Fürst" Wilcke (162 Siege) geflogen, als er Kommodore des JG 3 war. An die Westfront zurückgekehrt, wurde er am 23. März 1944 von amerikanischen Mustangs abgeschossen. (Quelle: Bruce Robertson).

Bildteil 20

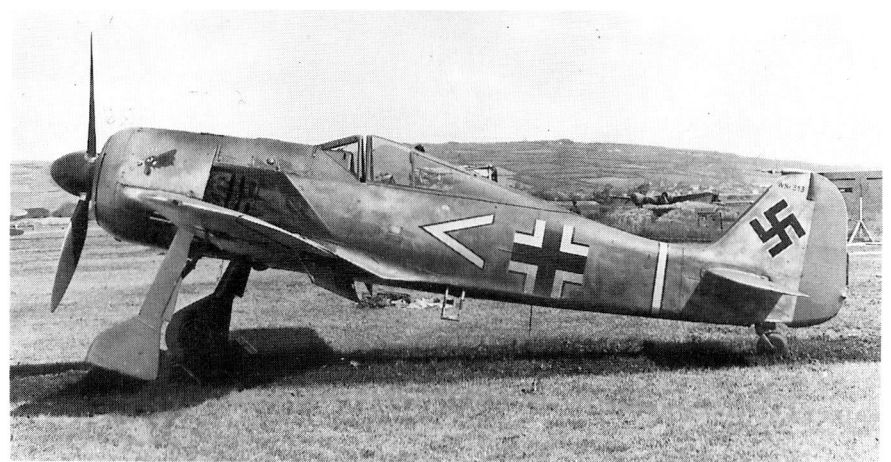

Die Focke-Wulf FW 190A war bei ihrer Einführung der Schrecken der britischen Piloten. Die Maschine hier ist eine A-3 und wurde von Armin Faber von der III./JG 2 geflogen. Faber landete am 23. Juni 1943 irrtümlich in Südwales. (Quelle: Fly-Past).

Die Messerschmitt Bf 110C Zerstörer war im Polenfeldzug noch durchaus erfolgreich, aber unterlegen gegenüber den einsitzigen Jagdflugzeugen bei der Schlacht um England. (Quelle: Fly-Past).

Rein zahlenmäßig war die Bf 110G der wichtigste Nachtkampfjäger der Luftwaffe, obgleich die Geweihantenne, Abgaswolken und das erforderliche dritte Besatzungsmitglied ihre Leistung erheblich minderten. (Quelle: Fly-Past).

Die Messerschmitt Me 163 „Komet" Raketenjäger. Seine Einsatzmöglichkeiten waren derart eingeschränkt, daß es nur wenigen Piloten gelang, mit dieser Maschine auch nur einen Gegner abzuschießen. (Quelle: Fly-Past).

Bildteil 22

Die Heinkel 162A „Volksjäger" war eine weitere deutsche Wunderwaffe,
die erfolglos blieb. Obwohl von dieser Maschine etwa 275 Exemplare hergestellt
wurden, geht man davon aus, daß im ganzen Krieg damit nur ein einziges alliiertes
Flugzeug abgeschossen wurde. (Quelle: Fly-Past).

Die Messerschmitt Me 262 „Schwalbe" war der einzige erfolgreiche deutsche
Düsenjäger des Krieges. Er kam jedoch zu spät zum Einsatz und auch in zu
geringer Stückzahl. (Quelle: Fly-Past).

Bildteil 23

Der erste erfolgreiche Nachtkampfdüsenjäger, die Me 262B. Sie war ein Zweisitzer mit Bordradar und einem Radarbeobachter hinten. (Quelle: Fly-Past).

Geisterbeschwörung: Zwei ehemalige Luftwaffenmaschinen im Champlin Jagdfliegermuseum 50 Jahre danach. Vorne eine FW 190D, dahinter eine Bf 109E. (Quelle: Fly-Past).

Bildteil 24

5. Nordafrika

Italien trat im Juni 1940 als ursprünglich neutraler Staat an der Seite Deutschlands in den Krieg ein und erlitt im Dezember durch die Briten einen erheblichen Rückschlag in Libyen. Aus deutscher Sicht war ihr Alliierter insofern von strategischer Bedeutung, als daß – wenigstens in der Theorie – die italienische Flotte und die Luftwaffe den Briten die Durchfahrt durch das Mittelmeer verwehren konnte. Würden die Italiener jedoch aus Nordafrika verdrängt werden, wären sie dazu nicht mehr in der Lage. Dann hätte man auch keine Garantie mehr dafür, daß Italien nicht einen Separatfrieden schlösse oder, was noch schlimmer wäre, die Seiten wechselte, wie es dann später auch geschah. Die deutsche Anwesenheit in Nordafrika war anfangs wenig mehr als ein Maßnahme, seinen südlichen Bundesgenossen im Kriegsgeschehen zu behalten. Diesem Gedanken folgte der nächste logische Schritt, die Eroberung Ägyptens, um so das Mittelmeer im Osten abzuschnüren, während man sich Zugang zu den Ölfeldern des Nahen Ostens verschaffte. Aber in dem Maße, in dem der Ehrgeiz der Achse zunahm, wuchsen auch ihre Nachschubprobleme, so daß Malta strategisch wichtig wurde.

Malta ist eine kleine Insel und liegt knapp 100 km vor der Südküste Siziliens. Als Stützpunkt der britischen Luft- und Marinebasen lag sie außerordentlich günstig, um den Achsenmächten die Versorgungslinien über See und in der Luft nach Libyen abzuschneiden, während man von hier aus gleichzeitig britischen Seestreitkräften auf der Route Gibraltar-Alexandria örtlich begrenzte Luftunterstützung gewähren konnte.

Das Kriegsgeschehen in Nordafrika setzte sich aus drei unterschiedlichen Feldzügen zusammen. Die ersten beiden, Angriffe gegen Malta und der Kampf in der libysch-ägyptischen Wüste, spielten sich von 1941 bis 1943 parallel ab. Der dritte begann mit der Landung der Alliierten in Französisch-Nordafrika Ende 1942 und dauerte bis zum endgültigen Zusammenbruch des Widerstandes der Achsenmächte wenige Monate später.

Ein Grundsatz läßt sich während der Jahre 1941 und 1942 verfolgen: Die besten britischen Jagdmaschinen behielt man in England zur Verteidigung der Heimat. Malta und die Desert Air Force mußten mit zweitklassigem Material zurechtkommen. Zu Beginn bestand dieses aus Gloster Gladiator Doppeldeckern und kriegsmüden Hurricanes I. Curtiss P-40 „Tomahawks" und „Kittyhawks" wurden ab Juni 1941 bzw. April 1942 eingesetzt. Da diese Maschinen für den Jägereinsatz in Europa ausgemustert worden waren,

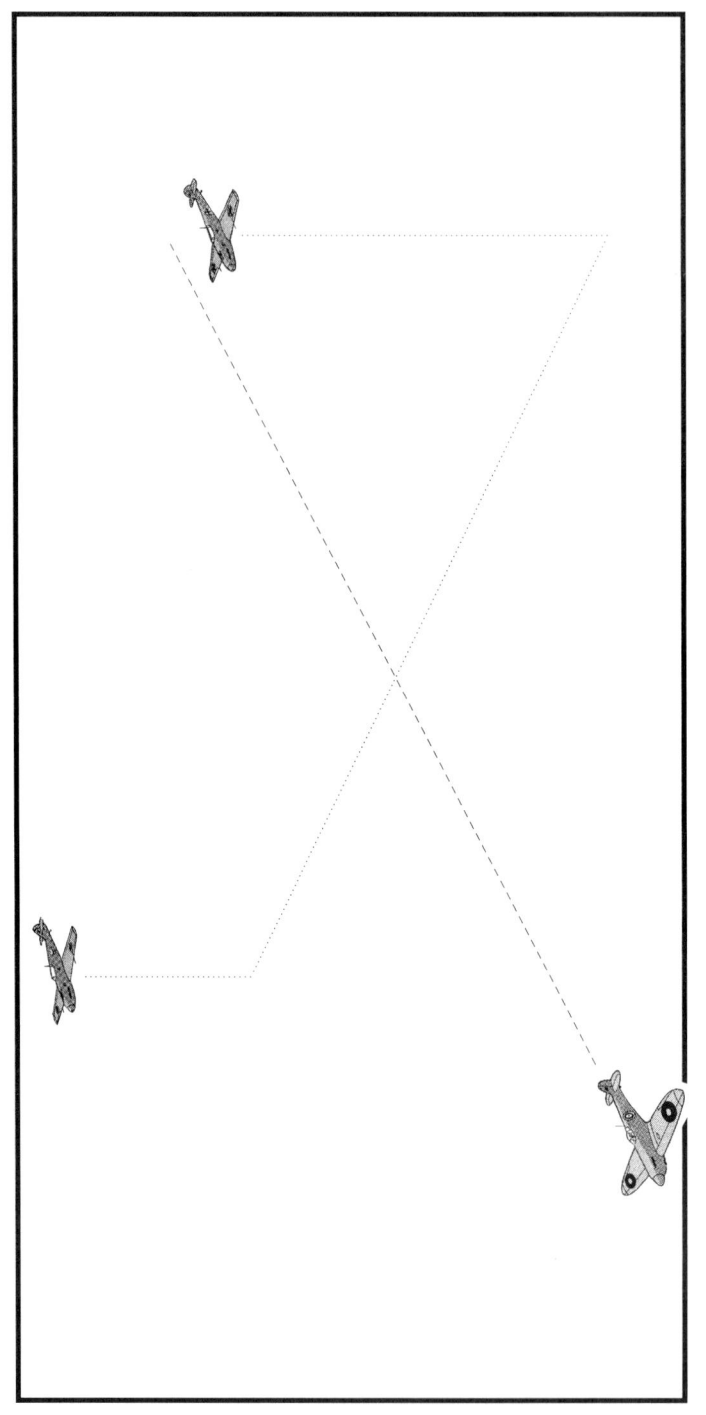

Abb. 17 Umzingeln

Wenn die Deutschen mehr Flugzeuge in der Luft hatten als der Gegner, war Einkesseln das Standardverfahren. Das war besonders über Malta der Fall. Diese Methode ließ sich, so wie hier gezeigt, zwei gegen einen anwenden, aber auch um einen größeren Verband gegenüber einem schwächeren. Wenn der Angegriffene unmittelbar nach Angriffsbeginn abdrehte, hatte er das zweite Flugzeug bezw. die andere Gruppe im Rücken.

wurden sie in die Wüste geschickt, wo sie zu diesem Zeitpunkt den meisten italienischen Jägern gleichwertig, den deutschen Bf 109 E und F jedoch deutlich unterlegen waren. Dasselbe kann über die Hurricane II C gesagt werden, die trotz ihres leistungsfähigeren Merlin-Motors und der besonders schweren Bewaffnung mit vier 20-mm-Hispano-Maschinenkanonen nicht an die Leistungen der deutschen Jäger heranreichte. Erst im März 1942 kamen die ersten Spitefire V an, zuerst in Malta und kurz darauf auch in den Staffeln des Wüstenkriegs. Zu diesem Zeitpunkt wurden die Jagdgruppen jedoch bereits mit der noch leistungsfähigeren Bf 109 G ausgerüstet.

Malta

Die Jagdflieger hatten gegenüber den Verteidigern von Malta größere Vorteile als irgendwo sonst auf einem der Kriegsschauplätze. Während ihres langen Anflugs von Sizilien aus konnten sie in aller Ruhe an Höhe gewinnen und über der Insel in 7 000 m Höhe oder mehr erscheinen, wo die ausgelaugten Hurricanes ihnen ausgeliefert waren. Oft begleiteten sie deutsche oder italienische Bomber als Jagdschutz; häufig waren auch italienische Jäger dabei. Sie hatten die Trümpfe in der Hand: eine bessere Position und leistungsstärkere Maschinen.

Pausenlose Bombardierung und Kleinangriffe gingen an den RAF-Verteidigern nicht spurlos vorüber. Selbst als Ersatzflugzeuge eingeflogen wurden, konnte dies den Achsenmächten nicht verborgen bleiben, und ihre Ankunft war Auslöser für eine ausgedehnte Flugplatzbombardierung. Auf so einer kleinen Insel gab es kaum eine Möglichkeit auf ein erfolgreiches Auseinanderziehen der Kräfte, und ein Großteil wurde gleich nach der Ankunft vernichtet. Den Staffeln gingen die Versorgungsgüter aus, und die Anzahl der einsatzfähigen britischen Jäger sank auf einstellige Zahlen herab.

Der erste Jagdverband der Luftwaffe, der Malta angriff, war die 7./JG 26, die am 9. Februar 1941 in Gela auf Sizilien stationiert wurde. Sie wurde von Joachim Müncheberg geführt, der in der Schlacht um England bei Galland als Katschmarek geflogen war und von ihm das Angriffsverfahren „Runter-und-Hochziehen" übernommen hatte. Diese Staffel erkämpfte sich schnell die Luftüberlegenheit. Abgesehen von einem kleinen Abstecher zum Balkan flog die 7./JG 26 bis Ende Mai gegen Malta und schoß in diesem Zeitraum 41 Feindmaschinen ab, größtenteils Hurricanes. Von diesen gingen allein 18 auf Münchebergs Konto sowie eine weitere auf dem Balkan. Das Ausmaß der Luftüberlegenheit läßt sich auch durch die Tatsache belegen, daß in dieser Zeit kein Pilot ums Leben kam. Im Juni wurde die deutsche Staffel aus Sizilien abgezogen, und Malta konnte sich wieder erholen. Die Unterbrechung des Nachschubs der Achse über dem Mittelmeer war derart wirksam, daß Rommels Afrikakorps gegen Ende des Jahres vor dem Zusammenbruch stand, weil ihm die notwendigsten Versorgungsgüter fehlten. Erst im Dezember wurden hastig Verstärkungen von der Ostfront zu diesem Kriegsschauplatz verlegt. Die Jägerkomponente bestand aus vier Gruppen: dem JG 53 und der II./JG 3. Alle Gruppen waren mit der neuen Bf 109 F ausgestattet. Während des Frühjahrs erreichte die Tätigkeit der Luftwaffe einen neuen Höhepunkt. Viele britischen Piloten kamen auf Malta ums Leben, weil sie häufig beim Landeanflug und mit fast leerem Tank auf Messerschmitts trafen, die den Flugplatz und die nahe Umgebung überwachten. Doch als der Kampf schon gewonnen schien, verspielten die Deutschen ihren Sieg. Aufgrund der Engpässe an anderen Kriegsschauplätzen mußten die II./JG 3 und die I./JG 53 zurück an die Ostfront, während die III./JG 3 nach Nordafrika verlegt wurde. Auf Sizilien verblieb allein die II./JG 3. Diese Maßnahmen fielen zeitlich mit erheblichen Lieferungen von Spitfires auf die Insel zusammen. Fast über Nacht hatte sich so das Blatt gewendet.

In der zweiten Hälfte des Jahres 1942 vollzogen sich innerhalb der Luftwaffe weitere Verlegungen. Die I./JG 77 traf im Juli von der Ostfront ein, und auch die I./JG 53 kehrte im September von dort zurück. Schwere Kämpfe trugen sich auf der Insel zu, aber der entscheidende Zeitpunkt, den Sieg zu erringen, war verstrichen. Die Schlacht um Malta wurde verloren, als der Sieg bereits zum Greifen nahe war.

1942 übertrafen drei Jagdflieger Münchebergs Abschußziffern über Malta. Gerhard Michalski von der II./JG 53 errang hier 26 seiner insgesamt 73 Luftsiege, dicht gefolgt von Siegfried Freytag von der I./JG 77 mit 25 (Endstand 102). Herbert Rollwage von der II./JG 53 schoß 20 Maschinen ab. Rollwage wurde später zur Reichsluftverteidigung versetzt und der Schrecken der schweren amerikanischen Bomber, von denen er 44 Flying Fortresses und Liberators abschoß. Sein Endstand betrug 102 Maschinen. Über Rußland waren ihm nur elf Abschüsse gelungen.

Wüsten-Lied

Der Wüstenkrieg war ein Bewegungskrieg über weite Entfernungen eintönigen Geländes. Vorstöße und Rückzüge über Hunderte von Kilometern folgten einander in monotoner Regelmäßigkeit. Wenngleich der Vormarsch ein Merkmal des Erfolgs war, so verlängerte er doch die Nachschublinien bis zum Zerreißen und verursachte Engpässe an Betriebsstoff, Munition und Ersatzeilen, deren Fehlen dann häufig einen überstürzten Rückzug auslöste. Dies war so oft der Fall, daß dieses Hin und Her der Schlacht bei den Briten respektlos das „Benghasi-Handicap" genannt wurde.

Die Luftkriegsführung unter den Wüstenbedigungen stellte sich als nicht einfach dar. Der Sand kroch überall hin und verschliß die Motoren trotz der eingebauten Zusatzfilter in kurzer Zeit, was, verbunden mit der glühenden Hitze, zu einer Reduzierung ihrer Leistungsfähigkeit führte. Die häufigen Sandstürme setzten die Sichtweite auf Null herab; an Fliegen war nicht zu denken. Das gleiche traf überraschenderweise auf heftige Regenfälle zu, die die Rollbahnen in Schlammwege verwandelten. Beide Seiten verfügten über mobile Radarstationen, deren Reichweite jedoch zu gering war, um über Funk verläßliche Angaben über die feindlichen Fliegerbewegungen für ein Frühwarnsystem zu liefern.

Da kaum strategisch bedeutsame Ziele vorhanden waren, richtete sich die Tätigkeit beider Seiten auf die Luftnahunterstützung der Bodentruppen. Dies wiederum bedeutete, daß die Mehrzahl der Luftkämpfe in mittleren Höhen oder in Bodennähe stattfand. Die überlegene Leistung ihrer Messerschmitts ermöglichte es den Jagdfliegern gewöhnlich, bei Angriffen den Höhenvorteil zu erlangen.

Übersicht 12 - Technische Daten Jagdflugzeuge - Nordafrika 1941/42

	Tomahawk	Kittyhawk III
Spannweite	11,4 m	11,4 m
Länge	9,75 m	9,55 m
Höhe	3,28 m	3,28 m
Tragflächen	21,92 m^2	21,92 m^2
Motor	Allison V-1710-33	Allison V-1719-81
	1.040 PS	1.600 PS
Fluggewicht	2.274 kg	2.592 kg
Flächenbelastung	156 kg/m^2	176 kg/m^2
Höchstgeschwindigkeit	555 km/h	582 km/h
Gipfelhöhe	9.000 m	9.150 m
Steigfähigkeit	808 m/min	854 m/min
Reichweite	1.175 km	1.126 km

Wie bereits oben erwähnt, waren die Briten mit ihren südafrikanischen und australischen Verbündeten gezwungen, sich mit den Jägern zu begnügen, die man in Europa erübrigen konnte. Auf die Spitfires und Hurricanes wurde bereits eingegangen. Ein weiterer Haupttyp eines Jägers war die Curtiss P-40, eine Weiterentwicklung der Hawk 75, die schon von den Franzosen 1939 bis 1940 geflogen worden war. Sie hatte nun einen flüssigkeitsgekühlten Allison-Motor und im übrigen ihre angenehmen Flugeigenschaften behalten. Ihr größter Nachteil bestand in der relativen Höhenuntauglichkeit des Motors, so daß sie über 7 000 m der Messerschmitt hoffnungslos unterlegen war.

Der erste Jägerverband in Nordafrika kam im April 1941 unter Edu Neumann (I./JG 27) nach Libyen. Verglichen mit anderen Experten hatte Neumann nicht viele Luftsiege aufzuweisen, war aber in der Jagdwaffe bekannt als einer ihrer fähigsten Führer. Darin ähnelte er dem Amerikaner Don Blakeslee. In seiner Guppe befand sich der Mann, der später von allen der größte werden sollte, Hans-Joachim Marseille, von dem noch zu berichten sein wird.

Um den größten Nutzen aus den beschränkten Mitteln zu ziehen, spielte die I./JG 27 „Hans Dampf in allen Gassen" mit dem Ziel, eher den Feind abzunutzen, als tatsächlich für die Bodentruppen Luftnahunterstützung zu fliegen. Mit all den Hurricane- und Tomahawkverbänden, die sich auf ihren Angriffsauftrag stürzten, war es kaum verwunderlich, daß die Mehrzahl der Einsätze im Jagdkampf bestand, obgleich auch Blenheims, Boston- und leichte Marylandbomber bekämpft werden mußten.

Die zahlenmäßig unterlegene I./JG 27 wurde im September 1941 durch die zweite Gruppe verstärkt. Die Offensive der Alliierten am Jahresende bewirkte, daß auch die III./JG 53 im Dezember von Sizilien verlegt wurde, obgleich dieser Verband nur wenige Tage in Nordafrika war, bevor er dorthin zurückkehrte und sein Platz von der III./JG 27 eingenommen wurde. Das geschah rechtzeitig vor Rommels Gegenangriff, der das in den vorangegangenen Wochen verlorene Gelände zurückgewann. Am 8. Februar 1942 erzielte Marseille seinen 40. Luftsieg und stand damit an der Spitze der Piloten des Afrikakorps, eine Position, die er nie wieder abtrat, obgleich Gerhard Homüth (Endstand 63) einen Tag später dieselbe Abschußziffer erreichte.

Die III./JG 53 kehrte am 20. Mai in die Wüste zurück, wo die Gefechtshandlungen weiterhin schnell abliefen. Marseille, der nun seinen ganz eigenen, ungewöhnlichen Stil gefunden hatte, meldete am 17. Juni seinen 101. Abschuß und wurde zur Ordensverleihung in die Heimat befohlen. Am gleichen Tage wurde in der Nähe von Sidi Rezegh Otto Schulz abgeschossen. Er hatte insgesamt 51 Siege zu verzeichnen, 42 davon in Nord-afrika.

Marseille kehrte Ende August nach Afrika zurück und war sofort wieder in seinem Element. In den letzten fünf Wochen seines Lebens schoß er weite-re 57 alliierte Flugzeuge ab, davon am ersten September allein 17 Stück, was weithin bekannt wurde. Diese Leistung wurde nur ein einziges Mal von Emil „Bully" Lang von der III./JG 54 übertroffen, der an einem Dezembertag des Jahres 1943 18 russische Flugzeuge abschoß. Marseille fand am 30. September den Tod, als sein Fallschirm sich nicht öffnete, nachdem sein Flugzeug Feuer gefangen hatte. Er war der dritte Experte, der in diesem Monat fiel. Günther Steinhausen (40 Luftsiege) war am 6. Sep-tember, Hans-Arnold „Fifi" Stahlschmidt (59 Luftsiege) am Tag darauf abgeschossen worden. Demoralisiert durch diese drei Verluste, wurde die I./JG 27 nach Sizilien verlegt.

Die zweite Schlacht von El Alamein begann am 23. Oktober mit erbar-mungslosen Luftangriffen der Desert Air Force, die mittlerweile durch Spitfire V erheblich verstärkt worden war. Vier Tage später nahmen auch die I./JG 27 und die III./JG 77 wieder an den Kämpfen teil. Die III./JG 53 wurde verlegt. Die verbleibenden Gruppen des JG 77, das Kommodore Joachim Müncheberg führte, folgten kurz darauf. Jetzt war der Rückzug der Truppen der Achse unvermeidlich und eine Niederlage nur noch eine Frage der Zeit. Auch die Reste des JG 27 wurden vollständig abgezogen.

„Fanal"

Die alliierte Invasion in Französisch-Nordafrika war der Anfang vom Ende. Wie üblich wurde die Jagdwaffe als Feuerwehr eingesetzt und dorthin geworfen, wo es gerade wieder brannte. Als erste kam die II./JG 51 in Tunesien an, der die II./JG 2 mit Fw 190 A folgte. Einige Fw 190 A waren als Jagdbomber auf diesem Kriegsschauplatz bereits früher eingesetzt worden, aber dies war der erste mit dieser Maschine ausgestattete Jäger-verband.

Die Streitkräfte der Achse waren nun wie zwischen den zwei Backen eines Schraubstocks eingezwängt und wurden in Tunesien zusammengedrückt. In der Luft waren sie nicht nur völlig in der Minderzahl, sondern sahen sich darüberhinaus auch noch mit neuen Baumustern alliierter Jäger konfron-tiert: Mustangs, Lightnings und Spitfires IX. Langsam wurden sie nieder-gekämpft. Aber dafür mußte ein hoher Preis gezahlt werden. Am 23. März

1943 schoß Müncheberg noch eine Spitfire ab. Es war sein 135. und letzter Sieg. Als Anhänger von Nahschüssen stieß er offensichtlich in der Luft mit seinem Opfer zusammen. Im Mai brach der Widerstand der Achse zusammen. Das JG 77, jetzt unter dem Kommando des Ostfrontexperten Johannes Steinhoff, wurde nach Sizilien ausgeflogen. Die Mechaniker flogen irgendwie in den Rümpfen ihrer Flugzeuge mit. Dies bedeutete das Ende eines Zeitabschnittes.

Die Experten

Im Vergleich zu der russischen Front waren die Abschußziffern der Experten über Malta und Nordafrika mit einer bemerkenswerten Ausnahme nur mäßig. Diese Ausnahme hieß natürlich Hans-Joachim Marseille, der „Stern von Afrika". Sobald er damit begonnen hatte, die Kunst des Möglichen zu zeigen, fanden sich sogleich Nachahmer, aber selbst die Begabtesten von ihnen erreichten nicht seine Abschußziffern, die die höchsten waren, die je gegen westliche Flugzeuge erreicht wurden.

Hans Joachim Marseille. Als „Jochen" Marseille in Afrika eintraf, hatte er bereits sieben Flugzeuge abgeschossen – alles britische Jäger – und war selbst viermal abgeschossen worden. Sein Staffelkapitän während der Schlacht um England, Johannes Steinhoff, hatte ihn wegen Ungehorsams aus der 4./JG 52 versetzen lassen. In seinem nächsten Verband, der I./JG 27, erkannte sein neuer Kommandeur, Edu Neumann, seine Fähigkeiten und sah großzügig über seine Schwächen hinweg. Diese Versetzung brachte ihn schließlich nach Nordafrika und sicherte ihm einen Platz in der Ruhmeshalle der Experten. So nahm nun einmal das Schicksal seinen Lauf.
Marseille hinterließ keine Berichte über seine Flüge. Jedoch überlebten viele Zeugen seiner Begabung als Pilot und Schütze den Krieg, und aus ihren Erinnerungen läßt sich ein recht umfassendes Bild seiner Vorgehensweise erstellen. Bereits zu einem sehr frühen Zeitpunkt war Marseille ein Pilot mit einem außergewöhnlich flugakrobatischen Talent. Während Flugkunststücke als solche keinen Platz in den Kampfverfahren eines Jägerpiloten haben, erhöhen sie doch das Selbstvertrauen des Piloten und die Gewöhnung an sein Flugzeug und ermöglichen es ihm, richtig zu handeln, ganz gleich, in was für einer Fluglage er sich gerade befindet.
Marseilles erste Einsätze in der Wüste beeindruckten niemanden: Wenige Tage nach seinem Eintreffen wurde er bereits von einer Hurricane, die von

einem französischen Piloten geflogen wurde, abgeschossen. Aber nach einiger Zeit faßte er Fuß. Der klare Himmel und die unbegrenzte Fernsicht der Wüste erschwerten Überraschungsangriffe. Die meisten Angriffe führten nur zu einer wirbelnden Kurbelei in mittlerer oder niedriger Höhe, bei der es zum beliebten Schießen ohne Vorhalt von hinten nur selten kam. Marseille kam zu der Auffassung, daß er in der Lage sein müßte, aus jedem beliebigen Winkel zu schießen, um Erfolg zu haben. Er begann, an seinen Kameraden Scheinangriffe zu üben und suchte dabei nach Gelegenheiten für kurze Feuerstöße. Bei der Jagdwaffe war es allgemein gebräuchlich, im Gefecht die ganze Zeit mit Vollgas zu fliegen, um ein schwer zu treffendes Ziel zu sein, und nach einer engen Kurve, die Geschwindigkeit gekostet hatte, rasch wieder schneller werden zu können. Auch hier verhielt sich Marseille unorthodox. Oft nahm er nicht nur das Gas zurück, um in Angriffsposition zu kommen, er fuhr sogar die Landeklappen aus, um seinen Wendekreis zu verkleinern.

Allmählich bekam er ein Gefühl für das Spiel und begann, seine Überlegungen auszuprobieren. Eine der großen Schwierigkeiten beim Schießen mit Vorhalt ist die Beurteilung, wie weit vor das gegnerische Flugzeug zu halten ist, um es zu treffen. Er entwickelte schließlich ein Verfahren, bei dem er sehr dicht aufschloß und das Feuer in dem Augenblick eröffnete, in dem das Ziel unter der Nase seiner Messerschmitt verschwand. Mit wachsender Erfahrung verfeinerte er sein Verfahren, und seine Abschußziffer stieg. Am 17. Februar 1942 hatte er 50 (43 in 40 Wochen), am 5. Juni (25 in 15 Wochen) 75 Maschinen und am 18. Juni 101 (26 in 13 Tagen) Maschinen abgeschossen. Diese schnell zunehmenden Abschußzahlen zeigen Marseilles zunehmende Bravour.

Zu dieser Zeit bildeten alliierte Jäger und Bomber einen Verteidigungskreis, wenn sie sich in einer taktisch ungünstigen Lage befanden und schützten sich so gegenseitig, genau, wie es die Bf 110 in der Schlacht um England auch getan hatten. Die übliche Annäherung von hinten gab das Heck des Angreifers den Waffen des nächsten Jägers der Runde preis, und kaum jemand war so gut geschult, daß er Ergebnisse beim Schießen mit vollem Vorhalt von oben hätte erzielen können. Marseilles Lösung des Problems war, wie gewöhnlich, unorthodox: ein kurzer Sturzflug, um die Geschwindigkeit zu erhöhen, dann außerhalb des Kreises rauf und wieder abwärts, den toten Winkel unter der Tragfläche des Gegners nutzend. Aus 50 m Entfernung ein kurzer Feuerstoß, und dann nach oben weg mit der angesammelten Geschwindigkeit des Sturzflugs, um sich hoch über dem Kreis empor zu schwingen; dann wieder abwärts – wieder an der Außenseite des Kreises –, aber diesmal von oben, mit einem nicht so großen Vor-

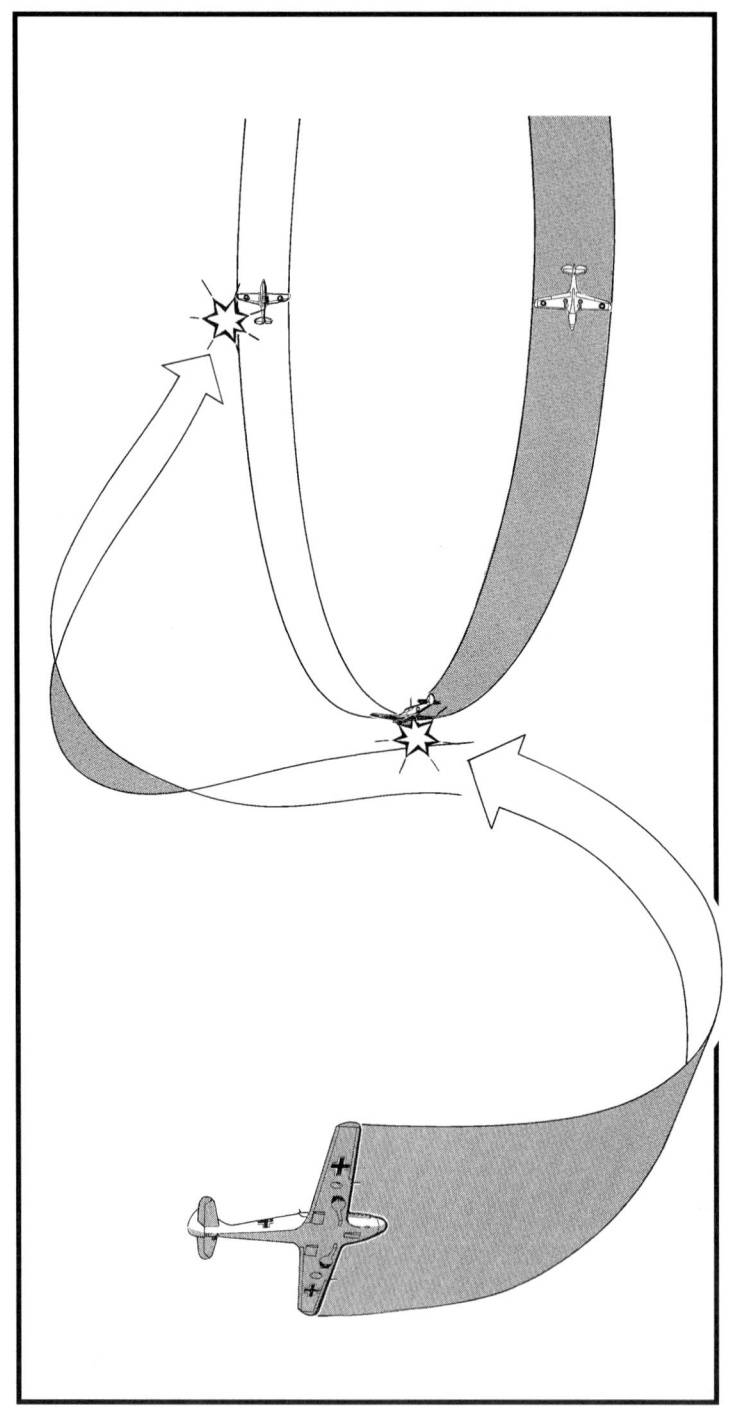

Abb. 18 Marseille gegen den Abwehrkreis in Nordafrika

Marseille taucht unter den Kreis und zieht von unten hoch. Er eröffnet das Feuer aus nächster Nähe, gerade, als sein Ziel unter der Nase seiner Maschine verschwindet. Dann setzt er seinen Aufstieg fort, rollt in Rückenlage und stößt von oben und hinten auf sein nächstes Opfer nieder:

halt von etwa 30 Grad; den Steuerknüppel zurück, und dann, wenn das Ziel unter der Nase verschwand, ein kurzer Feuerstoß. Dann wieder hinauf auf der Außenseite, vielleicht auch außen hinunter, bereit für einen weiteren Steilangriff (s. Abb. 18). Marseille flog diese Angriffe derartig schnell und sicher, daß häufig mehr als ein Opfer zugleich zu Boden ging. Marseilles Rottenflieger versuchte gar nicht erst, ihm mit diesen akrobatischen Schießkunststückchen zu folgen, sondern blieb hoch darüber und hielt Wacht, bereit, einzugreifen, wenn es sich als erforderlich erweisen sollte. Seine Aufgabe war es, zu zählen und den Zeitpunkt der Aufschläge am Boden festzuhalten.

Wie bei den meisten Luftkampfverfahren war die Methode eigentlich einfach. Nur die Durchführung, die unglaublich genaue Zeitabstimmung, das Abschätzen der Entfernung und das genaue Zielen, das erforderlich war, waren schwierig. Mit dieser Methode schoß Marseille am 6. Juni 1942 in elf Minuten sechs Tomahawk der „No 5 Squadron" der USAAF ab. Andere in seiner Staffel konnten keine Erfolge verzeichnen. Auch Marseilles Schießkunst verdient eine Würdigung. Kampfberichte, die in Berlin ausgewertet wurden, zeigten, daß Marseille in seinen besten Tagen im Durchschnitt 15 Sprenggeschosse bzw. MG-Geschosse für einen Abschuß benötigte. Mehr als ein Rottenflieger beschrieb, daß die ersten Geschosse die Nase des feindlichen Flugzeugs trafen und dann bis zur Kanzel wanderten. Sein Gesamtergebnis von 158 Siegen beinhaltet 151 in Nordafrika: 101 P-40, 30 Hurricanes, 16 Spitfires und vier zweimotorige Bomber.

Joachim Müncheberg. Müncheberg ging mit der 7./JG 26 in den Krieg und errang seinen ersten Luftsieg am 7. November 1939: einen Blenheim. Als er im Februar 1941 an das Mittelmeer versetzt wurde, hatte er bereits 23 Maschinen abgeschossen. Zwischenzeitlich flog er kurz über Malta, dem Balkan und Nordafrika. Als er vier Monaten später zurückkehrte, hatte er 48 Siege errungen. Seine Angewohnheit für Sturzflüge mit anschließendem steilen Hochziehen kam ihm über Malta zugute, wo häufiger Nebel die Sichtweite einschränkte und Überraschungsangriffe begünstigte. Zurück an der Kanalküste, flog er die Fw 190 A und erreichte seinen 89. Abschuß. Nun wurde er an die Ostfront versetzt, wo er innerhalb von acht Wochen 33 Russen abschoß, aber auch selbst dreimal abgeschossen wurde. Im Oktober 1942 wurde er Kommodore des JG 77 und führte es auch in Tunesien, wo es trotz widriger Umstände auf weitere 19 Luftsiege brachte.

Münchebergs Endstand von 135 schloß 102 Luftsiege gegen alliierte Flugzeuge ein und machte ihn zur Nummer fünf im Westen. Von diesen schoß er 43 über Malta und Nordafrika ab. Seine Geschichte ist insofern einzigartig, als daß er an allen drei Schlachten im Mittelmeerraum teilnahm.

Werner Schroer. An zweiter Stelle in Nordafrika lag Werner Schroer mit 61 Abschüssen. Erstmals gegen den Feind flog er in der Schlacht um England. Nach Nordafrika wurde er mit der I./JG 27 verlegt und dann zum Staffelkapitän in der II./JG 27 ernannt, ungefähr zum gleichen Zeitpunkt wie Marseille, von dessen Erfolg er beeindruckt war und dessen Kampfweise er nachahmte. In mancherlei Hinsicht übertraf er den Meister sogar: Obgleich er aus verschiedenen Gründen weniger Einsätze flog, lagen seine Abschußzahlen bezogen auf die Anzahl der Starts deutlich höher. Der einzige Jagdflieger (im Gegensatz zum Nachtjäger), der ein noch besseres Verhältnis von Einsatz und Abschuß erreichte, war Günther Scheel, der jedoch ausschließlich an der Ostfront kämpfte. Schroer zog mit Münchebergs Erfolgen im Westen gleich und schoß 24 viermotorige Bomber ab. Gegen Ende des Krieges holte er noch ein Dutzend Russen vom Himmel und kam damit auf großartige 114 Siege, die er mit der erstaunlich geringen Zahl von nur 197 Einsatzflügen erreichte. Ungewöhnlich war auch, daß er, im Gegensatz zu so vielen anderen, den Krieg überlebte. Sein letzter Dienstposten war der des Kommodore des JG 3. Werner Schroer kann als einer der größten aller Experten angesehen werden.

6. Nachtkriegsführung 1940-1942

Johannes Steinhoff begann den Krieg als Staffelkapitän der Nachtjagd mit der in Jever stationierten 10./JG 26. Die Staffel war mit der einmotorigen Bf 109 D ausgestattet, von der das Dach der Kanzel entfernt worden war, um störende, durch die Instrumentenanzeigen im Cockpit und gegnerische Suchscheinwerfer verursachte Spiegelungen zu beseitigen. Die Piloten hatten im Instrumentenflug nur wenig Übung erhalten, und die Flugzeuge besaßen keine Navigationshilfen.

Britische und französische Flugzeuge warfen in den ersten Wochen des Krieges Flugblätter ab, aber obgleich Steinhoffs Männer angewiesen worden waren, den Feind daran zu hindern, konnten sie keinen Erfolg melden. Auch wenn der Bodenkontrolle die Position eines einfliegenden Störenfriedes bekannt war, nützte diese Information einem Piloten, der selbst nicht recht wußte, wo er sich befand, nicht viel. Und selbst wenn er in die Nähe des Gegners hätte gebracht werden können, war eine außergewöhnlich gute Sicht erforderlich, um den nötigen Augenkontakt herzustellen.

Ende September wurde Steinhoff nach Berlin befohlen, um an einer Konferenz über den Nachtkampf teilzunehmen. Daß das Oberkommando der Luftwaffe selbst keine genaue Vorstellung von der gegenwärtigen Lage hatte, wurde offensichtlich, als Reichsmarschall Göring persönlich die Teilnehmer in einer aufgebrachten Rede daran erinnerte, wie die Dinge seinerzeit 1918 in Frankreich gewesen waren. Steinhoff berichtete später:

„Er schwärmte von Flügen im hellen Mondlicht, von verstohlenen Nachtflügen entlang den Straßen Flanderns, um den Schattenriß des Gegners gegen den helleren Himmel auszumachen, und wie sie dann beschleunigten und von unten zum Angriff ansetzten ..."

Der junge Offizier versuchte klarzumachen, daß die Bedingungen sich mittlerweile geändert hätten, daß die Briten in viel größerer Höhe flögen, von wo aus man keine markanten Punkte am Boden mehr erkennen könnte, und daß der bewölkte Himmel über Norddeutschland sich überhaupt nicht mit Flandern im Sommer vergleichen ließe. Was erforderlich sei, wären neue Verfahren zur Aufklärung und Zielerfassung sowie bessere Navigationshilfen, die es den eigenen Piloten ermöglichten, Einsätze auch bei schlechtem Wetter durchzuführen. Görings Reaktion war ein Vorgeschmack dessen, was auch die übrige Jagdwaffe in den folgenden Jahren zu hören bekommen sollte: „Setzen Sie sich auf ihren Allerwertesten (wahrscheinlich verwandte er ein weniger höfliches Wort), junger Mann. Um hier mitreden zu können, müssen sie noch viel älter werden."

Das war ein grundlegender Fehler. Hätte Göring seinen enormen Einfluß und seine Energie, die er zweifellos besaß, dazu eingesetzt, zu diesem Zeitpunkt gezielt die Nachtjagd zu fördern, hätte die Geschichte des Luftkrieges bei Nacht wohl einen ganz anderen Verlauf genommen. Aber zu diesem Zeitpunkt wurde nichts unternommen, und die Briten konnten sich eine Führungsposition bei in Flugzeugen eingebauten Radargeräten und Gegenmaßnahmen sichern, die sie trotz äußerster Anstrengungen der Luftwaffe nicht mehr verlieren würden.

Mit Beginn des Frankreichfeldzuges begann die RAF, Bomberangriffe gegen deutsche Ziele auf dem Kontinent zu fliegen. Die neuen Radargeräte, mit denen den Flugabwehrgeschützen Ziele zugewiesen wurden, leisteten nicht das, was man sich versprochen hatte, so daß die Handvoll Bf 109 D-Nachtjäger völlig erfolglos waren. Es wurden daher äußerst dringend sowohl ein besseres Fliegermelde- und Verfolgungsgerät als auch ein besserer Jäger benötigt.

Die Wahl eines neuen Nachtjägers fiel sofort auf die Bf 110. Sie war schnell genug, um die britischen Bomber auch auf Langstreckenflügen einzuholen, relativ schwer bewaffnet und ihre Widerstandsfähigkeit angemessen. Ihre Geräumigkeit erlaubte die Aufnahme aller erforderlichen neuen Geräte ohne übermäßige Schwierigkeiten, und ihre gutmütigen Flugeigenschaften ließen sie ohnehin für den Nachtkampf als besonders geeignet erscheinen. Ihr größter Vorteil bestand jedoch darin, daß sie Platz für einen Funker/Schützen bot, der auch dem Piloten bei der Orientierung helfen konnte.

Die größte Schwierigkeit bei der Nachtjagd bestand darin, das Ziel überhaupt zu finden, „wie im Dunkeln Fliegen fangen", meinten die ersten Nachtjäger ganz treffend. Die beste Aussicht auf Erfolg hatte man in Verbindung mit Flakscheinwerfern und beim Angriff von Bombern, die von ihnen angestrahlt wurden. Die meisten Scheinwerfer waren rund um Industriegebiete aufgebaut, was bedeutete, daß man die Bomber erst dann bekämpfen konnte, wenn sie sich bereits über dem Ziel befanden. Aber selbst wenn ein Bomber von den Scheinwerfern erfaßt worden war, blieb er von oben unsichtbar. Der Pilot eines Nachtjägers konnte ihn nur entdecken, wenn er selbst niedriger flog und nach oben blickte. Über den beleuchteten Gebieten wurden die Jäger häufig von den Scheinwerfern geblendet und dann noch von der eigenen Flak beschossen. Schließlich verriet eine Ballung von Suchscheinwerfern den Bombern auch die einträglichsten Ziele.

Der nächste Schritt war, die Scheinwerfer von den Industrieanlagen zu verlegen und einen durchgehenden Gürtel von Licht und Horchposten (Motorengeräusche) an den Haupteinflugschneisen aufzubauen. Die Nachtjäger flogen dann an den Rändern des Gürtels Patrouille, bereit, jeden Bomber zu verfolgen, der unglücklicherweise von einem Suchstrahl erfaßt wurde. Dies war zwar eine Verbesserung, aber noch immer kein richtiger Erfolg. Bei mehr als 5/10 Wolkenbedeckung waren die Scheinwerfer wirkungslos und bessere Wetterbedingungen über Nordeuropa äußerst selten. Außerdem flogen die Bomber, sobald sie an den Rand des gut 20 km breiten Streifens kamen, mit Vollgas darüber, um die Zeit, die den Nachtjägern zum Angriff blieb, auf höchstens drei Minuten zu begrenzen. Wenn sich ein Jäger nicht bereits bei dem ersten Sichtkontakt genau an der richten Stelle befand, war jegliches Bemühen von vornherein aussichtslos.

Von Zeit zu Zeit gab es dennoch einen Erfolg. Ohne die Hilfe von Scheinwerfern gelang Werner Streib von der neu aufgestellten I./NJG 1 am 20. Juli 1940 ein Abschuß. Mehr durch Zufall nahm er etwa 300 m voraus und etwas rechts einen undeutlichen Schatten wahr. Er sah aus wie eine weitere Bf 110. Da Streib ein Unglück fürchtete, schloß er so dicht auf, bis sich fast die Tragflächen berührten. Jetzt erst konnte er mit Sicherheit feststellen, daß es sich um einen Whitley-Bomber handelte. Er drehte vorsichtig ab und achtete darauf, nicht den Kontakt zu verlieren. Dann griff er von hinten an. Zwei kurze Feuerstöße, die vergeblich von gegnerischen Bordschützen erwidert wurden, setzten den Steuerbordmotor in Brand. In der folgenden Nacht konnten Streib und vier Kameraden, unter ihnen die künftigen Experten Walter Ehle (38 Luftsiege) und Siegfried Wandam (10), diesen Erfolg wiederholen. Bei diesen vielversprechenden Anfangserfolgen blieb es erst einmal. Es sollte noch eine lange Zeit vergehen, bis wieder fünf Abschüsse in einer Nacht gelingen würden.

Es wurde ein Verfahren benötigt, das von erstklassigen Witterungsverhältnissen unabhängig war: ein umfassendes, mit den Fliegerleitzentralen verbundenes Netz von Radaraufklärung, Verfolgungs- und Meldesystem. So etwas existierte noch nicht, und es sollte noch eine Weile dauern, bis es aufgebaut und betriebsbereit war.

Störenfriede

Dennoch gab es eine Alternative. Britische Bomber ließen sich über ihren eigenen Flugplätzen stets finden, und Störangriffe, sofern nur genug Opfer zur Strecke gebracht würden, könnten womöglich den Bombenangriffen auf das Reich ein Ende setzen. Im Idealfall besaß ein Störer die Ausdauer, über Großbritannien längere Zeit zu lauern und auf die Beute zu warten, benötigte schwere Waffen für Luft/Luft-Kämpfe und sollte zusätzlich noch ein paar kleinere Bomben bei sich tragen, um die Flugplätze selbst anzugreifen. Der Bf 110 fehlte es an der erforderlichen Ausdauer und einer internen Vorrichtung für die Bombenlast.

Es gab jedoch noch eine andere Lösung. In Norwegen war ein Bomberverband mit einer unüblicherweise zugewiesenen einzelnen Zerstörerstaffel stationiert. Diese war mit Junkers Ju 88 C-2 ausgerüstet, die vom Bombermodell insofern abwichen, als daß sie statt der üblichen Blechnase dort je eine 20-mm-FF-Maschinenkanone und drei 7,9-mm-Maschinengewehre hatten. Diese Staffel wurde im Juli 1940 nach Deutschland zurückgerufen und in die 4./NJG 1 umbenannt, wo ihr sowohl die 5./NJG 1 mit Dornier Do 17 Z-10 als auch die neu aufgestellte 6./NJG 1 mit weiteren Ju 88 C-2 zur Seite gestellt wurden und zusammen die II./NJG 1 bildeten. Als man später die Absicht verfolgte, ein ganzes Störergeschwader aufzustellen, wurde es in die I./NJG 2 umbenannt.

Die Kampftätigkeit der Störer begann im August 1940. Ein flugzeuginternes Radarsystem lag noch in weiter Ferne, obgleich den Dorniers bereits Infrarot-Suchscheinwerfer eingebaut worden waren. Da die Reichweite dieser Vorrichtung nicht mehr als 300 m betrug, war sie so gut wie wirkungslos. Daher waren die deutschen Nachtjäger auf Augenbeobachtung angewiesen. Über England war das nicht ganz so aussichtslos wie bei dem bewölkten Himmel über Deutschland.

Die Flugplatzbeleuchtung der Landebahnen würde sie anziehen wie ein Magnet. Die heimfliegenden Bomberbesatzungen würden müde und unaufmerksam sein; häufig flogen sie sogar mit Positionslichtern, um die Gefahr von Zusammenstößen mit eigenen Maschinen zu vermindern.

Die ersten Einsätze galten vor allem der Prüfung der britischen Verteidigung, aber bald erlangten die Nachtjäger genug Selbstvertrauen, um über East Anglia, den Midlands und Nordengland herumzufliegen. 18 Abschüsse wurden Ende des Jahres angegeben, wohingegen aus den Unterlagen der RAF hervorzugehen scheint, daß diese Zahl doch recht optimistisch war. Der Preis war hoch. Ein Flugzeug wurde abgeschossen, ein weiteres von britischen Nachtjägern beschädigt, eines wurde vom Boden aus abgeschossen, sechs gingen bei Zusammenstößen verloren (davon einige bei Ausbildungsflügen) und vier weitere verschwanden einfach. Außerdem wurden einigen verschiedenartige Schäden zugefügt.

Die Lage besserte sich erst 1941. Mitte Oktober hatten die Deutschen 123 Flugzeuge vom Himmel geholt und nur 28 eigene Maschinen verloren. Für sieben von ihnen waren britische, mit Radar ausgestattete Nachtjäger verantwortlich, zwei weitere wurden höchstwahrscheinlich von den Deutschen selbst abgeschossen. Zwei stießen mit ihren Opfern versehentlich zusammen, eine wurde vom Abwehrfeuer eines Bombers getroffen, zehn gingen aus den verschiedensten Gründen zu Bruch, und von sechs weiteren fehlt jede Spur.

Einer der recht erfolgreichen Störerpiloten war Heinz Sommer, dem in dieser Funktion zehn Abschüsse gelangen. In den ersten Nachtstunden des 30. April 1941 war er auf Streife über East Anglia, als ...

„... ich die Positionslichter eines englischen Flugzeugs sah. Also flog ich in diese Richtung und fand einen Flugplatz, beleuchtet und sehr betriebsam. Ich zog dort in 200 bis 300 m Kreise, und um 00.15 Uhr und nach einigen Runden kam ein Flugzeug in Sicht. Ich ging bis auf 100 bis 150 m ran und schoß. Erst sah ich kurz eine Stichflamme, dann explodierte die Maschine in der Luft und fiel zu Boden. Um 00.20 Uhr sah ich ein weiteres Flugzeug mit brennenden Lichtern landen, das ich von hinten und etwa 80 m über ihm angriff. Das Flugzeug machte nach meinem Feuerstoß eine Bruchlandung und ging in Flammen auf, als es aufschlug. Im Licht der Flammen der beiden Wracks konnte ich 15 bis 20 Flugzeuge sehen, die auf dem Flugplatz abgestellt waren. Auf sie ließ ich meine Bomben fallen ..."

Sommer flog weiter und erreichte bis zu seinem Tod durch den Feind insgesamt 19 Abschüsse. Doch die Siege ließen sich nicht immer so leicht erringen. Bei einfliegenden Störern im Nahbereich wurden gewöhnlich die Lichter gelöscht, außerdem machten die mit Radar ausgestatteten Beaufighters der RAF das Leben zunehmend gefährlich. Man muß zugeben, daß die Störeraktivitäten nie das Ausmaß erreichten, mit dem sie die britischen Bomberangriffe in Deutschland ernsthaft hätten vermindern können. Die britischen Aufzeichnungen aus dieser Zeit belegen, daß für 1941 überhaupt nur 86 Angriffe von Störern auf britische Flugzeuge nachzuweisen sind, obgleich natürlich einige weitere aus ungeklärten Gründen verloren gingen. Von diesen waren knapp die Hälfte Bomber aus Einsatzverbänden, zwei Fünftel Ausbildungsmaschinen und die übrigen Jäger. Bei Zugrundelegung dieses Verhältnisses wäre es auch wirklich

Übersicht 13 - Deutsche Nachtjagdverbände 1942

Verband	Flugplatz	Typ	Kommandeur
I./NJG 1	St. Truiden	wie I./NJG 1	I./NJG 1
I./NJG 1	Venloe/Hangelar	Do 215B, Bf 110C/F	Werner Streib
II./NJG 1	Stade	Do 17Z, Do 217J, Bf 110C/F	Walter Ehle
III./NJG 1	Deelen/Twente	Bf 110C/F	Wolfgang Thimmig
5./NJG 2	Wittmundhaven	wie II./NJG 2	wie II./NJG 2
II./NJG 2	Leeuwarden	Do 17Z, Do 215 B, Do 217 J, Ju 88C, Bf 110C/F	Helmut Lent
I./NJG 3	Vechta	Do 217 J, Bf 110C/F	Egmont zur Lippe-Weissenfeld
3./NJG 3	Werneuchen	wie I./NJG 3	wie I./NJG 3
III./NJG 3	Mainz-Finthen	Ju 88C, Bf 1210C/F	Günther Radusch
5./NJG 3	Schleswig	wie II./NJG 3	wie II./NJG 3
7./NJG 3	Lüneburg	Ju 88C, Bf 110C/F	Heinz Nacke

merkwürdig gewesen, wenn die Bombardierung durch die RAF beeinträchtigt worden wäre.

Einige Piloten leisteten bei ihrer Aufgabe als Störer Außerordentliches. Als im November 1941 die Flüge eingestellt wurden, waren Wilhelm Beier 14 und Hans Hahn und Alfons Köster je elf Feindmaschinen zum Opfer gefallen. Beiers Spezialität war es, heimwärtsfliegenden Bombern über die Nordsee zu folgen, so daß alle seine Luftkämpfe in der Nähe der englischen Küste stattfanden. Zwei Jäger, eine Hurricane und eine Defiant, befanden sich unter seinen Opfern. Er überlebte den Krieg mit 36 Siegen. Alfons Köster wurde am 11. Oktober 1941 getötet, als er sein zwölftes und letztes Flugzeug durch einen Zusammenstoß in der Luft zu Boden schickte. Hans Hahn starb bei einer Bruchlandung im Nebel am 7. Januar 1945 nach seinem 29. Abschuß. Von den übrigen wurde Heinz Strüning von einem RAF-Jäger am Heiligabend des Jahres 1944 nach 56 Siegen abgeschossen und Paul Semrau am 8. Februar 1945 nach 46 Siegen von einer Spitfire bei Twente.

Übersicht 14 - Nachtjäger 1940-42

	Messerschmitt Bf 110G-4	Dornier Do 217J	Junkers Ju 88C-6c
Spannweite	16,49 m	19,01 m	20,17 m
Länge	17,68 m	18 m	14,36 m
Höhe	3,98 m	4,98 m	5,08 m
Tragflächen	38,36 m²	57,04 m²	54,53 m²
Motoren	2 x Daimler-Benz DB 605 B 1.475 PS	2 x BMW 801 ML Radial 1.580 PS	2 x Junkers Jumo 211J Radial 1.340 PS
Fluggewicht	9.388 kg	13.163 kg	12.332 kg
Tragflächen-belastung	244 kg/m²	229 kg/m²	224 kg/m²
Höchstgeschw.	478 km/h	425 km/h	494 km/h
Gipfelhöhe	8.000 m	9.000 m	9.900 m
Steigfähigkeit	660 m/min	ca. 412 m/min	540 m/min
Reichweite	790 km	1.823 km	1.037 km

Die Verteidigung des Reiches

Es war von Beginn an offensichtlich, daß der Nachtjäger Hilfe von außen benötigte, um seine Beute zu finden, und daß das eng mit der Fliegerleit-stelle verbundene Radar die einzige Möglichkeit dazu war. Um ein einzi-ges, kleines Gebiet abzudecken, benötigte man gleichzeitig drei verschie-dene Radargeräte: eines zur Meldung der feindlichen Bomber, das zweite zur Verfolgung ihres Fluges und das dritte, um die Nachtjäger zu führen. Diese mußten bis auf Sichtkontakt innerhalb von sieben Minuten bei den Bombern sein, weil sie nur so lange vom Radargürtel erfaßt wurden. In einer klaren Vollmondnacht mit guter Sicht war dies meist erfolgreich, aber bei schlechtem Wetter betrug die Sichtweite vielleicht nur 70 m, ein fast aussichtsloses Unterfangen. Es gab jedoch Piloten, die dennoch zum Schuß kamen, unter ihnen Werner Streib und Ludwig Becker.

Der nächste technische Schritt war ein in die Maschinen eingebautes Radar. In der Nacht vom 9. auf den 10. August 1941 wurde die erste Feindmaschine unter Zuhilfenahme eines solchen Geräts abgeschossen. Ganz offensichtlich war es sehr viel leichter, einen Jäger bis auf Radarentfernung an sein Ziel heranzuführen, etwa drei bis fünf Kilometer, als bis auf 200 bis 300 m, um Sichtkontakt herzustellen. Bestand erst einmal Radarkontakt, fand der Pilot ohne fremde Hilfe bis auf Sichtentfernung sein Ziel.

Gegen Ende des Jahres 1941 hatten die Nachtjäger beachtliche Erfolge vorzuweisen. In Führung lag Werner Streib mit 22 Maschinen, dicht gefolgt von Paul Gildner (21) und Helmut Lent (20). Die Mehrzahl ihrer Abschüsse hatten sie nur mit Unterstützung der Bodenstation erringen können, wobei ihnen der Umstand zu Hilfe kam, daß in den Sommermonaten der Nachthimmel in Deutschland Richtung Norden immer etwas heller ist. Eine Annäherung an die Bomber von Süden her erhöhte die Wahrscheinlichkeit des Sichtkontakts.

Zu dieser Zeit flogen die britischen Bomber einzeln, und jede Besatzung war für Kurs und Zeit selbst zuständig. Dieser Bedrohung hatte die deutsche Nachtjagd entgegenzuwirken. Die Zahl der radarüberwachten Gebiete wurde erhöht und im Februar 1942 die erste Lieferung von in Flugzeuge einzubauende Radargeräte der Truppe zugewiesen. Wie ihre Kontrahenten von der RAF fanden die deutschen Nachtjagdbesatzungen anfangs wenig Zeit für die neuen schwarzen Kästen, aber, angespornt von Beckers Erfolgen im vorangegangenen Jahr, wurden sie ausdauernder. Allmählich stieg die Verlustrate der Bomber.

Im Krieg ist alles ungewiß. Gerade als die Nachtjagdflieger glaubten, es dem Gegner richtig schön zeigen zu können, verkehrte eine Änderung der britischen Taktik die Lage ins Gegenteil. Anstatt Dutzende von Bombern einzeln loszuschicken, wurden sie nun nach Zeit und Ort zusammengefaßt. In der Nacht des 30. Mai 1942 wurde der erste „Thousand Bomber Raid" gegen Köln geflogen. Die Bomber stießen auf schmaler Front vor und überfluteten so die paar Radarzonen, die sie überflogen. Nur etwa 25 Nachtjäger konnten gegen den Feind in Aktion treten, während Dutzende ohne Ziele hilflos am Boden blieben. Die Bomberverluste gingen zurück.

Die auf der Hand liegende Maßnahme gegen diesen Bomberstrom war eine nicht so enge Führung der Jäger, die zwar die Piloten in das Zielgebiet brachte, sie dort aber selbständig mit ihren eigenen Radargeräten auf Jagd gehen ließ. Doch diese Veränderung ließ noch auf sich warten. Statt dessen wurden die Verteidigungsbereiche verbreitert und anstelle eines Jägers jeweils zwei eingesetzt.

Im Herbst des Jahres waren alle Nachtjäger mit Radar ausgestattet. Die Bomberverluste stiegen wieder an. Bei den Nachtjagdfliegern führte

Helmut Lent nun mit 49 Abschüssen das Feld an, weit vor Reinhold Knacke und Ludwig Becker mit je 40 Abschüssen. Knacke, ein aufstrebendes Talent der I./NJG 1, hatte in der Nacht vom 16. auf den 17. September 1942 einen Rekord mit fünf Abschüssen aufgestellt. Paul Gildner von der II./NJG 1 und Prinz Egmont zur Lippe-Weissenfeld von der 5./NJG 2 lagen Kopf an Kopf mit je 38 Siegen.

Die Flugzeuge

Zu Beginn der Nachtoffensive gegen Deutschland setzte die RAF drei Haupttypen zweimotoriger Bomber ein: den Hampden, den Whitley und den Wellington. Die ersten beiden Typen wurden im Laufe des Jahres 1942 zugunsten einer neuen Serie von viermotorigen Bombern außer Dienst gestellt, dem Stirling und dem Halifax in der ersten Hälfte des Jahres 1941 und dem Lancaster im März 1942. Außer dem Hampden waren alle gegen Angriffe von hinten durch einen im Heck sich befindlichen, elektrisch angetriebenen Drehturm mit vier 0.303-inch (7,62 mm)-Browning-Maschinengewehren schwer bewaffnet, während die viermotorigen Bomber zusätzlich auf dem Rücken eine doppelläufige Maschinenkanone trugen. Obwohl die Wirkung der Browning-MG im Ziel nicht besonders gut war, wurde ein Angriff von hinten für die Nachtjagdflieger jetzt gefährlich.

Wie bereits erwähnt, trug zu dieser Zeit die Bf 110 die Hauptlast der Nachtkämpfe der Luftwaffe. Die erste Variante, die speziell für die Nachtjagd gebaut wurde, war die F-4, die Platz für ein drittes Besatzungsmitglied bot, das das Radargerät bediente. Angetrieben wurde sie von zwei DB 601 E-Motoren, die je 1 300 PS leisteten. Die gebräuchlichste Jägervariante war die Bf 110 G, die Ende 1942 in Dienst gestellt wurde. Bewaffnet mit zwei 20-mm-MG 151-Maschinenkanonen und vier MG 17-Maschinengewehren, hatte sie am Ende der Kanzel eine weitere Kanone mit Drehkranz. Trotz stärkerer Motorleistung lagen ihre Leistungsdaten niedriger als zuvor. Der Grund waren das höhere Gewicht und die zusätzlichen Stäbe der Radarantenne. Die Junkers Ju 88, eigentlich als Hochgeschwindigkeitsbomber angelegt, wurde, wie bereits erwähnt, schnell für den Nachteinsatz umgerüstet. Sie flog sich nicht so leicht und war nicht so wendig wie die Bf 110, aber ihre Leistungsdaten machten sie für den Nachtkampf sehr geeignet. Die Dornier Do 17 Z-10 wurde bald durch die leistungsfähigere Do 215 B-5 ersetzt, von der nur wenige Exemplare gefertigt wurden. Die letzte Dornier-Variante, die Do 218 J, die im Frühsommer 1942 in Dienst gestellt wurde, überzeugte mit ihren Leistungen wegen ihres zu hohen Gewichts nicht. Sie wurde 1943 ausgemustert.

Die Experten

Die Anforderungen des Nachtkampfs unterschieden sich beträchtlich von denen des Kampfes am Tage. Geduld und Ausdauer waren die Hauptmerkmale, verbunden mit einer überragenden Befähigung zum Blindflug und einem navigatorischen Geschick. In den Anfangsjahren stellte das Wetter den Hauptfeind dar. Durch Vereisung und Nebel gingen mehr Nachtjäger verloren als durch die Bordschützen der RAF. Auch die Enttäuschung über die ausbleibenden Erfolge war zweifellos eine Ursache vieler Unfälle.

Der Erfolg von Nachtjagdeinsätzen resultierte vor allem aus einer guten Zusammenarbeit. Eine erfahrene Bodenstelle war in der Lage, einen Jäger an einen Bomber in stockfinsterer Nacht sehr nahe heranzuführen, jedoch nur, wenn der Pilot die Fähigkeit besaß, die Anweisungen richtig umzusetzten. Mit der Einführung von im Flugzeug eingebauten Radar wurde das gleichermaßen eine Sache des Bedieners des Geräts und seines Piloten. Der erste mußte die Gabe besitzen, aus den kleinen Lichtpunkten auf Bildschirmen von zwei oder sogar drei Kathodenstrahlgeräten herauszulesen, wo der Bomber war und, vielleicht noch wichtiger, was er gerade tat. Gegenseitiges Vertrauen war unverzichtbar. Die Radargeräte jener Zeit hatten eine recht große Mindestentfernung, und häufig ging der Kontakt verloren, bevor das Ziel gesichtet wurde. Der Pilot mußte dann versuchen, noch näher aufzuschließen in dem Bewußtsein, daß irgendwo vor ihm der Bomber fliegen mußte und die kleinste Fehlentscheidung zu einem Zusammenprall hoch oben am Himmel führen würde. Der Erfolg der Nachtjagd verlangte also nicht nur einen erstklassigen Piloten, sondern auch einen ebenso guten Radarfachmann.

Helmut Lent. Wie viele andere Nachtjagdflieger war auch Helmut Lent zu Beginn des Krieges Zerstörerpilot (I./ZG 76). Am zweiten Kriegstag schoß er einen polnischen Jäger ab, im Dezember 1939 über der Deutschen Bucht zwei Wellington-Bomber und im April 1940 über Oslo-Fornebu einen norwegischen „Gladiator". Er konnte auf acht Luftsiege zurückblicken, als er im Januar 1941 zum Staffelkapitän der 6./NJG 1 ernannt wurde.

Bis April hatten mehrere seiner Piloten Maschinen abgeschossen, aber Lent war von zwei Dutzend Einsätzen ohne Ergebnis zurückgekehrt. Beunruhigt über sein Versagen, die Bomber zu finden, beantragte er seine Rückversetzung zu den Jägern. Man überredete ihn, nicht aufzugeben, und bei seinem 35. Einsatzflug vom 12. auf den 13. Mai schoß er zwei Wellingtons ab. Nachdem er dem Geheimnis auf die Schliche gekommen war, stieg seine Abschußziffer schnell an. Am 8. Januar 1943 holte er einen Halifax vom Himmel und war damit der erste Nachtjagdflieger mit 50 Abschüssen. In der Nacht vom 20. auf den 21. April 1943 war es Lent, der als erster eine Mosquito abschoß, und am 15./16. Juni 1944 passierte er die Hunderter-Marke, als er gleich drei Lancester-Bomber zerstörte. Aber er mußte auch für seinen Erfolg mit einer dreimaligen Verwundung bezahlen. Helmut Lent kam bei einem Landeunfall in Paderborn am 5. Oktober 1944 ums Leben. 110 Luftsiege hatte er errungen, davon 102 bei Nacht.

Ludwig Becker. Als einer der ersten Nachtjagdpiloten (II./NJG 1) entwickelte Becker einen erheblichen Teil der Taktik dieser jungen Truppengattung. Am 16. Oktober 1940 errang er den überhaupt ersten vom Boden aus geführten Sieg. Er flog an diesem Tag eine Dornier Do 17 Z-10. Er berichtete folgendes:

„Ich hatte eine gute Ausgangsposition, flog in der richtigen Höhe von 3 300 m [...] und wurde durch ununterbrochene Anweisungen in die Richtung des Gegners geführt. Plötzlich erblickte ich ein Flugzeug im Mondlicht, etwa 100 m höher und etwas links. Als ich näher kam, sah ich, daß es eine Vickers Wellington war. Langsam schloß ich von hinten näher auf und gab einen Feuerstoß von fünf bis sechs Sekunden auf den Rumpf und den Ansatz der Tragfläche ab. Sofort fing der rechte Motor Feuer, und ich zog meine Maschine hoch. Das Feuer ging wieder aus, aber ich sah, wie sie trudelnd zu Boden stürzte und beim Aufprall in Flammen aufging."

Becker hatte Glück. Im hellen Mondlicht war er bis auf 50 m an das Ziel herangegangen, ohne entdeckt zu werden, bevor er das Feuer eröffnete. Nicht immer war das so leicht. Zwei Stunden später wurde Unteroffizier Fick von demselben Verband zu einem anderen Wellington geführt und eröffnete das Feuer in zu großer Entfernung. So gewarnt, entkam der Bomber.

Becker führte auch den ersten Einsatzflug eines Abfangjägers mit eingebautem Radargerät durch. In der Nacht vom 9. auf den 10. August 1941 startete er mit seiner Dornier Do 215 vom Flugplatz Leeuwarden und stieg

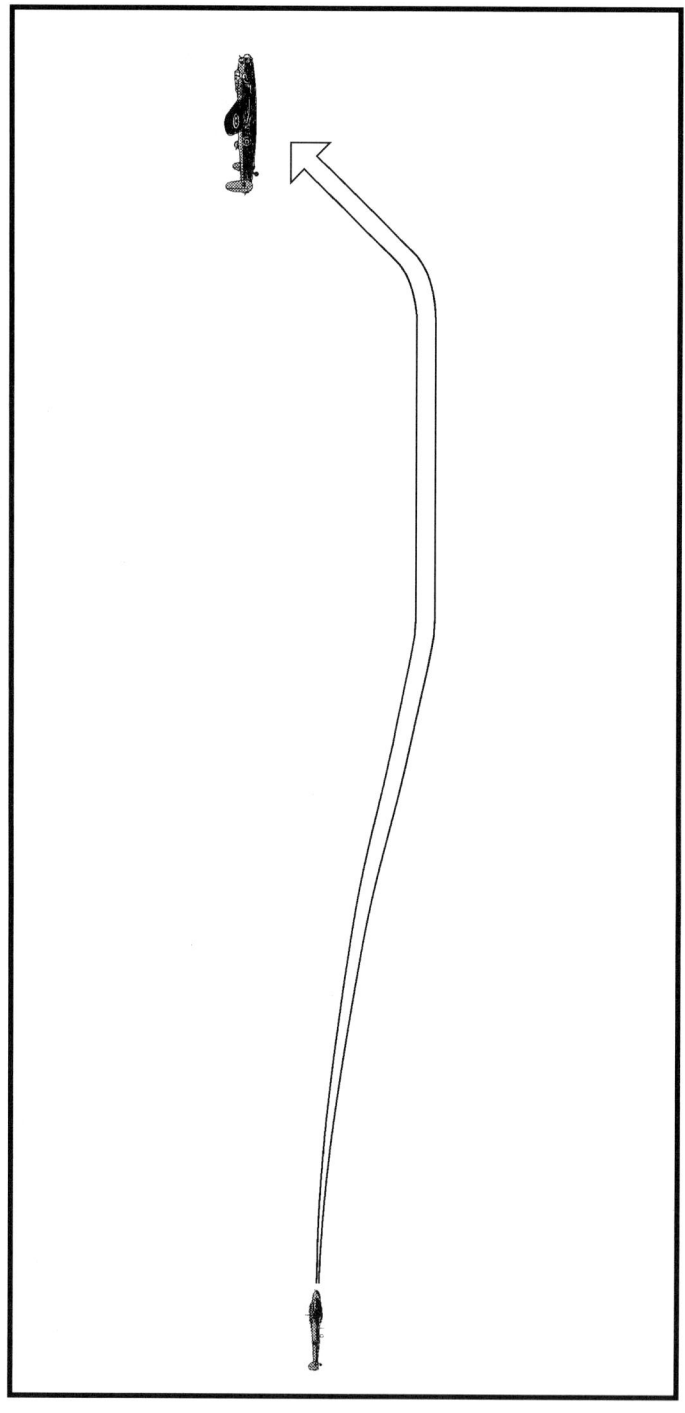

Abb. 19 Ludwig Beckers Nachtpirsch

Ludwig Becker, der von der Bodenleitstelle aus geführt wird, nähert sich dem Bomber etwas tieferliegend, damit der sich gegen den Himmel abhebt. Dann beschleunigt er in flachem Sturzflug, um möglichst schnell in Schußentfernung zu sein. Nachdem er wieder waagerecht fliegt und seine Geschwindigkeit der des Bombers angepaßt hat, nimmt er Ausgangsstellung ein, zieht die Nase hoch und schießt.

auf Abfanghöhe. Schon bald führte ihn die Bodenleitstelle an ein Ziel heran. Nach einiger Zeit des Suchens bekam der Radarbediener, Josef Straub, Kontakt zu einem Objekt in etwa 2 000 m Entfernung und dirigierte seinen Piloten vorsichtig in diese Richtung. Zweimal ging der Radarkontakt wegen Ausweichmanövern des Bombers verloren und konnte nur durch hartes Drehen in die Richtung, in der der Bomber verschwunden war, wieder hergestellt werden. Endlich gelangten Becker und Straub nahe genug heran, bekamen Sichtkontakt und feuerten. Zwischen dem 12. August und dem 30. September schoß Becker fünf weitere Bomber ab.

Während dieses Zeitraums entwickelte Becker eine bestimmte Angriffsmethode, die er an die anderen Nachtjagdflieger weitergab. Wenn er Radarkontakt bekam, ging er an sein Opfer aus etwas geringerer Höhe heran, bis er Sichtkontakt hatte. Auf diese Weise flog seine Maschine vor dem dunkleren Hintergrund des Bodens, während sich der Bomber vor dem helleren Himmel abhob. Vorausgesetzt, die Entfernung von der Front des Jägers bis zum Heck des Bombers bei Sichtkontakt gestattete es, ging er dann in einen flachen Sturzflug, der zusätzlich Geschwindigkeit brachte, um die Entfernung in der Horizontalen schnell zu überbrücken. Dieses Verfahren verminderte erheblich die Wahrscheinlichkeit, von feindlichen Heckschützen erkannt zu werden. Nachdem er die richtige Position hinter und etwas tiefer als der Bomber eingenommen hatte, flog Becker waagerecht weiter und verringerte die Geschwindigkeit auf die des Bombers. Dann kletterte er langsam hinauf, bis er kaum noch 50 m tiefer als der Bomber war, zog dann hoch, wobei sich sein Flugzeug aufstellte und Geschwindigkeit verlor. Wenn er feuerte, wurde der Bomber von vorn bis hinten von einem Geschoßhagel durchsiebt (s. Abb. 19).

Obgleich diese Methode erfolgreich war, konnte man sie dennoch nicht immer anwenden. In sehr dunklen Nächten ließ sich der Sichtkontakt erst in sehr kurzer Entfernung herstellen, und dann reichte der Abstand nicht mehr für das „Hoch-und-von-unten"-Verfahren. In diesem Fall mußte man einfach von hinten kommen und hoffen, daß der britische Heckschütze nicht schon auf einen wartete. Aber selbst das „Hoch-und-von-unten"-Verfahren war nicht ohne Tücken. Es erforderte großes fliegerisches Können, um in die richtige Angriffsposition zu kommen, und nur wenige Nachtjagdflieger waren in der Lage, das regelmäßig zu schaffen, und selbst wenn es ihnen gelang, war es ein gefährliches Unterfangen. Falls die Bombenlast getroffen wurde und explodierte, hatte der Nachtjäger nur eine geringe Aussicht, die Detonation zu überleben. Ein weiterer Umstand trat noch hinzu: Wurde der Bomber mit dem ersten Feuerstoß sehr beschädigt, geriet der Angreifer unter ihm in große Gefahr, wenn jener sofort abstürzte. Viele

Jagdflieger kamen ums Leben, indem sie mit ihrem angegriffenen Opfer zusammenstießen.

Ludwig Becker, der nicht verwechselt werden darf mit dem später noch zu erwähnenden Experten Martin Becker (58 Siege von September 1943 an), kam völlig sinnlos bei Tag ums Leben, als er eine Formation schwerer Bomber der USAAF am 26. Februar 1943 angriff. Mit ihm starb Straub, der mit Becker 40 seiner Siege teilte.

7. Die Amerikaner kommen 1943-1945

Schon recht früh im Krieg hatte das Bomberkommando der RAF festgestellt, daß Tagangriffe ungeschützter Bomberverbände vermeidbare Verluste nach sich zogen. Deshalb wurden, abgesehen von ein oder zwei bedeutenden Ausnahmen, Bomberangriffe, die Zielen in der Tiefe Deutschlands galten, bei Nacht durchgeführt. Die den nächtlichen Bombenabwürfen innewohnende Ungenauigkeit beschränkte ihre Wirksamkeit und bedeutete eine Verschwendung von Ressourcen, aber weil man darin das einzig verfügbare Mittel sah, Deutschlands Industrieproduktion aufzuhalten, nahm man diese Nachteile in Kauf.

Im Gegensatz dazu war die USAAF der Auffassung, daß nur wirklich getroffene Ziele Erfolge versprachen, die nur bei Tageslicht bewerkstelligt werden konnten. Der amerikanischen Auffassung nach bot flankierendes Feuer von schwer bewaffneten Massenbomberverbänden einen wirksamen Schutz gegen angreifende Jäger. Der Haupttyp ihres schweren Bombers war die Boeing B-17, die „Fliegende Festung". Spätere Baumuster trugen bis zu zehn 0.50-inch (12,7 mm)-Maschinengewehre, die zusammengenommen eine große Wirkung im Ziel hatten und deren wirksame Reichweite über 700 m hinausging.

Die ersten amerikanischen schweren Bomberverbände trafen 1942 in England ein, dazu bestimmt, unter Beweis zu stellen, daß Tagangriffe eine erfolgreiche Methode waren. Dennoch verhielten sie sich anfangs vorsichtig, und die ersten Ziele, die man auswählte, lagen im besetzten Teil Frankreichs. Die Aufgabe, eine Methode zu finden, um mit den viermotorigen Giganten fertig zu werden, fiel daher an die zwei England gegenüber stationierten Verbände, das JG 2 und das JG 26.

Bei der gewaltigen Größe der B-17 mit einer Spannweite von fast 32 m bereitete es Schwierigkeiten, sowohl horizontal als auch vertikal ihre Entfernung zu schätzen. Am 9. Oktober 1942 führte Josef „Pips" Priller die III./JG 26 gegen eine solche Bomberflotte. Dreimal verschätzte er sich bei der Flughöhe der Bomber, mußte den Angriff abbrechen und neu ansetzen, bis er sich endlich mit ihnen auf einer Höhe befand. Nachdem er dort oben angekommen war, führte er seinen Verband zu dem üblichen Angriff von hinten, aber seine Piloten hatten die größten Schwierigkeiten, die Entfernung zu bestimmen. Otto Stammberger aus dem Verband erinnerte sich:

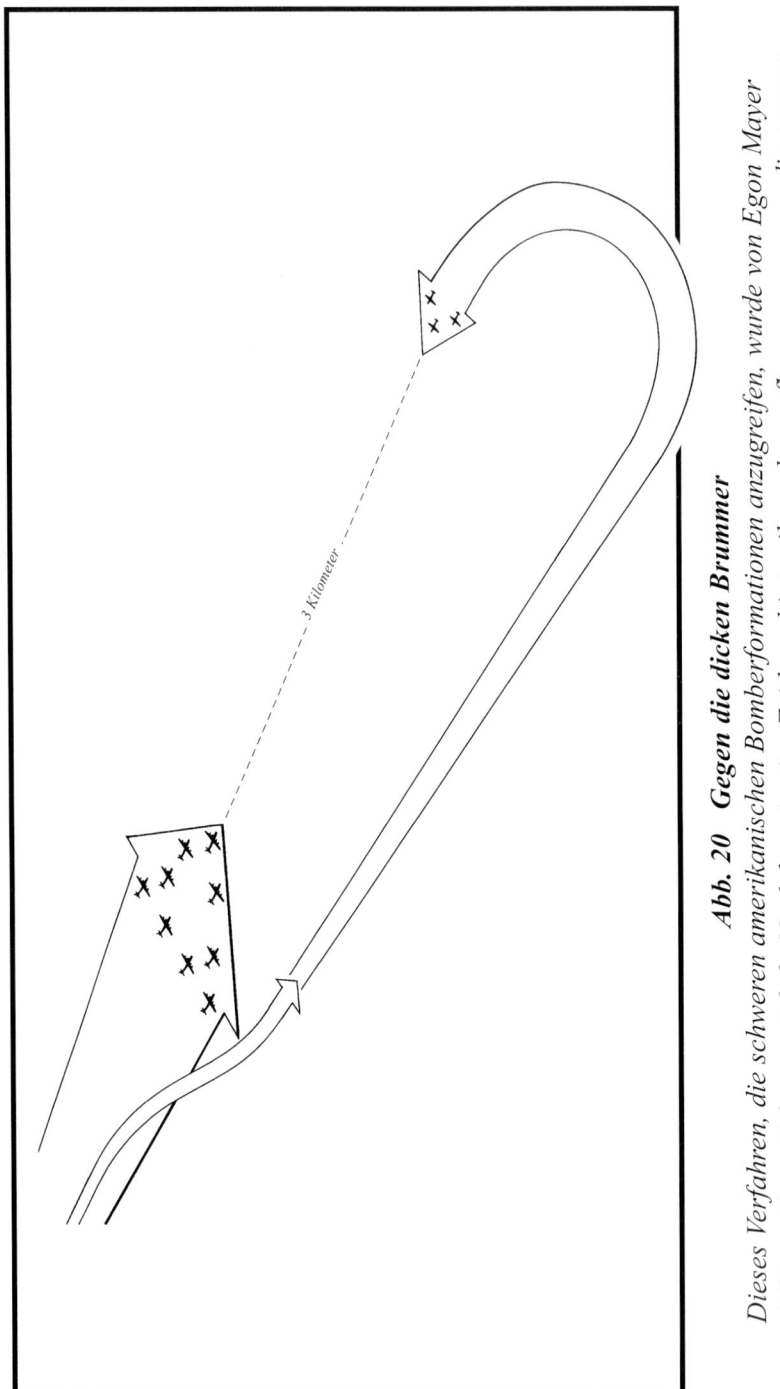

3 Kilometer

Abb. 20 Gegen die dicken Brummer

Dieses Verfahren, die schweren amerikanischen Bomberformationen anzugreifen, wurde von Egon Mayer und Georg-Peter Eder entwickelt. Nachdem sie eine Zeitlang hinter ihnen her geflogen waren, um die genaue Richtung, Höhe und Geschwindigkeit zu ermitteln, überholten sie sie seitlich und in sicherer Entfernung. Etwa drei Kilometer vor den Bombern wendeten sie dann und griffen frontal an.

„Wir griffen die feindlichen Bomber in Paaren an und gingen mit großer Bravour ran: Aufschließen von hinten mit Vollgas und dann Dauerfeuer. Aber die ersten Anflüge wurden zu früh abgebrochen - als diese fliegenden Scheunen größer und größer wurden, bekamen unsere Leute Angst, mit ihnen zusammenzustoßen. Ich fragte mich, warum ich keine Treffer gesehen hatte, aber dann führte ich mir die Ausmaße dieser Apparate vor Augen: 40 m Spannweite! [Eine leichte Übertreibung. – Der Autor] Als ich zum nächsten Angriff ansetzte, dachte ich: geh' viel näher ran, flieg weiter, flieg weiter. Dann begann ich zu feuern und nahm zuerst die Motoren auf der Backbordseite dran. Beim dritten Feuerstoß brannten die beiden Backbordmotoren recht schön, und den äußeren Steuerbordmotor hatte ich in Stücke geschossen. Die Maschine ging wie ein Papierdrache in einer großen, linksdrehenden Spirale runter und zerschellte im Osten von Vendeville. Vier oder fünf Mann der Besatzung sprangen mit dem Schirm ab."

Stammberger wurde am 13. Mai 1943 von einer Spitfire abgeschossen, nachdem er selbst sieben schwere Bomber vom Himmel geholt hatte. Einmal soll er gesagt haben: „Mit den Spitfires bin ich nie klargekommen. Ich glaub', für dieses Rumkurven bin ich nicht der Typ; mir ist mehr danach, schöne, gerade Löcher zu machen!" Seine Verletzungen waren so schwer, daß er nie wieder in ein Jagdflugzeug stieg.

Weiter im Süden erhielten die großen Flottenstützpunkte an der Küste der Bretagne häufig Besuch von den „Fliegenden Festungen". Die Jagdverteidigung dieses Gebiets lag im Verantwortungsbereich des JG 2 „Richthofen". Wie viele Piloten im Lauf der Zeit erfahren würden, war der übliche Angriff von hinten eine sehr riskante Angelegenheit. Die Annäherung war eine längere Prozedur, während der die Angreifer von buchstäblich Hunderten schwerer Maschinengewehre beschossen wurden. Obwohl die Schießkünste der USAAF-Piloten nicht besonders gut waren, war die bloße Feuerdichte derartig hoch, daß viele Jäger bereits getroffen wurden, bevor sie sich selbst überhaupt auf wirksame Schußentfernung nähern konnten.

Egon Mayer, Kommandeur der III./JG 2, und Staffelkapitän Georg-Peter Eder suchten gemeinsam nach einem besseren Angriffsverfahren. Es mußte eine Methode gefunden werden, die die Gefährdung der Jagdflieger herabsetzte, es ihnen aber gleichwohl ermöglichte, die schweren Bomber wirkungsvoll zu bekämpfen. Die Untersuchung abgeschossener Flugzeuge ergab, daß in ihrem vorderen Bereich am wenigsten Waffen zur Verteidigung eingebaut waren. Frühe Serien des B-17 trugen in der Nase nur ein einziges MG, das Gewehrmunition (7,62 mm) verschoß und zurecht als nicht mehr als eine symbolische Abschreckung betrachtet wurde. Mayer

Abb. 21 Frontal gegen die Bomber
*Wegen der Addition der Geschwindigkeit der Bomber und der sie frontal
angreifenden Jagdflugzeuge war dies ein furchterregendes Unterfangen.
Von oben nach unten:*
Entfernung 3000 m, noch 15 Sekunden bis zum Zusammenstoß;
Entfernung 1500 m, noch 8 Sekunden bis zum Zusammenstoß;
Entfernung 1000 m, noch 4 Sekunden bis zum Zusammenstoß;
Entfernung 600 m, noch 2,5 Sekunden bis zum Zusammenstoß;
*Feuer frei; Entfernung 250 m, noch eine Sekunden bis zum Aufschlag,
Feuer einstellen und wegbrechen!*

und Eder versprachen sich daher von einem Angriff von vorne die erfolg-
versprechendste Lösung des Problems (s. Abb. 20). Dazu gesellten sich
noch weitere Vorteile. Zum einen würden sich beim frontalen Anflug die
Geschwindigkeiten beider Flugzeuge addieren und damit die Zeit, in der
die eigenen Jäger bekämpft werden könnten, auf wenige Sekunden begrenzen. Zum anderen wäre bei einem frontalem Angriff das Cockpit das
Hauptziel. Da es dort keine Frontpanzerung oder andere Schutzvorrichtun-
gen gab, war es äußerst empfindlich, so daß Treffer in diesem Bereich
wahrscheinlich zum Erfolg führen würden.

Der erste Versuch eines Angriffs von vorn wurde am 23. November durchgeführt, als die „Fliegenden Festungen" St. Nazaire angriffen. Zugleich
wurde eine weitere Neuerung, die jedoch nicht lange Bestand hatte, aus-
probiert. Die Jäger flogen in Ketten zu drei Maschinen, um dem „V" der
Amerikaner zu entsprechen. Es wurde ein voller Erfolg: Vier Bomber
gingen zu Boden und weitere wurden beschädigt.

Mayer und Eder begannen nun, ihre Taktik zu verfeinern. Ein wirksamer
Angriff mußte genau von vorne erfolgen. Wenige Grad Abweichung
bewirkten bereits eine scheinbare zeitliche Bewegung des Ziels, was
genaues Schießen erschwerte und die Gefahr eines Zusammenstoßes
erhöhte. Wenn die Bomber noch winzige Punkte am Horizont waren, war
es schwierig zu beurteilen, ob beide Formationen auch wirklich genau aufeinander zuflogen. Zu dem Zeitpunkt, an dem sich dies offenbarte, war es
bereits zu spät für eine Änderung. Um das auszuschließen, traf die III./JG 2
möglichst früh auf die Bomber und folgte ihnen eine Weile, um genau ihren
Kurs und ihre Flughöhe festzustellen. Dann drehten sie zu einer Seite ab
und überholten den Verband außerhalb der Reichweite ihrer Waffen bis zu
einer Position in gut 3 000 m vor ihnen. Dort wendeten die Jäger um 180
Grad, nahmen die Formation der Kette ein und griffen an. Die addierten
Geschwindigkeiten beider Verbände bedeuteten, daß die Zeit, die zum Feuern blieb, sehr kurz war. Weniger als zwei Sekunden verstrichen zwischen
dem Punkt der wirksamsten Kampfentfernung und dem Augenblick, in
dem man abdrehen mußte, um einen Zusammenstoß zu vermeiden.

Durch das Reflexvisier der Angreifer sahen die B-17 zuerst aus wie winzig
kleine Punkte mit dünnen Flügelchen. Jeder deutsche Pilot suchte sich ein
Opfer. Den Flügeln wuchsen Beulen, die sich in Motoren verwandelten.
Dann wuchs der ganze Bomber. Zuerst füllte er das Visier aus, und dann
breitete er sich mit atemberaubender Geschwindigkeit über die gesamte
Frontscheibe aus (s. Abb. 21). Nur die abgebrühtesten Piloten hielten bis
zum Bruchteil der letzten Sekunde weiter auf sie zu, bevor sie abdrehten.
Auch jetzt noch lautete die Devise: Schön vorsichtig sein! Zog man zu hart

am Steuerknüppel, baute der Jäger zu viel Geschwindigkeit ab, was ihn leichter zur Beute der Bordschützen machte. Die richtige Methode bestand darin, entweder knapp über den Bomber zu fliegen und sicherzustellen, daß genug Raum blieb, an dem riesigen Seitenleitwerk vorbeizukommen, oder knapp unter ihn. War man erst einmal an ihm vorbei, blieben die Jäger auf geradem Kurs, bis sie sich außerhalb des Gefahrenbereiches der Bordwaffen der Bomber wußten, bevor sie hochzogen, um sich wieder zu sammeln. Sobald sich das frontale Angriffsverfahren bewährt hatte, wurde es als die Methode schlechthin, mit den „dicken Brummern" fertigzuwerden, von der gesamten Jagdwaffe übernommen. Im Durchschnitt brauchte man 20 Treffer mit 2-cm-Sprenggranaten, um einen schweren Bomber abzuschießen. Unter Zugrundelegung der durchschnittlichen Schießkunst deutscher Jagdflieger war das kaum mit einem einzigen Feuerstoß zu erreichen, auch dann nicht, als die deutschen Jäger Bf 109 und Fw 190 später eine noch wirksamere Bewaffnung erhielten. Viel häufiger wurden die Bomber beim ersten Anlauf nur beschädigt und mußten aus der Formation ausscheren. Getrennt von dem Abwehrfeuer ihres Verbandes, konnte man die Zurückbleibenden recht leicht erledigen.

Der Luftkampf gegen feindliche Jäger wurde weithin als ein aufregender, wenngleich tödlicher Sport betrachtet, bei dem der bessere Pilot gewann. Massierte Formationen von Tagbombern anzugehen, war eine ganz andere Sache. Abgesehen vom Schießen blieb da kaum Gelegenheit zur Ausübung althergebrachter Kampftechnik. Es hatte weit mehr gemeinsam mit einer Infanterie, die einen Berg nehmen mußte. Der Angreifer befand sich die ganze Zeit unter Beschuß, und Überleben war in erster Linie Glückssache. Ein Jägerpilot konnte sich nach der Vorschrift gerichtet haben und dennoch abgeschossen werden, aus keinem anderen Grund, als dem, daß ein amerikanischer Bordschütze rein zufällig im richtigen Augenblick in die richtige Richtung geschossen hatte. Eine Sache durchzustehen, die einer Kavallerieattacke gegen die Bomber entsprach, stellte eine höchste Nervenbelastung dar. Hans Philipp wurde nach sehr erfolgreichem Einsatz an der Ostfront im April 1943 Kommodore des JG 1. Er beschrieb es so:

„*Gegen 20 Russen zu kämpfen, die einem ans Leder wollen oder genauso gegen Spitfires, ist ein Vergnügen. Und man macht sich nicht klar, daß nichts im Leben sicher ist. Aber beim Einkurven in Richtung auf 70 Fliegende Festungen, da wird man sich aller Sünden seines Lebens bewußt. Und wenn man den Kampf gegen den eigenen inneren Schweinehund gewonnen hat, ist es sogar noch schmerzlicher, es jedem Piloten im Verband einzubleuen, runter bis zum jüngsten Neuankömmling.*"

144

Am 8. Oktober 1943 wurde Hans Philipp, Sieger in 206 Luftkämpfen, davon 177 in Rußland, von einer Thunderbolt, die Jagdschutz flog, in der Nähe von Nordhorn abgeschossen.

Die Verteidigung des Reiches

Ermutigt durch ihre Anfangserfolge, drangen die amerikanischen schweren Bomber am 27. Januar 1943 erstmals in den deutschen Luftraum ein und bombardierten Wilhelmshaven. Ihnen stellten sich Fw 190 A des JG 1 entgegen. Da ihnen die Erfahrung der Geschwader an der Kanalküste fehlte, griff das JG 1 von hinten an und war entsetzt über die Stärke des Abwehrfeuers. Nur drei B-17 wurden auf Kosten von sieben eigenen Jägern abgeschossen.

Als die Amerikaner immer weiter vorstießen, wurde die Verteidigung des Reichs verstärkt, und die Jagdflieger begannen, sich auf diese neue Bedrohung einzustellen. Die Verluste bei den Bombern stiegen zwar an, aber nicht bis zu einem Punkt, an dem sie nicht mehr zu akzeptieren gewesen wären. Eines wurde jedoch bald offensichtlich: Die Bewaffnung der deutschen Jäger war dieser Aufgabe nicht gewachsen. Um diesen Mangel zu beseitigen, probierte man mehrere Notbehelfe aus. Hans Knoke, Staffelkapitän der jüngst aufgestellten 5./JG II, kam auf die Idee eines Luftbombardements. Eine Bombe mit Zeitzünder, etwa 1 000 m über der dichtgedrängten Bomberformation abgeworfen, dürfte ihr den Todesstreich versetzen. Am 22. März 1943 führte er seinen ersten Versuch durch:

„Ich arbeite mich langsam vor, bis ich an der Spitze der Feindformation angekommen bin, die ausschließlich aus Fliegenden Festungen besteht. Ein paar Minuten lang liege ich unter Feuer aus der Tiefe, während ich ganz grob mein Ziel anpeile, indem ich nach rechts und links fliege und abwechselnd jede Tragfläche senke, um die Formation unter mir sehen zu können. In meiner linken Tragfläche erscheinen zwei oder drei Löcher.

Dann betätige ich den Zeitzünder der Bombe, ziele ein letztes Mal und drücke den Auslöserknopf an meinem Steuerknüppel. Meine Bombe saust nach unten weg. Ich beobachte ihren Fall und gehe beim Wegdrehen in die Kurve.

Dann explodiert sie, genau in der Mitte einer Reihe von Fliegenden Festungen. Einer bricht ein Flügel ab, und zwei weitere scheren in Panik aus.“

Die Bombenversuche wurden noch eine Zeitlang mit jedoch mäßigem Erfolg fortgesetzt. Das Problem, genau zu zielen, war einfach zu groß. Das Zielen war auch die „Achillesferse" des 21-cm-Raketenmörsers, der von hinten auf die Bomber, außerhalb der Reichweite ihres Abwehrfeuers, abgefeuert wurde. Das Geschoß war mit einem Zeitzünder versehen und durfte höchstens in 30 m Entfernung vom Bomber explodieren. Es konnte nicht nur die Zielentfernung nur höchst ungenau bestimmt werden, die geringe, da nur durch Raketenantrieb bewirkte Geschwindigkeit des Sprengsatzes führte dazu, daß die Waffe auf etwa 70 m über dem eigentlichen Ziel gerichtet werden mußte. Zwar wurden mit dieser Waffe einige Bomber abgeschossen, ihr Hauptwert bestand jedoch darin, die Formation aufzubrechen und damit die einzelnen Flugzeuge, die nun konventionellen Angriffen ausgesetzt waren, zu einem leichteren Ziel zu machen.

Waren die Jagdflieger mit Bomben oder Raketenmörsern beladen, wurden sie sehr verwundbar für Begleitjäger. Als letztere zahlreicher wurden und sich deren Reichweite erhöhte, wurde der Gebrauch dieser Waffen schließlich eingestellt. Zuerst waren als Jagdschutz auf alliierter Seite nur Spitfires mit kurzer Reichweite verfügbar. Dann tauchten im April 1943 die ersten P-47 Thunderbolts auf, gleich darauf gefolgt von P-38 Lightnings. Die Thunderbolts konnten kaum die deutsche Grenze erreichen, und das übliche Verfahren der Jagdwaffe war abzuwarten, bis sie umkehren mußten, und erst danach anzugreifen. Eine Neuerung in dieser Zeit war die Einführung von Überwachungsflugzeugen. Diese folgten den Bombern in einer gewissen Entfernung und meldeten über Funk die Zusammensetzung der Formation, ihre Flugrichtung und ihre Geschwindigkeit. Die Jägerleitstellen werteten die Angaben aus und wiesen die Jagdgruppen zum Angriff ein.

Am 17. August 1943 setzte die USAAF in einer Zangenbewegung einen Angriff mit 363 schweren Bombern in zwei Wellen auf Regensburg und Schweinfurt an. Das war bislang der weiteste Vorstoß, und er sollte ihnen teuer zu stehen kommen. Die Jagdwaffe flog mehr als 500 Einsätze. Der größte Teil der 60 abgeschossenen Bomber ging auf ihr Konto; viele weitere Flugzeuge wurden schwer beschädigt. Sie selbst verlor dabei 25 Jagdflugzeuge. Obwohl beide Seiten Treffer erhielten, war dies ein Sieg für die Verteidiger. Daraufhin fanden in den nächsten sieben Wochen derart weit gesteckte Angriffe nicht mehr statt. Dann, am 14. Oktober, flog die USAAF in voller Stärke ein zweites Mal nach Schweinfurt. Und wieder reagierte die Jagdwaffe mit wilder Entschlossenheit, brach viele Bomberverbände auf und fügte ihnen schwere Verluste zu. Damit war die Zeit der tiefen Einbrüche ohne Jagdschutz zu Ende.

146

Mit Hilfe abwerfbarer Zusatztanks für Langstreckenflüge waren die Thunderbolts in der Lage, ihren Einsatzradius weit nach Deutschland hinein auszudehnen. Die Lightnings konnten sogar noch weiter fliegen. Ab 1944 wurde dann die P-51 Mustang eingesetzt, der es möglich war, Berlin zu erreichen. Von da an flogen die Bomber nie mehr ohne Jagdschutz: Begleitjäger waren stets zur Stelle, um sie zu schützen.

Die Jagdwaffe befand sich nun in einem Dilemma. Nach dem Fehlschlag der weniger konventionellen Waffen hatte man als Behelf in viele Jäger zusätzliche Waffen eingebaut. Auch größere Kaliber wurden eingesetzt, hauptsächlich 30-mm-Maschinenkanonen. Nur drei Treffer dieser Waffe reichten im allgemeinen aus, um einen viermotorigen Bomber abzuschießen, im Gegensatz zu 20 Treffern mit 2-cm-Sprenggeschossen. Aber das zusätzliche Gewicht und der Luftwiderstand dieser Waffe, die häufig in Gondeln unter den Tragflächen angebracht waren, setzten die Wendigkeit der Jäger herab und machten sie so im Luftkampf gegen amerikanische Jäger verwundbar.

Die Verlustrate war entsetzlich: In den ersten vier Monaten fielen mehr als 1000 deutsche Jagdfliegerpiloten. Obgleich die Mehrzahl von ihnen Neulinge, befanden sich doch allzu viele unersetzliche, erfahrene Veteranen unter ihnen. Um nur ein paar Namen zu nennen: Horst-Günther von Fassong (136 Siege) wurde am 1. Januar von Thunderbolts abgeschossen; der „Frontalangriff-Pionier" Egon Mayer (102, davon 24 schwere Bomber), der erste, der 100 Siege nur in Westeuropa erreicht hatte und seinen Gegnern als „der Mann mit dem weißen Schal" bekannt war, wurde am 2. März von Thunderbolts in der Nähe der luxemburgischen Grenze abgeschossen; Emil Bitsch (108) fiel am 15. März durch Spitfires über Holland, Wolf-Dietrich Wilcke (162) am 23. durch Mustangs, Josef Zwernemann (126) am 8. April ebenfalls durch Mustangs und Kurt Übben (110) am 27. April durch Thunderbolts. Auch die Bordschützen der Bomber waren nicht untätig und verantwortlich für den Tod von Gerhard Loos (92) und für den des Experten für schwere Bomber Hugo Frey (32, davon 26 viermotorige) am 6. März. Dies ließ auf nichts Gutes mehr hoffen.

Gefechtsverband

Zu dieser Zeit bestanden Bomberverbände im allgemeinen aus 600 bis 800 viermotorigen Maschinen und einer gleich großen Anzahl von Begleitjägern. Die Jäger mußten sich jedoch aus technischen Gründen abwechseln.

Das heißt, daß tatsächlich stets nur ein Bruchteil des insgesamt verfügbaren Jagdschutzes auf Posten war, um einen Bomberverband zu schützen, der mehrere Kilometer breit und zwischen 110 und 160 km lang war. Die Folge war, daß die amerikanischen Jäger nicht überall sein konnten, ganz abgesehen von der Stärke.

Der General der Jagdflieger, Adolf Galland, versuchte, diesen möglichen Schwachpunkt zu nutzen. Obschon der Frontalangriff ein günstiges Verhältnis zwischen Abschußrate und eigenen Verlusten ergab, war es offensichtlich, daß mit der herkömmlichen Methode des Angriffs von hinten weit bessere Ergebnisse erzielt werden würden, sofern sich diese Angriffstaktik ohne erhebliche Verluste anwenden ließe. Seine Antwort war der „Gefechtsverband" - ein großer und gemischter Jagdkampfverband. Das Herz dieses Verbandes bildete die „Sturmgruppe", die mit der Fw 190 A-8/R8 den „Sturmbock" flog. Diese Maschinen trugen zwei 30-mm-MK 108-Maschinenkanonen am Ende der Tragflächen, zwei 20-mm-MG 151-Maschinengewehre am Tragflächenansatz und zwei 12,7-mm-MG in der Motorabdeckung, was ihnen eine erhebliche Feuerkraft verlieh. Zum Schutz wurde eine Zusatzpanzerung am Motor, an der Kanzel und an den Munitionsbehältern angebracht und alle Glasflächen des Dachs der Kanzel mit schußsicherem Panzerglas verstärkt. Die beiden anderen Gruppen, deren Aufgabe es war, den Jagdschutz abzuwehren, flogen Bf 109 G-10, die für den Luftkampf besonders hergerichtet wurden.

Im Einsatz flog die Sturmgruppe in Staffeln, jede von ihnen in Pfeilformation. Sie gingen von hinten dicht bis auf 100 m oder weniger an die Bomber heran und trotzten dem Abwehrfeuer. Walther Hagenah von der IV.(Sturm)/ JG 3 erinnerte sich:

„Während der Annäherung suchte sich jeder einen Bomber und schloß dicht zu ihm auf. Als unsere Formation näher kam, fingen die Amerikaner natürlich an, mit allem, was sie hatten, auf uns zu schießen. Ich erinnere mich, daß der ganze Himmel nur so bedeckt war mit Leuchtspurmunition. Wir hatten den strengen Befehl, erst dann zu schießen, wenn unser Führer den Befehl dazu gab, und so konnten wir nur die Zähne zusammenbeißen und weiterfliegen. Wegen der Zusatzpanzerung wurden erstaunlicherweise nur wenige unserer Flugzeugen durch das Abwehrfeuer abgeschossen: Wir waren so gut geschützt wie die gepanzerten Ritter im Mittelalter. Eine Staffel hatte während der Annäherung vielleicht ein oder zwei Maschinen verloren, aber der Rest flog unbeirrt weiter."

In der Zwischenzeit hatten die beiden Begleitgruppen die Aufgabe, die alliierten Begleitjäger abzuwehren, um der Sturmgruppe zu ermöglichen, ihren

Auftrag erfolgreich und ungehindert durchzuführen. Aber gelegentlich scheiterten sie dabei, und dann wurden die langsamen und schwerfälligen Sturmböcke leichte Beute für die alliierten Jäger.

Die größte Schwierigkeit bestand darin, solch einen Gefechtsverband in die richtige Position zu bringen. Da er aus 90 bis 100 Flugzeugen bestand, war er zu schwerfällig für Richtungsänderungen. War die Sicht gut und hatte man durch rechtzeitige Alarmierung genügend zeitlichen Vorlauf, dann schafften es die einzelnen Teile der Verbände mit Hilfe der Jäger-leitstellen, problemlos aufzusteigen, sich zu formieren und an Höhe zu gewinnen.

Aber ein unbedeckter Himmel ist, wie wir bereits festgestellt haben, in Nordeuropa selten. Daher war es praktisch unmöglich, die Formation des Verbandes aufrecht zu erhalten, während man durch die Wolken stieg. Die zweite Unwägbarkeit waren die amerikanischen Jagdkampfverbände. Anders als die deutschen Jagdflieger während der Schlacht um England waren sie nicht an die Bomber gebunden, sondern es war ihnen freigestellt, vor der Front oder auch an den Seiten des Bomberstroms zu streifen. Ein Gefechtsverband wirkte, sobald er erkannt war, auf die Mustangs wie ein Magnet und zog den Begleitschutz von nah und fern an. Walter Hagenah erinnerte sich, daß er es im Sommer 1944 nur viermal schaffte, hinter einen amerikanischen Bomber zu kommen. Obgleich er jedesmal eine „Fliegen-de Festung" abschoß, war dieses Ergebnis verglichen mit dem Aufwand unbefriedigend.

Es ließ sich nicht abstreiten, daß ab Mitte 1944 die Jagdwaffe nicht mehr die Luftüberlegenheit über Deutschland besaß. Sie war in der Minderzahl und mußte gegen technisch ebenbürtige Flugzeuge antreten. Sie kämpfte an vier Fronten zugleich um das Überleben: im Osten, im Westen, in Italien und über Deutschland. Der Treibstoffmangel verminderte die Ausbildungs-vorhaben. Bomberpiloten wurden zur Jagdwaffe versetzt, wo sich ihre vor-herige Ausbildung als hinderlich herausstellte. Die „alten Hasen" wurden täglich weniger, und die Piloten, die sie ersetzen sollten, trugen häufig die-se Bezeichnung zu unrecht. Das Jahr 1944 war für die Jagdwaffe kritisch. Ihre frühere Überlegenheit gewann sie nie mehr zurück.

Während das Dritte Reich um das nackte Überleben kämpfte, geriet man leicht in Versuchung, die deutschen Jägerpiloten als erbarmungslose Kampfmaschinen zu beschreiben.

Dies würde jedoch nicht der Wahrheit entsprechen, wie es viele Beispiele, die weiter hinten aufgeführt werden, belegen. Eine Begebenheit dieser Zeit fand am 20. Dezember 1943 statt: Eine B-17 der „379th Bombardement Group", geflogen von dem Piloten Oberstleutnant Charles Brown, war von der Flak und durch Jäger über Bremen stark beschädigt worden. Mit einer zersplitterten Plexiglas-Nase, einem Totalausfall und zwei weiteren beschädigten Motoren bekam Brown das Flugzeug knapp über dem Boden wieder in den Griff und flog Richtung England. Er wurde von einer Bf 109 der 6./JG 27 abgefangen, die Franz Stiegler, ein „alter Hase" des Wüstenkriegs mit 27 Abschüssen, flog. Er erinnerte sich im Jahre 1992 noch einmal daran:

„Ich flog hinter ihm her, um zu sehen, wie der Heckschütze reagieren würde. Nichts passierte. Ich ging noch näher ran; noch immer nichts. Dann flog ich in Formation (mit der B-17) rechts neben ihm her. Ich blickte hinüber zum Heckschützen, aber da konnte ich nur Blut sehen, das an den Rohren seiner Maschinengewehre hinunterlief. Ich konnte in Browns Flugzeug sehen, ich sah durch die Löcher, ich sah, wie sehr sie alle zusammengeschossen worden waren. Sie versuchten, einander zu helfen. Auf mich wirkte das, als ob sie am Fallschirm hingen. Ich sah sie so, und da konnte ich sie doch nicht einfach abschießen!"

Stiegler begleitete die schwer beschädigte B-17 noch bis an die Nordsee, grüßte und flog seinen Flugplatz an. Er hatte ein Dienstvergehen begangen, das ein Kriegsgerichtsverfahren ausgelöst hätte, aber, wie er später sagte: „Ich sah die Männer; sowas konnte ich einfach nicht machen!" Stiegler, der jetzt in Kanada lebt, beendete den Krieg beim JV 44 als Pilot einer Me 262.

Die Jagdflugzeuge

Es mag sonderbar erscheinen, daß die Fw 190 A, die doch deutlich später als die Bf 109 gebaut wurde, von dieser beschützt werden mußte. Das lag daran, daß die Leistung der Fw 190 A über 8 000 m stark nachließ, und genau das war im allgemeinen die Angriffshöhe der B-17. In Höhen darüber waren die späteren Bf 109-Varianten überlegen und für Luftkampfaufgaben besser geeignet. Die Bf 110 wurde in der Zerstörerrolle größtenteils durch die Me 410 ersetzt: Im Einsatz gegen feindliche Begleitjäger war dieser zweimotorige Jäger viel zu verwundbar. Eduard Tratt von der II./ZG 26, der Zerstörerpilot mit der höchsten Abschußziffer (38 Siege) des gesamten Krieges, wurde am 27. Februar 1944 mit seiner Me 410 von dem Mustang-Piloten Jack Oberhansley abgeschossen und getötet.

Übersicht 15 - Jagdflugzeuge mit Kolbenmotoren der deutschen Luftwaffe 1943-45

	Messerschmitt Bf 109G-6	Focke-Wulf Fw 190A-8	Messerschmitt Me 410 A-2
Spannweite	9,94 m	10,51 m	16,85 m
Länge	9,03 m	8,85 m	12,43 m
Höhe	3,40 m	3,97 m	4,27 m
Tragflächen	16,07 m²	18,3 m²	36,23 m²
Motor(en)	Daimler-Benz DB 605-Reihe, 1.800 PS	BMW 801 D Radial, 2.100 PS	2 x Daimler-Benz DB 603A-Reihe, 1.750 PS
Fluggewicht	3.146 kg	4.417 kg	1.063 kg
Tragflächen belastung	195 kg/m²	239 kg/m²	293 kg/m²
Höchstgeschw.	623 km/h	656 km/h	624 km/h
Gipfelhöhe	11.750 m	11.400 m	10.000 m
Steigfähigkeit	1.390 m/min	ca. 1.100 m/min	ca. 855 m/min
Reichweite	725 km	800 km	2.330 km
Bewaffnung	1 x 30 mm MK 108 2 x 20 mm MG 151 2 x 12,7 mm MG 131	4 x 20 mm MG 151 2 x 12,7 mm MG 131	2 x 30 mm MK 108 2 x 120 mm MG 151

Anmerkung: Für den Einsatz gegen Bomber hat man einigen Me 410 die 5-cm-BK 5-Kanone eingebaut. Für diese Waffe wurden nur 21 Schuß Munition mitgeführt. Die Schußfolge war gering. Das hohe Gewicht der Waffe schränkte die Beweglichkeit des Flugzeugs erheblich ein.

Im Anfangsstadium setzte die USAAF als Begleitjäger meist die Republic P-47 Thunderbolt ein. Groß und schwer, waren ihre großen Stärken der Sturzflug, einfaches Rollen sowie die starke Bewaffnung mit acht 0.50-inch (12,7 mm)-Maschinengewehren. Die Lockheed P-38 Lightning hatte eine ungewöhnliche Bauweise mit Doppelrumpf und zwei Motoren. Obgleich in großen Höhen schnell, wurde sie im allgemeinen im Zweikampf von den deutschen Einsitzern geschlagen. Kämpfe „Einer-gegen-einen" fanden zum Glück ihrer Piloten jedoch nur selten statt, und Gemeinschaftsarbeit glich viele ihrer Mängel aus. Der wichtigste Typ war die North American P-51 Mustang. In niedrigen Höhen hatte sie bereits von Anfang an gute Leistungen gezeigt. Nun baute man ihr den Rolls-Royce-»Merlin«-Motor ein, damit sie gegen die Bf 109 und die Fw 190 antreten konnte. Ihre Stärke lag vor allem in der großen Reichweite, die ihr ermöglichte, Deutschland in voller Länge und Breite zu durchstreifen. Nachdem sie erst einmal in großen Stückzahlen eingesetzt wurde, konnte kein deutscher Jägerpilot mehr vor ihrem Angriff sicher sein.

Die Experten

Um gegen die amerikanischen Bomber Erfolg zu haben, mußte ein Pilot stählerne Nerven besitzen und ein sehr guter Schütze sein. Darüberhinaus brauchte er eine gute Portion Glück, um wieder und immer wieder das Spießrutenlaufen des Abwehrfeuers zu überleben. Alle diese Eigenschaften besaß Herbert Rollwage (II./JG 53), der führende Experte für schwere Bomber, der von insgesamt 102 Maschinen erfolgreich 44 viermotorige Bomber abschoß. Nur elf seiner Siege holte er an der Ostfront, die übrigen im Westen, davon 20 über Malta. Er überlebte den Krieg.

Georg-Peter Eder. Obgleich eine Abschußziffer von 78 Siegen Eder auf der Ergebnisliste weiter unten rangieren ließ (Nr. 155), stellte er einen der bemerkenswertesten Rekorde des ganzen Krieges auf. Er wurde siebzehnmal abgeschossen und bei zwölf verschiedenen Gelegenheiten oft sogar schwer verwundet. Seine Abschußrate wäre wohl um einiges höher ausgefallen, hätte er nicht häufig darauf verzichtet, einem abgeschossenen Gegner den Rest zu geben. Dies hört sich nach Propaganda an, wurde aber später von alliierter Seite bestätigt. Seine Maschine wurde unter denjenigen, denen er gestattete zu entkommen, als die „Lucky 13" berühmt.
Allein deswegen verdiente er es von allen Experten am meisten, den Krieg zu überleben.
Eder kam im Dezember 1940 zum JG 51 an die Kanalküste, schaffte aber keinen Abschuß. Dann wurde er für „Barbarossa" an die Ostfront versetzt, wo er zehn russische Maschinen abschoß, bevor er am 24. Juli 1941 schwer verwundet wurde. 1942 flog er wieder, jetzt in der 7./JG 2. Wie weiter oben bereits erwähnt, entwickelte er neue Einsatzverfahren gegen die Bomberflotten der USAAF in Zusammenarbeit mit Egon Mayer. Hier nun beschreibt er einen Einsatz am 14. Juli 1943:

Übersicht 16 - Amerikanische Jäger 1943-45

	P-47 D Thunderbolt	P-38 L Lightning	P-51 D Mustang
Spannweite	17,42 m	15,86 m	11,28 m
Länge	11,01 m	11,53 m	9,84 m
Höhe	4,32 m	3,91 m	4,16 m
Tragflächen	27,87 m²	30,47 m²	21,64 m²
Motor(en)	Pratt & Whitney	2 x Allison V-1710	Rolls-Royce Merlin
	Sternmotor, 2.300 PS	Reihe, 1.600 PS	Reihe, 1.095 PS
Fluggewicht	6.613 kg	7.928 kg	4.575 kg
Tragflächen-belastung	239 kg/m²	259 kg/m²	210 kg/m²
Höchstgeschw.	690 km/h	628 km/h	703 km/h
Gipfelhöhe	12.200 m	12.200 m	12.200 m
Steigfähigkeit	847 m/min	1.160 m/min	1.060 m/min
Reichweite	1.528 km	1.448 km	3.347 km
Bewaffnung	8 x 0,50 inch Browning	1 x 20 mm Hispano 4 x 0,50 inch Browning	6 x 0,50 inch Browning

„Ich drückte den schwarzen Knopf rechts auf dem Instrumentenbrett, und die drei gelben Ringe und das Fadenkreuz leuchteten auf der Frontscheibe auf. Ich führte die ersten vier der Gruppe mit einem auf der linken Seite und einem rechts rückwärts, der vierte hinter ihnen in der Mitte und darüber - die gleiche Formation flog unser Schwarm in der Gruppe wie auch die Gruppen im Geschwader. Wir flogen jetzt rund 459 km/h, gingen langsam runter und in Richtung der Nasen der B-17. Wir waren etwa 200 und griffen 200 Bomber an, aber über ihnen befand sich noch der Begleitschutz. Wir hatten es auf die Bomber abgesehen. Wenn wir anflogen, stürzten die P-47 sich auf uns, und es war ein richtiges Wettfliegen, an die P-47 Bomber zu kommen, bevor wir abgefangen wurden. Ich war schon dicht dran, vielleicht 200 m darüber und flog direkt darauf zu. Ich eröffnete mit den 20 mm bei 100 m Entfernung das Feuer. Es war ein kurzer Feuerstoß, etwa zehn Granaten aus jeder Kanone, aber ich sah den Bomber explodieren *und brennen. Ich zog etwa 15 m über ihm hinweg und dann nach oben. Als ich gewendet hatte, war ich etwa 300 m über und hinter ihm und plötzlich inmitten amerikanischer Jäger.*

Als ich aus der Kurve kam, hatte ich direkt vor mir eine Thunderbolt, eröffnete sofort das Feuer auf sie und traf sie am Tragflächenansatz. Die Geschoßwirkung war so stark, daß die linke Tragfläche gleich wegbrach und ich sie abstürzen sah. Nun hatte ich nur drei Maschinen bei mir, nämlich den Schwarm, den ich führte. Die anderen waren beim Angriff zerstreut worden. Wir flogen jetzt geradeaus nach Süden, vielleicht nur ein paar Sekunden, und stellten uns auf einen weiteren Angriff auf die Bomber ein. Und da sah ich sie schon kommen, von oben! Ich rief eine Warnung: ‚Indianer über uns!', und als sie hinter uns herkamen, drehten wir hart nach links ab. Es waren zehn P-47 und dann wir vier, und wir drehten uns alle so eng wir konnten wie ein Karussell. Ich schaffte es, ganz eng zu kurven und gewann. Dann flog ich auf 25 m hinter die P-47 ran und schoß. Ich traf sie sofort, und auch zwei meiner Kameraden trafen je eine, so daß in eineinhalb Minuten drei der P-47 abstürzten. Der Pilot der Maschine, die ich getroffen hatte, sprang ab, und ich sah, daß sich sein Schirm öffnete. Aber auch einer meiner Männer war abgeschossen worden, so daß wir jetzt drei gegen sieben waren. Ich befahl über Funk Sturzflug, um da wegzukommen: ‚Nach unten verreisen!', und wir alle kippten ab, machten mit Vollgas ein ‚geteiltes S' und stürzten uns nach unten."

Das „geteilte S" war bei der Jagdwaffe ein Standardtrick. Plötzliches Vollgas jagte dicke Rauchwolken aus dem Auspuff, so daß die alliierten Piloten häufig annahmen, der deutsche Jäger sei schwer getroffen und stürze ab. In diesem Fall hier stießen die amerikanischen Piloten nicht nach, möglicherweise weil die Thunderbolt in geringeren Höhen nicht so viel leistete.

Von Eders 78 Luftsiegen waren 36 schwere viermotorige Bomber. Später im Verlauf des Krieges schoß er noch zwölf weitere ab, als er beim Kommando Nowotny und dem JG 7 die Me 262 flog. Wie viele andere lag er bei Kriegsende im Lazarett, nachdem er von einer Mustang abgeschossen worden war.

Walther Dahl. Der fliegerische Werdegang von Georg-Peter Eder und Walther Dahl weisten eine verblüffende Ähnlichkeit auf. Beide kämpften in den Jahren 1940 und 1941 ohne Erfolge an der Kanalküste. Beide erreichten ihre ersten Abschüsse im Osten am ersten Tag von „Barbarossa", flogen eine Maschine mit der Nummer 13 und schossen 36 schwere Bomber ab.

Dahls Endstand von 128 Luftsiegen wurde mit 600 Einsatzflügen erreicht; an der Ostfront schoß er 77 Maschinen ab. Es war Dahl, der 1944 dem „Gefechtsverband" den Weg bahnte und viel zu dessen Erfolg beitrug. Am 30. November desselben Jahres wurde er von Göring persönlich unter Hausarrest gestellt, weil er es abgelehnt hatte, bei sehr schlechtem Wetter zu starten. Wenige Wochen darauf wurde er zum Inspekteur der Tagjäger ernannt und erlebte in dieser Stellung das Kriegsende.

8. Roter Himmel bei Nacht 1943-1945

Ab 1943 ermöglichten neu entwickelte Hilfsmittel zur Nachtbombardierung und fortschrittliche neue Konzepte der RAF auch in mondlosen Nächten und bei bedecktem Himmel die Durchführung von Nachtangriffen mit einer recht hohen Genauigkeit. Das erschwerte die Aufgabe der Verteidiger ganz erheblich, die nun sehr viel näher an die Bomber herangehen mußten, um Sichtkontakt herzustellen. Zwischen Anfang März und Ende Juni schossen die deutschen Nachtjäger zwar etwa 700 Bomber ab, aber diese anscheinend so enormen Verluste entsprachen nur rund vier Prozent aller geflogenen Einsätze und waren leicht zu verkraften. Wenigstens zehn Prozent wären erforderlich gewesen, damit die britische Verlustrate als untragbar betrachtet worden wäre.

Als der größte Fehler erwies sich das deutsche „Himmelbett"-System der Nahüberwachung. Da ein Bomberverband mit schmaler Front anflog, überquerte er auf seinem Weg zum Ziel nur eine Handvoll „Himmelbettbereiche". Die wenigen Nachtjäger, die diesen Bereichen zugeordnet waren, sahen sich mehr Zielen gegenüber, als sie überhaupt bewältigen konnten, während dem Rest keine Aufgabe zufiel. Üblicherweise wurden nur zwischen 50 und 300 verfügbare Nachtjäger gegen einen Bomberangriff eingesetzt, und der Großteil dieser Einsatzflüge verlief erfolglos.

Das war eine reine Verschwendung der Ressourcen. Man hätte bessere Ergebnisse erzielt, hätte man alle Jäger aus Bereichen, die nicht unmittelbar betroffen waren, alarmiert und ihnen gestattet, sich auf den Bomberverband zu stürzen. Ein paar Experten hatten in dieser Angelegenheit schon experimentiert, doch dauerte es noch mehrere Monate, und es mußte erst eine Katastrophe geschehen, bevor diese Regel allgemein üblich wurde. Diese Katastrophe war die einwöchige „Schlacht von Hamburg", die in der Nacht vom 24. auf den 25. Juli 1943 begann.

Lametta auf Hamburg

Die Frühwarnradargeräte entdeckten am 24. Juli kurz vor Mitternacht einen Verband RAF-Bomber weit draußen über dem Meer. Als sich die Flugzeuge der Küste näherten, wurden die Nachtjäger alarmiert. Soweit man es beurteilen konnte, handelte es sich um einen der gewohnten schweren Bomberverbände mit mehreren hundert Maschinen. Dann, ohne vorherige Warnung, veränderte sich plötzlich das Bild auf den Radarschirmen. Statt Hunderte von Radarkontakten waren es jetzt Tausende! Die Schirme waren voll von ihnen – völlig überlastet. Offensichtlich war nun jede Spurenaufnahme zwecklos. Damit war das System der Bodenkonstrollstation außer Funktion gesetzt. Der Verwirrung am Boden kam nur die am Himmel gleich. In dieser Nacht flog Wilhelm Johnen von der 3./NJG 1:

„... Mein Funker meldete mir die erste Feindmaschine auf seinem Radarschirm. Ich war begeistert. Ich drehte zur Peilung in Richtung Ruhr, weil ich so dem Bomberstrom näherkommen würde. Facius meldete jetzt drei oder vier Ziele auf seinem Schirm. Ich hoffte, genügend Munition zu haben, um es mit ihnen aufzunehmen zu können.
Dann rief Facius plötzlich: ‚Tommy fliegt mit großer Geschwindigkeit auf uns zu! Entfernung nimmt ab ... 2 000 m, 1 500 ... 1 000 ... 500 ...'
Ich war sprachlos. Facius hatte bereits ein neues Ziel. ‚Vielleicht war das ein deutscher Nachtjäger auf Westkurs', sagte ich mir und flog in Richtung des nächsten Bombers.
Es dauerte nicht lange, bis Facius wieder rief: ‚Bomber kommt auf uns zu - mit unglaublicher Geschwindigkeit, 2 000 ... 1 000 ... 500 ... jetzt ist er weg.'
‚Ich glaub', Du spinnst, Facius', sagte ich scherzend.
Aber bald verlor ich meinen Humor, weil diese verrückte Vorstellung sich noch ein paarmal wiederholte, und ich stauchte Facius ordentlich zusammen, er war tief beleidigt.
Diese gespannte Stimmung wurde plötzlich von einer Bodenstation unterbrochen: ‚Hamburg, Hamburg. Tausend feindliche Bomber über Hamburg!"

Dieses Geschehen spielte sich in allen Jagdflugzeugen ab, weil ihre Radarbordgeräte Kontakte auf Kontakte auswiesen, die sich offensichtlich alle mit hoher Geschwindigkeit bewegten. Die Briten warfen „Lametta" ab, Bündel von Aluminiumstreifen, auf eine Länge geschnitten, auf die das Radar ansprach. Jedes Bündel wurde als Bomber erfaßt.
Die Nachtjagdflieger, die nun nicht mehr in der Lage waren, ein Lamettabündel von einem Bomber zu unterscheiden, jagten fiktiven Bombern am Himmel hinterher. In Wahrheit gab es wohl ein Unterscheidungsmerkmal, aber bei dem Durcheinander blieb es größtenteils unbemerkt. Lamettabün-

del hingen praktisch in der Luft still, und auf dem Radarschirm der Jäger nahm die Entfernung zu ihnen sehr schnell ab. Im Gegensatz dazu hätte das Radarecho eines echten Bombers eine viel niedrigere relative Geschwindigkeit ergeben (Geschwindigkeit des Jägers minus die des verfolgten Bombers).

In jener Nacht befand sich auch der Bf 110-Pilot Hans Meissner (20 Luftsiege insgesamt) von der 2./NJG 3 am Himmel. Nach mehrfacher vergeblicher Jagd auf Lamettabündel fiel seinem Radarbediener, Josef Krinner, auf, daß, während die meisten Kontakte auf seinem Schirm sich schnell bewegten, einer von ihnen fast bewegungslos schien. Da dieser ihm eher so auszusehen schien wie die der vergangenen Nächte, lenkte er seinen Piloten zu diesem hin. Schließlich bekam Meissner Sichtkontakt mit einem Stirlingbomber und schoß ihn ab. So etwas war jedoch die Ausnahme. In dieser und in den folgenden Nächten hatten die Nachtflieger wenig Erfolg. Kaum verteidigt, wurde Hamburg zerstört.

Die größte Schwäche der deutschen Luftverteidigung bestand darin, daß zu viele ihrer Erfassungsgeräte auf derselben Wellenlänge arbeiteten, was dazu führte, daß das Lametta die meisten von ihnen außer Betrieb setzte. Das so mühsam aufgebaute System der deutschen Nachtverteidigung war ausgeschaltet. Neue Radargeräte wurden dringend benötigt, waren aber so schnell nicht verfügbar. Die Luftwaffe mußte andere Möglichkeiten finden, um das Gleichgewicht wiederzuerlangen, das von allerhöchster Dringlichkeit war.

Wasser in Wein verwandeln

Es war ein Glück für Deutschland, daß man noch über andere Mittel verfügte. Das „Himmelbett" war bereits seit langem kritisiert worden, hauptsächlich, weil bei dieser Methode nur ein Bruchteil der verfügbaren Jagdstreitmacht gegen den Feind in Aktion trat. Verfahren, diesem Mißstand abzuhelfen, befanden sich bereits unter dem Decknamen „Wilde Sau" und „Zahme Sau" in der Planungsphase.

Das Desaster von Hamburg war der Auslöser, um dieses Vorhaben voranzutreiben. Der „Vater" der „Wilden Sau" war der ehemalige Pilot Hans-Joachim („Hajo") Herrmann. Seine Idee war insofern sehr originell, als daß sie gerade den Erfolg der Bombardierung nutzte: Sobald der Feindangriff begonnen hatte, bildete die Feuersbrunst am Boden einen erleuchteten Hintergrund, gegen den die Bomber von oben gut zu erkennen waren. Setzte man zusätzlich Scheinwerfer ein, wurde das Gebiet für die Jäger so hell erleuchtet, daß sie nach Sicht abfangen konnten. Wenn der Bereich über dem Ziel leicht bewölkt war und die Scheinwerfer die Wolken von unten gleichmäßig anstrahlten, wirkten sie wie eine Mattscheibe, vor der die Bomber sich von oben aus gesehen deutlich abhoben. „Wilde Sau"-Jäger, einsitzige Bf 109 und Fw 190 A, konnten, wenn die Flak nicht zu hoch schoß, unter diesen Bedingungen eingesetzt werden und darüber selbständig kämpfen.

Die nächste Schwierigkeit bestand darin, die Kurzstreckenjäger der „Wilden Sau" zur rechten Zeit am richtigen Ort zu haben. In Deutschland bestand ein Netzwerk aus Funkleitstellen, das zur Kursbestimmung von Flugzeugen diente. Wenn ein aussichtsreiches Ziel ermittelt worden war, sammelten sich die Jäger der „Wilden Sau" bei dem nächsten Peilsender und flogen staffelweise in festgesetzten Höhen Kreise entgegengesetzt dem Uhrzeigersinn. Sobald der Angriff begonnen hatte, wurden sie in das Gebiet befohlen, um dort nach Sicht zu jagen. Natürlich handelte es sich dabei um einen Notbehelf. Das Bombardieren konnte nicht eingeschränkt werden. Alles, was man erreichen konnte, war, daß man dem Feind über dem Zielgebiet einen möglichst großen Schaden zufügte.

Die „Zahme Sau", eine Idee Victor von Lossbergs, hatte mit der „Wilden Sau" vieles gemeinsam. Der Hauptunterschied bestand darin, daß es sich bei den Jägern um weitreichendere zweimotorige Maschinen handelte und man bestrebt war, den Feind abzufangen, bevor er das Zielgebiet erreichte. Die Jäger kreisten bereits frühzeitig um einen Peilsender, der auf dem vermuteten Kurs der Bomberflotte lag. Häufig kam es vor, daß sie von Sender zu Sender flogen, ganz der Lageentwicklung entsprechend.

Anders als beim „Himmelbett" wurden die Jäger jetzt nicht mehr straff geführt, sondern nur durch die Angabe der jeweilige Flugrichtung der Bomberströme geleitet. Mochten die Radarleitstellen durch Lametta auch geblendet sein, die Spur der Abwürfe des Lamettas war ein deutlicher Hinweis auf den Weg, den die Bomber zum Ziel nahmen. Aber nun, wie um die Jagd unterhaltsamer zu gestalten, begannen die Briten falsche Fährten zu legen, indem sie mit einigen wenigen Bombern Lametta ausstreuten, während die Hauptkräfte ihren Kurs radikal änderten, um ihre Verfolger abzuschütteln. Und um die ganze Angelegenheit noch weiter zu erschweren, erreichte auch die britische Methode, die Nachrichtenübermittlung der Deutschen zu stören, jetzt ein Höchstmaß an Effektivität.

Befanden sich die deutschen Jäger erst einmal im Strom der Bomber, schlugen sie sich dort, so gut sie konnten. Wenigstens war klar, daß die Bomber irgendwo in der Nähe sein mußten, wenn Lametta abgeworfen wurde. Eine

Methode war, dorthin zu fliegen, wo das Lametta am dichtesten verteilt wurde und dann zu versuchen, Sichtkontakt zu bekommen. Wie bei der Tagjagd zu dieser Zeit flogen die Nachtjäger den Kurs der Bomber, so lange Treibstoff und Munition reichten und landeten dann auf dem nächsten, geeigneten Flugplatz. Dieser Zeitabschnitt wurde „Die Luftwaffe auf Wanderschaft" genannt. Die „Zahme Sau" war bis Kriegsende das Standardverfahren der Nachtjagdflieger, das im Lauf der Zeit mit verbesserter Elektronik noch effektiver gestaltet wurde.

Neue Schrecken

Im Lauf des Sommers 1943 tauchten zwei weitere Gefahren auf. Anders als die Luftwaffe hatten die Briten den Einsatz von Störern fortgesetzt, und jetzt fingen Mosquitos an, in der Nähe von Flugplätzen der Nachtjäger auf unaufmerksame Jäger zu lauern. Um dem entgegenzuwirken, wurden Patrouillen mit Bf 110 geflogen, aber dieser überladene Nachtjäger war zu schwerfällig, um etwas zu bewirken. Während des ganzen Jahres 1943 wurden nur vier Mosquitos von Nachtjägern abgeschossen, von denen einige auch noch eher Jagdbomber als Störflugzeuge waren. Rein theoretisch wären die Briten längst in der Lage gewesen, ihren Bombern Begleitschutz durch Nachtjäger mitzugeben. Daß sie es bislang noch nicht getan hatten, lag daran, daß sie ihre eigenen Bomber nicht von den deutschen Jagdflugzeugen unterscheiden konnten, bevor sie Sichtkontakt hatten und sich im Feuerbereich der britischen Bordschützen befanden. Aber bis zum Januar 1943 war ein Spürgerät entwickelt worden, das auf deutsche Radarstrahlen ansprach.

Als am 17. August ein Großverband britischer Bomber über der Nordsee flog, meldete das deutsche Bodenradar eine kleinere Gruppe von Flugzeugen jenseits der Friesischen Inseln, die mit der typischen Geschwindigkeit schwerer Bomber flog. Fünf Bf 110 der IV./NJG 1 wurden alarmiert, um sie abzufangen. Von den fünf Maschinen kehrte eine mit Motorproblemen sofort um. Heinz-Wolfgang Schnaufer (121 Luftsiege) mußte abspringen, nachdem er „erfolgreich" von eigener Flak beschossen worden war. Die drei übrigen Messerschmitts flogen weiter. Als sie über der See waren, schalteten sie ihr Radar ein und begannen mit der Suche.

Georg Kraft (15 Siege) befand sich gerade in einer leichten Linkskurve, als er plötzlich von hinten von einem Feuerstoß aus den 20-mm-Rohren eines Beaufighters getroffen wurde. Er drückte nach unten weg, nur um erneut

160

getroffen zu werden, fing Feuer, stürzte senkrecht ins Meer und wurde nie mehr gesehen. Nahe bei ihm befand sich Heinz Vinke. Unteroffizier Gaa, sein Bordschütze, hatte einen hervorragenden Blick auf Krafts Ende. Gaa warnte Vinke, der hart eindrehte. Der britische Pilot sah ihn gerade noch rechtzeitig, blieb in der Innenkurve und feuerte aus kürzester Entfernung, wobei er gerade noch einen Zusammenstoß vermeiden konnte.

20-mm-Granaten sausten durch den deutschen Jäger, verwundeten Gaa und den Radarbediener und rissen den Steuerknüppel aus Vinkes Händen. Alle drei Besatzungsmitglieder sprangen mit den Fallschirmen aus ihrem zerschossenen Jäger, aber nur Vinke überlebte. Er wurde nach 18 Stunden aus der See geborgen, fiel aber bei Tage ein halbes Jahr später (nach 54 Abschüssen insgesamt) Spitfires zum Opfer. Die dritte Bf 110 wurde übrigens Sekunden später ebenfalls von einem weiteren Beaufighter abgeschossen.

Dies bedeutete nun eine vernichtende Niederlage für die Nachtjagdflieger. Alle drei Maschinen waren ohne jedes Ergebnis verloren gegangen, wobei auch noch zwei Experten abgeschossen worden waren. Dies bedeutete einen Triumph britischen Könnens auf dem Gebiet modernster Elektronik und kündigte die kommenden Ereignisse an. Der zweifache Sieger, Bob Braham, war aber mit den Experten noch nicht fertig. Am 29. September schoß er August Geiger (53 Siege) über dem Ijsselmeer ab. Geiger gelang der Ausstieg, aber er ertrank.

Der erste Einsatz der „Wilden Sau" wurde noch vor den Bombenangriffen auf Hamburg geflogen. Die Flak schoß zwar ohne Höhenbegrenzung, aber zwölf Einsitzer, geführt von Hajo Herrmann, griffen dennoch an und schossen zwölf Bomber ab. Die ursprüngliche Einheit, Kommando Herrmann, wurde zügig zur vollen Geschwaderstärke vergrößert, obgleich sich zwei Gruppen dazu Jäger von Tagjagdverbänden desselben Stützpunktes „ausleihen" mußten. Diese Maßnahme führte zu Reibereien unter den Besatzungen: Die Benutzung rund um die Uhr ging auf kaum zu verantwortende Weise auf Kosten der Wartung. Als sich dann die Erfolge zeigten, wurde das Geschwader JG 300 mit eigenen Maschinen ausgestattet, und darüberhinaus zwei weitere „Wilde Sau"-Jagdgeschwader aufgestellt.

Auch die „Wilde Sau" litt unter vielen der Schwachpunkte, die bereits den Niedergang der beleuchteten Nachtjagd bewirkt hatten. Wenn auch der Sichtkontakt mit dem Feind deutlich erleichtert wurde, so blieb doch der Instrumentenflug und die Navigation bei Nacht so schwierig wie zuvor. Besonders schwer fiel dies den jungen Piloten, die gerade aus der Ausbildung kamen, und die Unfallrate war enorm hoch. Viele der Experten der „Wilden Sau" stammten aus Bomber- oder Transportgeschwadern. Sie

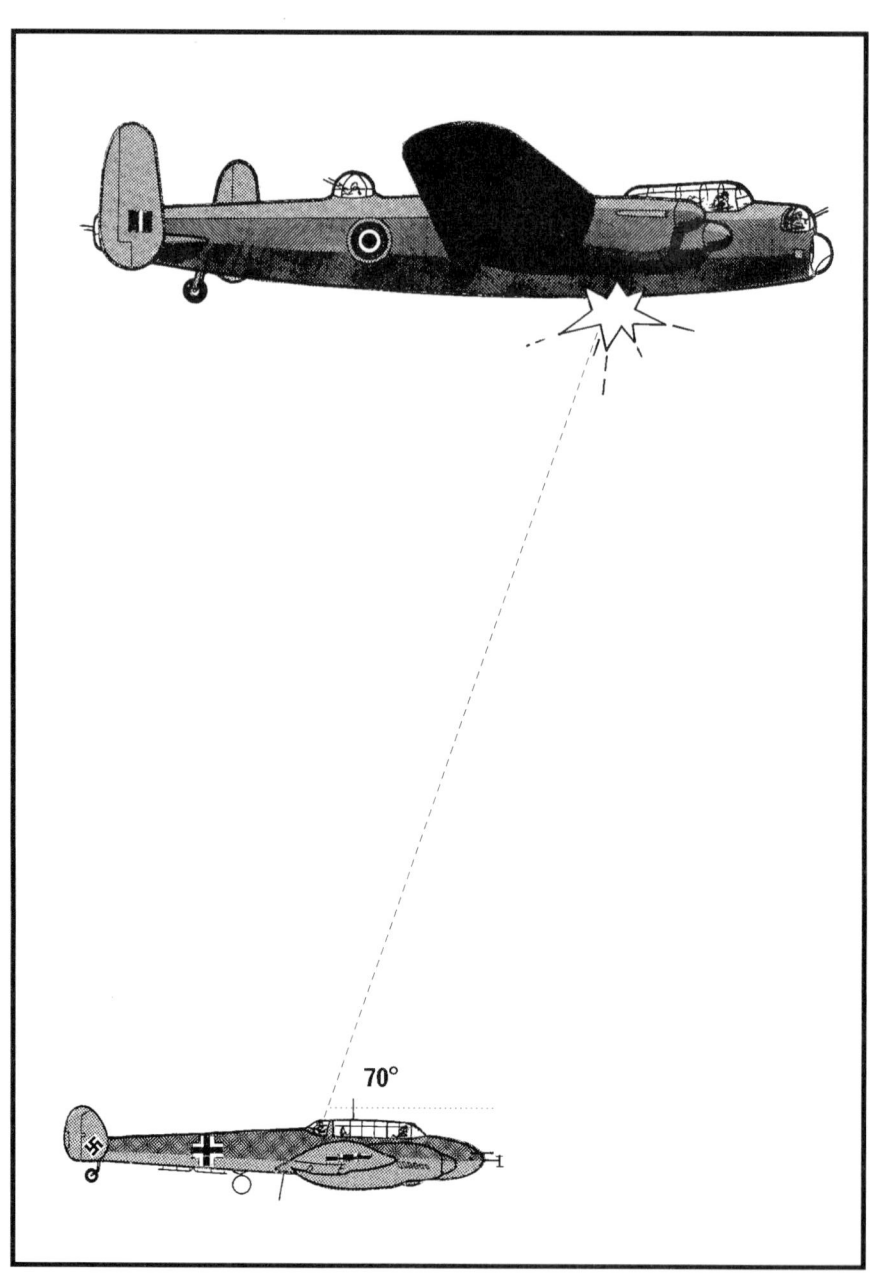

Abb. 22 „Schräge Musik"

Einbau der „Schrägen Musik" machte Angriffe aus dem toten Winkel,
fast unter dem Bomber, möglich. Diesem Angriff konnte der Bomber auch
dann nicht entkommen, wenn er leichtere Ausweichmanöver flog.

flogen fröhlich kreuz und quer über Deutschland, fanden sich bei Nacht zurecht und landeten durchweg unfallfrei bei Dunkelheit. Doch sie waren die Ausnahmen.

Der erfolgreichste Pilot war Friedrich-Karl Müller, allgemein bekannt als „Nasen-Müller". Für diesen Spitznamen gab es zwei Gründe: zum einen seine wirklich aristokratisch geformte Nase, zum anderen, um ihn vom Tagjagdexperten Friedrich-Karl „Tutti" Müller (140 Siege) zu unterscheiden. „Nasen-Müller" war ein alter Lufthansa-Spezialist, der zu Beginn des Krieges Bomber und Transporter geflogen hatte. Er war Gründungsmitglied des Kommandos Herrmann und konnte auf 30 Siege in 52 Nachteinsätzen zurückblicken, davon 23 als „Wilde Sau"-Pilot.

Den Höchststand der Erfolge erzielten die „Wilde Sau"-Einheiten im Spätsommer 1943, doch mit Herbstbeginn begann ihr Stern zu sinken. Die hellen Sommernächte, die bisher die Jagd erleichtert hatten, gingen zu Ende; die Witterung wurde feucht und die Unfallhäufigkeit stieg an. Für Flüge bei Nacht wurde die Bf 109 der Fw 190 A vorgezogen: Bei hartem Aufsetzen rutschte das Fahrwerk weg und das Flugzeug legte sich sofort auf die Seite, während die robustere Focke-Wulf eher die Spur hielt.

Im Winter gelang es den weniger erfahrenen Piloten nicht, bei starker Bewölkung und Eisregen nach unten zu kommen, und sie stiegen deshalb mit dem Fallschirm aus ihren unbeschädigten Maschinen aus. Die „Wilde Sau"-Verbände blieben noch bis ins Jahr 1944 hinein im Dienst, aber ihre guten Tage waren vorbei, und sie wurden häufig zur Tagjagd eingesetzt.

Einige neue Geräte wurden zu dieser Zeit in Dienst genommen. Unter ihnen befanden sich das SN-2-Radargerät, das eine längere Wellenlänge verwendete und wenigstens vorerst für die Störfolie nicht anfällig war, und elektronische Apparate, die den Piloten ermöglichten, die Bomber zu ihren Abwürfen hinzuleiten. Diese Apparate waren passive Detektoren, die, obwohl sie keine Angaben über die Entfernung zum Ziel machten, den versteckten Mosquitos die Anwesenheit der Jäger nicht verrieten. Sie lösten außerdem das Problem, den Bomberstrom zu finden.

„Schräge Musik"

Während das Standardverfahren mit einer nach vorne schießenden Bewaffnung darin bestand, unter den Bomber zu tauchen, um dann aus der Tiefe wie ein Hai nach oben zu stoßen, wurde nun eine neue Form des Angrifffs entwickelt: die „Schräge Musik", eine in Scharnieren aufgehängte Kanone, die so in den Rumpf eingebaut wurde, daß sie in einem Winkel zwischen 60 und 70 Grad schräg nach oben schoß. Diese Idee war an sich nicht neu, ihr Ursprung läßt sich wenigstens bis zum Jahre 1916 zurückverfolgen, aber ihre weitverbreitete Anwendung war revolutionär (s. Abb. 22).

Der Jäger stieg hinter und unter dem Bomber verstohlen auf, wo es am unwahrscheinlichsten war, daß er entdeckt werden würde. Dort flog er etwa 70 m parallel unter dem Bomber und paßte seine Geschwindigkeit genau an, während der Pilot durch ein Standardreflexvisier, das am Kabinendach angebracht war, sorgfältig sein Ziel anpeilte. Der bevorzugte Zielpunkt war der Treibstofftank im Flügel zwischen Rumpf und Motor des Bombers. Treffer in diesem Bereich endeten meist tödlich, und da keine Leuchtspurmunition verwendet wurde, wußte die Bomberbesatzung häufig nicht einmal, woher das Feuer überhaupt kam. Die Verluste der Bomber stiegen wieder an.

Im ersten Quartal des Jahres 1944 erfuhr die Nachtjagd sowohl schlimme Rückschläge als auch glänzende Siege. Im Jagdkampf erzielten nur wenige Experten hohe Abschußzahlen, während die Mehrzahl der Piloten am Himmel umherirrte und nichts Zählbares leistete. Ihr Ausfall hatte verheerende Folgen. In der Nacht vom 22. auf den 23. Januar erreichte die Nachtjagd einen Tiefpunkt, als gleich zwei der führenden Experten den Tod fanden. Dies geschah während eines schweren Bomberangriffs auf Magdeburg. Heinrich Prinz zu Sayn-Wittgenstein hatte gerade fünf Bomber abgeschossen und damit sein Abschußkonto auf 88 Maschinen erhöht, was ihn kurzfristig zum erfolgreichsten Nachtexperten machte, als seine Ju 88 von hinten von einer Mosquito erwischt wurde. Er stieg aus, aber sein Fallschirm öffnete sich nicht. Nur ein paar Kilometer von ihm entfernt griff Manfred Meurer (65 Luftsiege) einen Bomber mit der „Schrägen Musik" von unten an. Der getroffene Bomber fiel wie ein Stein herunter und stieß mit Meurers He 219 zusammen. Opfer und Sieger stürzten ab, in Flammen gehüllt. Von diesem zweifachen Verlust wurden die Nachtjagdflieger schwer getroffen.

Nürnberg

Einen bedeutenden Sieg für die Deutschen gab es in der Nacht vom 30. auf den 31. März, als die RAF mit allem, was sie hatte, in Nürnberg zuschlagen wollte. Diese sollte eine der wenigen Nächte werden, in der die Verteidiger in fast jeder Hinsicht begünstigt wurden. Die falschen Fährten mit

Lametta wurden alle zur rechten Zeit erkannt und 246 Nachtjäger für die Abwehr der Hauptkräfte zusammengezogen, der Großteil über einer Peilstation genau auf dem Flugweg der Bomber. Durch stärkeren Wind als die Wettervorhersage gemeldet hatte, wurde der Bomberpulk über ein großes Gebiet zerstreut, und die Witterungsverhältnisse sorgten dafür, daß die Kondensstreifen der Auspuffgase sich viel tiefer als gewöhnlich bildeten. Ein heller Halbmond schien bei klarem Himmel auf die geisterhaft weißen Spuren, die den Bomberstrom über viele Kilometer hinweg auswiesen. Die Bühne für einen Massenabschuß war bereitet. Die Piloten konnten in einer derartig klaren Nacht ihre Ziele kaum verfehlen. Es entwickelte sich eine über 300 km dahinziehende Schlacht, deren Verlauf durch Feuer am Boden gekennzeichnet war, von denen jedes auf einen abgeschossenen Bomber hindeutete. Helmut Schulte (25 Luftsiege) von der II./NJG 5 erzählt:

„Normalerweise war es unser größtes Problem, den Bomberstrom zu finden, aber in dieser Nacht hatten wir damit keine Probleme. Ich traf in 6 000 m Höhe auf den Feind. Ich sah einen Lancaster, ging unter ihn und eröffnete das Feuer mit meiner schräg eingebauten Waffe. Unglücklicherweise hatte ich gleich eine Hemmung, so daß die paar Schuß nur den inneren Steuerbordmotor lahmlegten. Der Bomber tauchte ruckartig weg und drehte nach Norden ab, aber wegen der guten Sicht konnten wir ihn im Auge behalten. Nachdem er ruhig auf Kurs lag, versuchte ich einen zweiten Angriff, aber der Lancaster flog jetzt so langsam, daß wir immer zu weit nach vorne kamen. Ich versuchte es nochmal mit der „Schrägen Musik", und beim zweiten Feuerstoß ging der Bomber in Flammen auf. Unser Flugzeug [eine Bf 110] hatte einen Strömungsabriß, aber ich bekam es 2 000 m tiefer wieder in den Griff."

Schulte schoß in der gleichen Nacht noch vier weitere Bomber ab, und andere Experten erzielten ebenfalls Mehrfachsiege. Die beste Leistung von allen erbrachte Martin „Tino" Becker, ein ehemaliger Aufklärerpilot, der 1943 zu der I./NJG 4 versetzt worden war und im September jenes Jahres sein Abschußkonto eröffnet hatte. Während des ersten Einsatzes in der besagten Nacht, einer „Zahmen Sau", schoß er drei Lancasterbomber und drei Halifax ab. Nach Auftanken und Nachmunitionieren wurde er zu einem „Himmelbett"-Gebiet geschickt, wo er einen weiteren Halifaxbomber abschoß, damit also insgesamt sieben Maschinen. Diese Leistung ist auch deshalb bemerkenswert, weil in seine Bf 110 keine „Schräge Musik" eingebaut war und er daher auf die nach vorn schießende Standardbewaffnung angewiesen war. Er überlebte den Krieg mit 58 bestätigten Nachtsiegen.

Die nervliche Belastung des Nachtkampfs war enorm: Erst die unauffälli-
ge Annäherung, wobei man sich bereits vom Visier des Heckschützen
erfaßt wähnte, die Gefahr eines Zusammenstoßes im Dunkeln, lauernde
britische Störer, das alles forderte seinen Tribut. Helmut Schulte, der in dieser Nacht bereits vier Siege verbucht hatte und dessen „Schräge Musik"
von Störungen heimgesucht wurde, traf südlich von Nürnberg auf einen
weiteren Lancaster. Sein erster Angriff schlug fehl, da er vergessen hatte,
seine Frontbewaffnung fertigzuladen. Der Bomber entdeckte ihn und
begann, Spiralen zu fliegen. Schulte folgte ihm eine Weile, bis der Lancaster sich beruhigt hatte und schloß dann auf. Er erinnerte sich später:

*„Anfangs schien es ihm nichts auszumachen, daß ich ihn begleitete, und er
mußte mich beobachtet haben, als ich wieder hinter ihm in Schußposition
ging. Im selben Moment, als ich schoß, drückte er nach unten weg, so daß
meine Geschosse über ihn hinweggingen. Ich dachte, der Bursche muß
Nerven aus Stahl haben: er hatte zugesehen, wie ich hinter ihm flog, und
dann war er gerade im richtigen Moment abgetaucht. Er hatte genau so
viel durchgemacht wie ich auch – beide waren wir in dieser Nacht in Nürnberg gewesen – und daher entschied ich mich dafür, daß es nun reichte."*

Auch dem britischen Bomberkommando reichte es. Von den 795 Bombern,
die nach Nürnberg aufgebrochen waren, kamen 94, also zwölf Prozent,
nicht mehr zurück. Dies konnte nicht mehr akzeptiert werden. Von den 94
Verlusten gingen 79 an die Nachtjagdflieger, zwei weitere teilten sie sich
mit der Flak.
An den Kämpfen hatten jedoch nicht alle deutschen Jäger teilgenommen.
Einen bemerkenswerten Fehlschlag erlitt Schnaufer in dieser Nacht, der zu
seinem Vorteil ein wenig übereifrig gewesen war. In der Absicht, so früh
wie möglich angreifen zu können, flog er bis zur Küste, verfehlte den Bomberstrom jedoch völlig und holte ihn auch nicht mehr ein. Dasselbe Unglück widerfuhr den Bf 110 der II./NJG 6. Da sie zu Anfang zu weit nach
Norden geschickt wurden, gelang es ihnen nicht mehr, bis zu den Bombern
vorzudringen.

Der Anfang vom Ende

Nürnberg war der letzte große Sieg der Nachtjäger. Die Landung in der
Normandie riß ein großes Loch in das Frühwarnsystem, durch das die

alliierten Bomber geführt wurden. Es folgte ein abgestimmter Angriff auf die deutsche Petrochemie, der ihren Ausstoß erheblich unter den Mindestbedarf senkte. Die Ausbildung von Piloten wurde praktisch eingestellt und Einsätze zur Verteidigung wegen Treibstoffmangels erheblich vermindert. Dadurch sank die Leistungsfähigkeit ab.

Im Dezember 1944 schossen die Nachtjagdflieger nur noch 66 Maschinen ab, 0,7 Prozent der geflogenen Bombereinsätze. Bei diesen Kämpfen büßte die Jagdwaffe selbst 114 Jäger ein. Die größte Bedrohung ging von der allgegenwärtigen Mosquito aus, die jetzt Deutschland kreuz und quer überflog, um deutsche Jäger niederzukämpfen. Das ging so weit, daß sogar die Experten begannen, im Tiefflug zu den Flugplätzen zurückzufliegen, um der Aufmerksamkeit der britischen Flugzeuge zu entgehen. Bei Nacht war das nicht ungefährlich und wurde ironisch „Ritterkreuzhöhe" genannt. Hans Krause (28 Siege) von der I./NJG 4 entwickelte eine eigene, originelle Methode, um heimzukommen. Er flog bis 3000 m an die Landebahn heran und bat, die Beleuchtung nur kurz einzuschalten. Nachdem er so die Piste angepeilt hatte, ging er steil nach unten, zog dann hart an, um Geschwindigkeit abzubauen und landete auf der verdunkelten Rollbahn. Er bemerkte einzig und allein zu diesem erstaunlichen Kunststück, daß wenn eine Mosquito ihn abschösse, er wenigstens noch reichlich Zeit habe, auszusteigen. Er überlebte den Krieg.

In den letzten Monaten des Krieges war die Kampfkraft der Nachtjagd auf einem sehr niedrigen Stand, aber die Experten schlugen bis zuletzt hart zurück. Von 43 dokumentierten Fällen, in denen fünf oder mehr Luftsiege in einer Nacht errungen wurden, ereigneten sich acht noch im Februar und März 1945. Doch zu diesem Zeitpunkt war der Nachtkrieg bereits verloren.

Die Flugzeuge

Das schnell zunehmende Gewicht ließ die Leistungsfähigkeit der Bf 110 merklich absinken, und im Dezember 1944 wurde die Herstellung eingestellt, obgleich die Maschine bis Kriegsende im Dienst blieb. Die Ju 88 C wurde von 1944 an durch die Serie G ersetzt. Dabei handelte es sich um ein rundum leistungsfähigeres Flugzeug, mit dem in den folgenden Monaten fast alle Nachtjagdverbände ausgerüstet wurden. Nachtjagdexperten, die sie flogen, waren Helmut Lent vom NJG 3, der 102 Nachtabschüsse verbuchen konnte, bevor er am 5. Oktober 1944 bei einem Landeunfall den Tod fand, Heinz Rökker von der 2./NJG 2, mit 63 bei Nacht, Paul Zorner

Übersicht 17 - Deutsche Nachtjäger 1943-45

	Junkers Ju 88 G6	Heinkel He 219 A-5
Spannweite	20,10 m	18,53 m
Länge	15,57 m	15,55 m
Höhe	4,85 m	3,11 m
Tragflächen	54,53 m^2	44,49 m^2
Motoren	2 x Junkers	2 x Daimler Benz
	Juno 213 A Reihe	DB 603 E Reihe
	1.750 PS	1.800 PS
Tragflächenbelastung	239 kg/m^2	341 kg/m^2
Höchstgeschwindigkeit	625 km/h	586 km/h
Gipfelhöhe	10.000 m	9.410 m
Steigfähigkeit	505 m/min	ca. 534 m/min
Reichweite	2.250 km	1.545 km

von der II./NJG 100 mit 59, Martin Becker von der IV./NJG 6 mit 58, Gerhard Raht von der I./NJG 2 mit 58, Heinz Strüning von der 9./NJG 1 mit 56 Abschußerfolgen. Strüning wurde am Heiligabend des Jahres 1944 von einer Mosquito abgeschossen und getötet.

Die Heinkel He 219 wurde im Lauf des Jahres 1943 in die Truppe eingeführt, aber aus den unterschiedlichsten Gründen nur in einer Stückzahl von 268 gebaut. Die theoretischen Leistungswerte waren beeindruckend, und das Versäumnis, dieses Flugzeug in großen Stückzahlen der Truppe zuzuführen, wird oft als Musterbeispiel deutscher Fehlplanung angeführt. Die Wahrheit ist viel nüchterner: Die Papierwerte wurden von der Maschine nicht erreicht. Außerdem reagierte das Flugzeug wegen hoher Tragflächenbelastung in großen Höhen überaus schwerfällig. Das wirft unweigerlich die Frage auf: Hätte Manfred Meurer es vermeiden können, mit seinem Opfer zusammenzustoßen, wenn er ein wendigeres Flugzeug geflogen hätte? Wir werden das nie erfahren.

Die Experten

Ebenso wie unter den Tagjagdfliegern war auch hier der Wettstreit der Piloten sehr groß. Zu Beginn des Jahres 1943 führte Helmut Lent mit

49 Abschüssen. Dicht auf den Fersen folgten ihm Reinhold Knacke und Ludwig Becker mit je 40. Im Jahr darauf lag Lent immer noch mit 79 in Führung, aber Heinrich Prinz zu Sayn-Wittgenstein rangierte mit seinen 68 schnell errungenen Luftsiegen knapp hinter ihm. Knacke kam am 3. Februar 1943 ums Leben, als er versuchte, mit seinem schwer beschädigten Jagdflugzeug zu landen. Ludwig Becker wurde etwas später im gleichen Monat bei Tag abgeschossen. Weiter hinten mit 42 Abschüssen auf Platz 14 lag Schnaufer, aber 1944/45 zog er mit 79 weiteren Abschüssen vorbei und erreichte 121 Abschüsse. Um dieses Ergebnis würdigen zu können, muß man wissen, daß die erfolgreichsten Piloten nach ihm zu dieser Zeit, Heinz Rökker und Gustav Francsi, auf je 56 kamen, gefolgt von Martin Becker mit 52 Siegen.

Heinrich Prinz zu Sayn-Wittgenstein. Wittgenstein, einer der beiden adligen Experten der Nachtjagdflieger (neben Egmont Prinz zur Lippe-Weissenfeld mit 51 Nachtsiegen), war zu Kriegsbeginn Bomberpilot, wurde jedoch im August 1941 zu den Nachtjägern versetzt. Als Kommandeur der I./NJG 100 flog er in Rußland, wo er 29 Maschinen abschoß. Er wurde zur Reichsverteidigung versetzt, wo er sehr erfolgreich war und am 1. Januar 1944 den zweiten Platz hinter Lent mit 68 Luftsiegen errang.

In den ersten drei Wochen dieses Monats schoß Wittgenstein weitere 15 Maschinen ab, aber Lent hielt sich auf dem ersten Platz. Dann, in der Nacht vom 21. auf den 22. Januar, ging Wittgenstein zum erstenmal in Führung. Seinen Sieg konnte er nie auskosten. Unmittelbar nach seinem fünften Sieg in dieser Nacht wurde er von hinten von einer Mosquito abgeschossen. Wittgenstein sprang ab, wurde aber wahrscheinlich vom Heckleitwerk seiner abstürzenden Ju 88 erfaßt. Sein Fallschirm öffnete sich nicht.

Wittgenstein ging in seiner Aufgabe völlig auf. Es wird berichtet, er habe einmal seinen Radarbeobachter in der Kanzel im „Stillgestanden" (es bleibt ein Rätsel, wie er dieses Kunststück bewerkstelligt haben soll) mit drei Tagen Arrest bestraft, weil er einen Kontakt verloren hatte. Und das alles inmitten der Bomber! Nach Ende des Einsatzes hatten sie drei Bomber abgeschossen, worauf Wittgenstein dem Mann verzieh und ihm das Eiserne Kreuz erster Klasse verschaffte.

In der Nacht vor seinem Tod schoß Wittgenstein drei Bomber ab und kam nur knapp mit dem Leben davon. Der Radarbeobachter, Friedrich Ostheimer, berichtet die Begebenheit:

„... Ich hatte bereits das nächste Flugzeug auf dem Schirm. Fast routinemäßig flogen wir auf das Ziel zu. Prinz Wittgenstein ging ziemlich dicht

an den Lancaster heran, der sehr unberechenbar geflogen wurde. Trotzdem riß ein Feuerstoß der „Schrägen Musik" ihm ein großes Loch in den Flügel, und der Bomber begann zu brennen. Dieser britische Pilot reagierte ungewöhnlich: Er blieb im Cockpit seiner brennenden Maschine und stürzte sich von oben auf uns. Auch unser Prinz drückte die Ju 88 in den Sturzflug, aber das lodernde Ungeheuer kam immer näher und hing in Sichtweite über unserer Kanzel. Ich dachte: „Das ist das Ende!" Ein heftiger Stoß ließ unsere Maschine taumeln, Prinz Wittgenstein verlor die Kontrolle über die Maschine, und wir begannen trudelnd in die finstere Nacht zu stürzen."

Wittgenstein bekam die Maschine 3 000 m tiefer wieder in den Griff und flog in Richtung des nächsten Flugplatzes. Sein Flugzeug hatte erhebliche Schäden davongetragen, zwei Meter der rechten Tragfläche fehlten und am Heck klaffte ein riesiges Loch. Es folgte eine Bauchlandung, die den Boden wegriß. Hochgewirbelte Rasenstücke flogen quer durch die Kanzel. Am nächsten Morgen flog Wittgenstein mit einer neuen Maschine zu seinem Flugplatz zurück, und das Schicksal nahm seinen Lauf.

Heinz-Wolfgang Schnaufer. Wie so viele der besten Nachtexperten kam Schnaufer sofort nach dem Abschluß seiner Ausbildung zu den Nachtjägern (II./NJG 1), um „Himmelbett"-Einsätze zu fliegen. Seinen ersten Bomber schoß er am 2. Juni 1942 ab, und während des folgenden Jahres verzeichnete er zwar regelmäßig Luftsiege, tat sich aber nicht besonders hervor. In seinem Einsatzbericht vom 29. Mai 1943 heißt es:

„Gegen 00.35 Uhr wurde ich zu einer einfliegenden Feindmaschine in 3 500 m Höhe geführt. Ich bekam ihre Position [auf das Bordradar], und nach weiteren Angaben [von Dr. Baro, seinem Radarbeobachter] erkannte ich um 00.45 Uhr einen viermotorigen Bomber rund 200 m voraus, über und rechts von mir. Ich griff den Bomber, der verzweifelt versuchte, zu entkommen, aus 80 m Entfernung von hinten und unten an, und meine Schüsse versetzten seine linke Tragfläche in helle Flammen. Das brennende Flugzeug kippte seitlich weg, fiel steil nach unten und schlug auf dem Boden auf, wo es um 00.48 Uhr gewaltig explodierte."

Zwischen der Zielzuweisung der Bodenstation und dem Sichtkontakt verstrichen zehn Minuten, nur noch drei weitere bis zum Aufschlag des Ziels auf dem Boden. Die Jagd selbst zog sich hin und war mühselig, das Zuschlagen dann geschah blitzartig und war tödlich.

Im August verzeichnete Schnaufer 23 Abschüsse auf seiner Liste und wurde zum Staffelkapitän der 12./NJG 1 ernannt. Ungefähr zu dieser Zeit tat er sich mit dem erfolgreichen Radarbeobachter Fritz Rumpelhardt zusammen, mit dem ihn ein fast telepathisches Verstehen verband und mit dem er 100 Siege teilte. Vor Rumpelhardt hatte er zwei „gewöhnliche" Radarbeobachter: Baro, mit dem zusammen er zwölf, und Erich Handke, mit dem er acht Maschinen abgeschossen hatte. Handke ging später eine gute Partnerschaft mit Martin Drewes ein. Ein weiteres Mitglied der erfolgreichsten Clique der Nachtjagdflieger war Wilhelm Gänsler, ein hervorragender Schütze mit außergewöhnlicher Nachtsicht. Gänsler flog bei 115 Abschüssen mit, 17 mit Ludwig Becker als Pilot und 98, nachdem er und Schnaufer sich zusammengetan hatten.

Sobald Rumpelhardt das Radargerät bediente, stieg Schnaufers Abschußziffer sofort steil an. Am 16. und 17. Dezember des gleichen Jahres kamen ihm gleich vier Lancaster vor die Rohre, was sein Punktekonto auf 40 erhöhte. Das Wetter in jener Nacht war abscheulich, er mußte sich seinen Weg zur Landung geradezu ertasten: Die Wolkenuntergrenze lag bei kaum 30 m! Ein weiterer Beweis seiner fliegerischen Fähigkeiten.

Im Verlauf des Jahres 1944 errang er 64 Siege, ein Rekord, der von niemandem überboten wurde, und von denen er viele zu einer Zeit erzielte, als die deutschen Flugzeuge in der Minderzahl und technisch unterlegen waren. Seine letzten 15 Abschüsse von insgesamt 121 gelangen ihm noch 1945, davon neun am 21. Februar innerhalb von 24 Stunden. Sein Geheimnis lag in der einmaligen Beherrschung des Flugzeugs, verbunden mit der Begabung eines Scharfschützen (drei Abschüsse gelangen ihm bei sich in heftigen Spiralen windenden Bombern), dazu Rumpelhardt am Radargerät. Schnaufer flog immer die Bf 110. Er überlebte den Krieg, kam jedoch 1950 bei einem Verkehrsunfall in Frankreich ums Leben.

9. Overlord bis Götterdämmerung

Frühjahr 1944: Das deutsche Oberkommando war sich im Klaren darüber, daß die Alliierten in Kürze eine groß angelegte Invasion an der Kanalküste durchführen würden, obgleich man es nur vermuten konnte, wann und wo sie stattfinden sollte. Ihm war auch bewußt, daß seine einzige Möglichkeit darin bestand, sie gleich an der Küste abzuwehren. Da das Reich Tag und Nacht von alliierten Luftangriffen heimgesucht wurde, konnte man es sich nicht leisten, vorab Luftwaffenverbände zur Verstärkung in das fragliche Gebiet abzustellen. Also sah man sich gezwungen, auf schnell durchzuführende Notmaßnahmen zu vertrauen und Verstärkungen erst dann nach vorn zu werfen, wenn die Invasion begonnen hatte.

In den der Invasion vorangehenden Monaten hatten die Alliierten damit begonnen, die Verteidigungsvorkehrungen der Festung Europa zu zermürben. Straßenverbindungen, Eisenbahnlinien, das Nachrichtenübermittlungssystem, Befehlszentralen und Radarstationen – alle diese Einrichtungen waren lohnende Ziele, ebenso wie Truppenzusammenballungen und Versorgungsdepots. Die Durchführung dieser Maßnahmen erstreckte sich über weite Landstriche, so daß man aus den Luftangriffen keine Schlüsse auf den Ort der Invasion ziehen konnte. Taktische Bomber und Jagdbomber durchstreiften den Himmel über Frankreich und den Niederlanden, stets geschützt durch Jagdeskorten.

Die Zermürbung der Jagdwaffe gehörte auch zu den Vorbereitungen, wobei die ohnehin hohe Zahl der alliierten Lufteinsätze die Durchführung erfolgreich verschleierte. In den 61 Tagen zwischen dem 6. April und dem 5. Juni 1944 flogen die Alliierten 98 400 Einsätze gegen die deutschen Jäger, wohingegen die Jagdwaffe nur mit 34 500 Starts dagegenhalten konnte. In diesem Zeitraum verloren die alliierten Jäger aus den unterschiedlichsten Gründen 1 012 Maschinen. Das waren hohe Verluste, aber angesichts der Tatsache, daß sowohl Flugzeuge als auch Piloten massenweise nachgeschoben werden konnten, fiel das überhaupt nicht ins Gewicht.

Die Verluste der Jagdwaffe lagen mit 1 246 Maschinen sehr viel höher. Die deutsche Industrie leistete in dieser Zeit ein kleines Wunder, und alle Ausfälle konnten ersetzt werden. Die Ausbildungseinrichtungen brachten noch immer Piloten hervor, aber sie waren „Grünschnäbel" und hatten nicht die nötige Erfahrung im Fliegen. Sie konnten weder die „alten Hasen" ersetzen, noch waren sie ernstzunehmende Gegner für die besser ausgebildeten und aggressiven alliierten Jägerpiloten. Nur wenige überlebten das erste halbe Dutzend Einsätze. Zu allem Übel fielen in dieser Zeit viele Experten mit hohen Abschußerfolgen, die unersetzlich blieben.

Angesichts der überwältigenden Luftüberlegenheit gelang es der Luftwaffe nicht, die Zusammenziehung der riesigen Invasionsflotte aufzuklären. Auch ihr Inseestechen blieb unbemerkt. Erst mit der Anlandung erfuhr das Oberkommando von der Invasion, und selbst dann erfolgten Gegenmaßnahmen nur sehr zögerlich. Am ersten Tag wurden lediglich rund 100 Einsätze geflogen, während auf alliierter Seite ein Luftschirm von mehr als 3 000 Jägern aufgebaut worden war, die sich abwechselten. Auch die Pläne der Luftverstärkung konnten nicht wie vorgesehen durchgeführt werden. Adolf Galland kommentierte später:

„Als die Invasion endlich stattfand, gingen alle geplanten Maßnahmen schief. Die Verlegung der Jäger nach Frankreich verzögerte sich um 24 Stunden, weil das Oberkommando West sich nicht dazu entschließen konnte, den entsprechenden Befehl zu geben. Man erwartete den Versuch einer noch größeren Anlandung am Pas de Calais. Die Luftwaffe gab die erforderlichen Befehle schließlich in eigener Zuständigkeit, und die Verlegung begann.

Die Mehrzahl der sorgfältig vorbereiteten und mit Versorgungsgütern versehenen Flugplätze, auf die die Jagdverbände verlegt werden sollten, waren bombardiert worden, so daß die Verbände auf anderen, unter Zeitdruck ausgesuchten Behelfsflugplätzen landen mußten. Dann brach das ohnehin dürftige Fernmeldenetz zusammen, was das Chaos noch verschlimmerte. Die Vorkommandos jedes Verbandes waren von Junkers Ju 52 eingeflogen worden, aber die Masse des übrigen Bodenpersonals wurde mit der Bahn verlegt und traf erst Tage oder gar Wochen später ein."

Aber es sollte noch schlimmer kommen. In den folgenden 90 Tagen flogen die Alliierten die ungeheure Zahl von 203 357 Lufteinsätzen, wohingegen die Jagdwaffe nur 31 833 aufbieten konnte. Das ergab ein Ungleichgewicht von 6:1, das sich auch in den Verlustlisten niederschlug: 516 alliierte Jäger gingen aus verschiedenen Gründen verloren und im selben Zeitraum 3 527 deutsche. Viele der deutschen Jäger wurden von Störern am Boden zerstört, aber die Verluste waren dennoch enorm. Vier der erfolgreichsten Experten wurden in den ersten drei Tagen der Invasion getötet. Karl-Heinz Weber von der II./JG 1 (136 Siege an der Ostfront) wurde südlich von Rouen abgeschossen. Daneben traf es Zweigart (69), Hüppertz (68) und Simsch (54), die alle bisher hauptsächlich in Rußland eingesetzt gewesen waren.

Einige Verbände wurden weitgehend vernichtet. Bei St. Quentin überraschten etwa 40 Fw 190 A der II./JG 6 ein Dutzend Lightnings bei freier Jagd über einem Flugplatz und schossen kurzerhand sechs von ihnen ab. Doch dann tauchten zwei weitere Staffeln Lightnings auf. In dem Durcheinander, das folgte, ging noch eine weitere Lightning zu Boden, aber ebenfalls 16 Focke-Wulf, weitere wurden beschädigt. Die technischen Daten des deutschen Jägers bescheinigten ihm eine klare Überlegenheit über seinen zweimotorigen Gegner, aber in der Praxis war der Leistungsstand der deutschen Piloten bereits derart abgesunken, daß sich das Verhältnis ins Gegenteil verkehrte. Kurz darauf wurde die II./JG 6 von der Front abgezogen. Anderen Gruppen erging es genauso.

Drei alte „Haudegen" waren bis zur ersten Septemberwoche gefallen. Am 22. Juni stieß Josef „Sepp" Wurmheller von der III./JG 2 (102 Siege, davon 93 im Westen) während eines Nahkampfs mit seinem Katschmarek zusammen. Otto Fonnekold von der II./JG 52 (136 Siege, die meisten an der Ostfront) wurde beim Landeanflug von amerikanischen Jägern abgeschossen. Der größte Verlust aber war Emil „Bully" Lang. Er wurde allgemein als der tapferste Mann der Luftwaffe angesehen. In Rußland hatte er 148 Feindmaschinen abgeschossen, darunter gegen Ende 1943 72 Flugzeuge in weniger als drei Wochen – eine einmalige Leistung. Daß es an einem dieser Tage sogar 18 waren, machte ihn zu dem einzigen Mann, der sogar Marseille in den Annalen der Geschichte der Massenabschüsse übertraf. Nachdem er zur Heimatverteidigung abkommandiert worden war, setzte Lang seinen Erfolgskurs fort und wurde im Juni 1944 Kommandeur der II./JG 26. Am 3. September, als er 173 Luftsiege verzeichnen konnte, traf er mit mehreren Thunderbolts über Belgien zusammen. Nach einem unglücklichen Treffer in das Hydrauliksystem seines Flugzeugs klappte das Fahrwerk aus, und so behindert, wurde er schnell abgeschossen und getötet.

Als die alliierten Armeen Europa überschwemmten, war die Luftwaffe ständig gezwungen, sich über eine Reihe behelfsmäßiger Landepisten zurückzuziehen, während sie von den alliierten Jägern bedroht wurde, die selbst häufig Flughäfen nutzten, die gerade aufgegeben worden waren. Das Durcheinander war groß. Gelegentlich ließ sich der gerade neueste Behelfsflugplatz aus der Luft gar nicht als solcher ausmachen, und die Piloten mußten zusehen, wo sie herunterkamen. Nachschub und Fernsprechverbindungen waren ein einziges Durcheinander, und die Bodenkontrolle hatte praktisch aufgehört zu existieren. Von August an wurde auch der Treibstoff knapp, so daß die Einsatzflüge eingeschränkt werden mußten. Die Jagdwaffe im Westen war verbraucht, ihre Schlagkraft nahm täglich weiter ab.

Doch die Lage sollte sich wieder stabilisieren, aus Gründen, mit denen niemand mehr gerechnet hatte. Mit Herbstbeginn überstiegen die Anforderungen, die riesigen alliierten Armeen zu versorgen, die Möglichkeiten der Nachschuborganisation. Allmählich kam der Vormarsch zum Erliegen, so daß für die Deutschen die Dringlichkeit defensiver Luftkriegsführung sich verringerte. Die Luftwaffe nutzte diese Atempause sehr sinnvoll. Die Flugplatzorganisation wurde erneuert, mühsam wurden Reservetreibstoffdepots angelegt und jede Jagdgruppe auf vier Staffeln erweitert. Neue Flugzeuge wurden reichlich zugeführt und 15 Jagdgruppen völlig neu ausgestattet. Das größte Handicap war der Tod erfahrener Piloten, und die Sollstärke konnte nur erreicht werden, indem man Männer aus aufgelösten Bomberverbänden hinzuversetzte.

Mittlerweile wurde eine Sache deutlich: Die Bomberangriffe der Amerikaner mußten beendet werden. Der General der Jagdflieger, Adolf Galland, entwickelte einen ehrgeizigen Plan, um genau dieses Ziel zu erreichen. Er argumentierte, daß, wenn im Verlauf eines einziges Tages 400 bis 500 Bomber abgeschossen würden, der US Air Force Einhalt geboten werden könnte, was dem Reich eine notwendige Atempause verschaffen würde. Um sein Vorhaben in die Tat umzusetzen, zog er die Fliegerkräfte von 18 Jagdgruppen mit mehr als 3 000 Jägern zusammen. Am 12. November war alles vorbereitet. Man mußte nur noch auf gutes Wetter warten.

Aber es sollte anders kommen. Viele Jäger wurden abgezogen, um die letztlich erfolglose Ardennen-Offensive zu unterstützen. Eine noch größere Anzahl wurde am Neujahrstag bei der Operation „Bodenplatte", einem Tagangriff auf die alliierten Flugplätze mit 7 900 Jägern, verheizt. Etwa 200 Flugzeuge, die es auf ihren Stützpunkten traf, mußten zwar von den Alliierten abgeschrieben werden, aber die deutschen Verluste lagen bei 300 Maschinen. Der Unterschied bestand jedoch vor allem darin, daß nur wenige alliierte Piloten getötet wurden, die Luftwaffe jedoch 237 Piloten verlor, die getötet bzw. vermißt wurden oder in Kriegsgefangenschaft gerieten. 18 Jagdflieger wurden außerdem verwundet. Diese negative Bilanz wurde noch dadurch verstärkt, daß sich unter ihnen 20 erfahrene Führer befanden wie Horst-Günther von Fassong von der III./JG 11 (etwa 136 Siege, meist im Osten), der von Thunderbolts bei Maastricht abgeschossen wurde; Heinrich Hackler von der 11./JG 77 (56 Siege) wurde in der Nähe von Antwerpen als vermißt gemeldet, und der sehr erfahrene, einäugige Kommodore des JG 11, Günther Specht (Abschußrate unbekannt, aber wenigstens 32 im Westen, davon 15 schwere Bomber), wurde in der Nähe von Brüssel von der Flak abgeschossen.

Die Jagdwaffe erholte sich nicht mehr. Der Widerstand gegen die Tageinflüge der USAAF wurde merklich schwächer. Große Hoffnungen setzte man auf die neuen Düsenjäger (s. Kapitel 11). Da deren Geschwindigkeit zu hoch war, um von Propellermaschinen eingeholt zu werden, gingen die Alliierten dazu über, sich in der Nähe von Luftwaffenstützpunkten auf die Lauer zu legen, von denen bekannt war, daß dort Düsenjäger stationiert waren, in der Hoffnung, sie zu fangen, wenn sie mit geringerer Geschwindigkeit kurz nach dem Start oder vor dem Landeanflug flogen. Als Folge benötigten die neuen Wunderjäger zu diesem Zeitpunkt Schutz, und Jagdflugzeuge mit Kolbenmotoren wurden beauftragt, die Anflugschneisen der Flugplätze zu überwachen. Hätten die Düsenjäger nun eine Folge glänzender Siege errungen, wäre dieser Aufwand gerechtfertigt gewesen. Während man über diese Maßnahme geteilter Meinung sein mag, stellte es auf alle Fälle einen Mißbrauch konventioneller Jagdflugzeuge dar.

Als die britischen, amerikanischen, kanadischen und französischen Armeen von Westen und die russischen von Osten her immer weiter vordrangen, war der Krieg für Deutschland ganz offensichtlich verloren. Der innere Halt der Jagdflieger schwand dahin. Die Qualität der Piloten, beim Kampf der wichtigste Faktor, schlug sich in den mangelhaften Ergebnissen bei den Einsätzen nieder, wobei die erfolgreicheren Flugzeugführer auch noch zu den neuen Düsenjägerverbänden abgezogen wurden. Denjenigen, die noch immer im Westen konventionelle Flugzeuge flogen, erging es am schlechtesten, weil der Feind ihnen meist zahlenmäßig überlegen war. Doch das war nicht immer der Fall. So wurden zum Beispiel am 25. Februar 15 Bf 109 G der I./JG 27 von acht Tempests angegriffen. In dem folgenden Getümmel schossen sie eine Tempest ab und verloren vier Maschinen. Weitere vier wurden beschädigt. In den letzten Wochen gingen manche Verbände dem Kampf aus dem Weg. Wurden sie zum Gefecht gezwungen, kämpften sie tapfer, aber erfolglos.

Die Jagdflugzeuge

Die konventionellen deutschen Jagdflugzeuge jener Zeit waren die Messerschmitt Bf 109 G und die Fw 190 A in ihren letzten Ausführungen. Die letztere wurde noch in die Ausführung „Dora", die Fw 190 D-9, weiterentwickelt, und ihr Gegenstück für große Höhen, die Ta 152, obgleich vor Ende des Krieges nur wenige Ta 152 gefertigt werden konnten, noch an die Truppe ausgeliefert.

Die Dora wurde in großen Stückzahlen im Herbst 1944 in Dienst genommen. Äußerlich war sie noch als Fw 190 zu erkennen, unterschied sich von ihr jedoch durch eine verlängerte Nase, in die ein Junkers Jumo 213 A-Reihenmotor eingebaut worden war und vor dem sich ein ringförmiger Kühler befand, der den Eindruck erweckte, es handle sich um einen Sternmotor. Um kurzzeitig die Leistung zu erhöhen, konnte ein Wasser-Methanol-Gemisch eingespritzt werden. Um die verlängerte Nase auszugleichen, wurde der Rumpf in der Länge gestreckt und das Heckleitwerk vergrößert. Die Standardbewaffnung bestand aus zwei 20-mm-MG 151-Maschinenkanonen in den Ansätzen der Tragflächen sowie zwei 12,7-mm-MG 131-Maschinengewehren über dem Motor.

Anfangs waren die Piloten den neuen Modellen gegenüber mißtrauisch. Die Fw 190 D-9 rollte schlechter als das Basismodell, und das durch die Verlängerung verursachte zusätzliche Gewicht verlangsamte die Maschine beim Hochziehen. Sie hatte jedoch auch ihre Vorzüge. So beschleunigte sie besser, war schneller und hatte sowohl beim Sturzflug als auch beim Steigen bessere Leistungswerte als ihre Vorgängerin, was viel bedeutete. Obgleich ihr Wendekreis nicht kleiner war als derjenige der A-8, baute sie dabei nicht soviel Geschwindigkeit ab. Den alliierten Gegnern war sie als die „Langnase" bekannt und wurde mit großem Respekt behandelt.

Die amerikanischen Jäger waren hauptsächlich die Thunderbolt und die Mustang, die bereits in Kapitel 7 beschrieben worden sind, während die Spitefire IX bei der RAF noch weitverbreitet geflogen wurde. Der britischen Luftwaffe neu zugeführt wurden dann ab Beginn des Jahres 1944 die Spitfire XIV, ein sehr leistungsfähiger Jäger mit einem Griffon-Motor, sowie die Hawker Tempest V, die im Laufe des Jahres an die Front kam. Diese Maschine war auf das Erringen einer Luftüberlegenheit in geringen und mittleren Höhen ausgelegt. Sie war eine große Maschine, aber dennoch schnell und sehr wendig.

Die Dora kann als die beste Jagdmaschine bezeichnet werden, die je in großen Stückzahlen bei der Luftwaffe eingeführt wurde. In ihren reinen Leistungsdaten übertraf sie die Thunderbolt und die Lightning und in mancherlei Hinsicht sogar die Mustang. Aus der Übersicht 18 läßt sich ablesen, daß sie im allgemeinen der Spitfire XIV und der Tempest V unterlag. Ihre Tragflächenbelastung war so viel höher, daß sie in jedem Geschwindigkeitsbereich mit Leichtigkeit von ihren Gegnern ausmanövriert werden konnte. Nur bei der Fähigkeit zum Rollen bildete sie die Spitze. Das wirft die Frage auf, warum sie nicht jedes Mal sofort abgeschossen wurde, wenn sie auf britische Jäger traf?

Die Antwort liegt in der Natur des Luftkampfs selbst. In dieser Art des Wettkampfes gibt es kein ebenes Spielfeld. Die Überraschung ist hier der

Übersicht 18 - Taktische Jäger, Westfront 1944-45			
	Focke-Wulf Fw 190 D-9	**Supermarine Spitefire XIV**	**Hawker Tempest V**
Spannweite	10,51 m	11,14 m	12,51 m
Länge	10,19 m	9,96 m	10,26 m
Höhe	3,35 m	3,96 m	10,26 m
Tragflächen	18,30 m^2	22,48 m^2	28,05 m^2
Motor	Junkers Juno 213 A Reihe, 2.220 PS	Rolls-Royce Griffon 65 Reihe, 2.050 PS	Napier Sabre II Reihe, 2.420 PS
Fluggewicht	4.294 kg	3.850 kg	5.210 kg
Tragflächen- belastung	234 kg/m^2	170 kg/m^2	185 kg/m^2
Höchstgeschw.	685 km/h	720 km/h	760 km/h
Gipfelhöhe	12.000 m	13.570 m	10.980 m
Steigfähigkeit	1.280 m/min	1.397 m/min	1.434 m/min
Reichweite	837 km	740 km	1.190 km
Bewaffnung	2 x 20 mm MG 151 2 x 12,7 mm MG 131	2 x 20 mm Hispano 2 x 0,50 inch Browning	4 x 20 mm Hispano

bestimmende Faktor: Den besten Jäger der Welt zu fliegen, ist nicht von Nutzen, wenn der Pilot sich beim Mittagsschlaf erwischen läßt.

Die taktischen Jagdkämpfe über Westeuropa begannen gewöhnlich mit einem Überraschungsangriff, bei dem der Angreifer den Stand der Sonne oder vorhandene Wolken ausnutzte.

Die Piloten der Dora waren sich dieser Voraussetzungen völlig bewußt und machten von ihr Gebrauch. Nur in den Fällen, in denen das Gefecht sich in ein verwirrendes Durcheinander von Nahkämpfen auflöste, begann sich die Fähigkeit der Piloten und ihrer Maschinen auszuwirken. Seit 1940 hielten sich die Jagdflieger an das Motto: Schlage fest zu, und duck' dich dann! Dieser Verhaltensgrundsatz maximierte die Wirkung, minimierte die Verluste und hatte sich bereits den ganzen Krieg über bewährt.

Darüberhinaus gab es noch einen weiteren relevanten Faktor, der die unzureichende Ausbildung kompensierte. Nachdem die Neuzugänge die Feuertaufe überstanden und ihre ersten Einsätze überlebt hatten, gewannen sie rasch Kampferfahrung. Ganz anders sah das bei den alliierten Piloten aus, die viel gründlicher ausgebildet worden waren, jedoch kaum Gelegenheit fanden, sich mit dem Feind zu messen.

Nebenbei sei hier erwähnt, daß zwischen 1943 und dem Ende des Krieges mehr als 5 000 Jagdflieger Kampfeinsätze für die US-8 Air Force flogen. Von diesen waren gerade einmal 2 156 (43 Prozent) überhaupt an dem Abschuß eines feindlichen Flugzeugs beteiligt! Wie jede andere menschliche Tätigkeit muß auch der Luftkampf geübt sein. Die alliierten Piloten waren sehr viel unerfahrener als ihre Gegner und riskierten ihr Leben, wenn sie auf einen Experten trafen.

Die Experten

Für junge, unerfahrene Piloten mit vielleicht einem Dutzend Flugstunden auf einem Muster, die gegen eine erhebliche Übermacht feindlicher Jäger antraten, und die, vom Rollen beim Start bis zum Abschluß ihres Einsatzes, wenn sie die Motoren abstellten, erheblich gefährdet waren, bestand kaum eine Aussicht, sich einen Namen zu machen. Es war schwer genug, überhaupt am Leben zu bleiben, von einer Trophäensammlung ganz zu schweigen, obgleich sich eine Handvoll durchaus erfolgreich schlug. Nach und nach gewannen sie Erfahrung in weniger fordernden Lagen, entwickelten den sechsten Sinn, der das „lagebezogene Bewußtsein" genannt wird, und wuchsen zu Experten heran, die gegen alliierte taktische Jäger erfolgreich fochten.

Josef „Pips" Priller. „Pips" war gerade mal 1,53 m groß, aber in der Kanzel eines Jägers ein Riese. Priller war einer der wenigen, die gegen die Alliierten mehr als 100 Luftsiege verzeichnen konnten. Zu Kriegsbeginn bei der II./JG 51, kämpfte er bei ihr im Westfeldzug und dann in der Schlacht um England, als Mölders das Geschwader übernahm. Seinen Führungsstil kennzeichnete ein scharfer, fröhlicher Humor, und man sagte ihm nach, daß er es als einziger Führer der Jagdflieger fertigbrachte, Göring zum Lachen zu bringen, wenn alles schief ging. Der folgende Bericht über ein Ereignis während der Schlacht um England ist dafür beispielhaft:

„Ich erinnere mich an eine Begebenheit, als ein junger Pilot, der bisher noch nicht viel – wie wir es zu sagen pflegten – „englische Luft gekostet" hatte, nach einer wilden Kurbelei und Herumkurven am Himmel die Sicht-

verbindung mit unserer Formation verloren hatte. Er war daraufhin steil nach unten gegangen und fand sich über den Vororten von London wieder. Er wäre besser bei seiner Staffel geblieben, statt allein auf und davon zu fliegen. Als er begriff, in was für einer Lage er sich befand, rief er um Hilfe: „Kommt schnell, ich bin ganz allein über London!" Er sollte nicht umsonst gerufen haben. Sein Schwarmführer, den er nicht sehen konnte, der ihn jedoch deutlich sah, weil er ihm gefolgt war und sich noch immer hinter und über ihm befand, gab ihm die tröstliche Antwort: „Bleib da und verhalte Dich ruhig, gleich hast Du ein paar Spitfires im Kreuz, und dann hast Du Gesellschaft!"

Am 19. Oktober verzeichnete Priller seinen 20. Luftsieg, und vier Wochen später wurde er Staffelkapitän in der I./JG 26. Die nächsten Monate verliefen ruhig, aber als die RAF im Frühsommer 1941 ihre „Circus"-Einsätze aufnahm, schoß er zwischen dem 11. Juni und dem 14. Juli in rascher Folge 20 Flugzeuge ab, darunter 18 Spitfires. Der letzte dieser Luftsiege war insofern besonders, als daß es sich um einen Frontalangriff in 11 000 m Höhe gegen die mittlere von drei hintereinanderfliegenden Spitfires handelte. Priller scheint ihren Führer nicht erkannt zu haben. In der dünnen Luft großer Höhen sinkt die Motorleistung merklich ab, und um ausreichend Auftrieb zu haben, muß der Anstellwinkel der Tragflächen vergrößert werden. In 11 000 m Höhe stellt deshalb ein Flugzeug, das waagerecht fliegt, die Nase hoch, was die ohnehin bereits begrenzte Sicht nach vorn noch weiter einschränkt. Priller machte sich diesen Umstand zunutze und griff schräg aufsteigend aus 100 m Entfernung an. Der Pilot der Spitfire sprang mit dem Fallschirm ab, und „Pips" mußte nach unten wegdrücken, um dem Angriff des dritten Jägers zu entgehen.

Priller war auch weiterhin erfolgreich und wurde am 11. Januar 1943 Kommodore des JG 26. Zu diesem Zeitpunkt war er der führende Experte seines Verbandes. Seine Anforderungen waren hoch. Als im Februar 1943 die III./JG 54 aus Rußland in den Westen verlegt und seinem Kommando unterstellt wurde, weigerte er sich, sie als einsatzfähig zu betrachten und setzte sie längere Zeit nicht ein.

Prillers Erfolgskonto stieg weiter an: Zwischen dem 5. und 13. April schoß er zwölf Maschinen ab, so daß er auf insgesamt 96 kam. Im Verlauf dieses Jahres führte er eine Vielzahl von Waffenerprobungen und weiteren Truppenversuche durch. Diese und andere zusätzliche Verpflichtungen schränkten die Zahl seiner Einsatzflüge ein. Deshalb sollte es noch lange dauern, bis er es auf 100 Abschüsse gebracht hatte.

Als die Alliierten am 6. Juni 1944 in der Normandie landeten, war das JG

26 darauf nicht eingestellt. Zwei Gruppen wurden gerade ins Inland verlegt, die dritte war in Südfrankreich stationiert. Nur der Stab war in der Lage, nach einem Alarmstart sofort einen Einsatz zu fliegen. Und diesen Einsatz flog Priller selbst mit seinem regulären Katschmarek Heinz Wodarczyk. Die niedrige Wolkendecke ausnutzend, rasten die beiden in ihren FW 190 mit Vollgas einmal über „Sword-Beach" und wieder zurück. An diesem Morgen stellten sie allein die gesamte Luftwaffenpräsenz über den Landungstruppen der Invasionskräfte dar.

Als Priller am 15. Juni eine Patrouille über der Normandie führte, konnte er endlich seine 100. Maschine abschießen. Ein gemischter Verband, der aus der II. und III./JG 26 und der III./JG 54 bestand, traf auf einen Verband schwerer amerikanischer Bomber mit starkem Jagdschutz. Prillers Kampfbericht lautete:

„Ich griff auf gleicher Höhe frontal an und erreichte einige Treffer bei einer der Boeings auf der linken Seite der Formation. Nach einem kurzen Kampf auf nächster Entfernung mit dem sehr starken Begleitschutz griff ich eine Formation von etwa 20 Liberators von vorne an. Ich schoß auf den Liberator, der im ersten V links außen flog, und sah meine Treffer in der Kanzel und in beiden Backbordmotoren. Nachdem ich weggedrückt hatte, sah ich, daß der Liberator zurückblieb. Aus drei seiner Motoren schlugen helle Flammen. Weil der Kampf weiterging, konnte ich nicht mehr sehen, wie er unten aufschlug."

Prillers beide nächste Verwendungen schränkten die Zahl seiner Einsatzflüge weiter ein. Am 17. Oktober schoß er seine letzte Maschine, eine P-51 Mustang, ab. Eine Besonderheit seiner Abschußserie besteht darin, daß von 101 Gesamtsiegen ihm nur elf schwere Bomber zum Opfer fielen. Im allgemeinen zog er es vor, sich den Begleitschutz vorzunehmen. Prillers letzter Auftrag bestand darin, am 1. Januar 1945 das JG 26 bei der Operation „Bodenplatte" zu führen. Ende des Monats wurde er in einen Stab versetzt. Prillers größter Verdienst im Zeitraum nach der Invasion bestand nicht in der Anzahl seiner Abschüsse, sondern in seiner Führungskunst und Vorbildfunktion. Von den acht Piloten, denen im Kampf gegen die Westmächte 100 oder mehr Abschüsse gelangen, waren nur Adolf Galland (103), Egon Mayer (102) und Josef Priller (101) ausschließlich in Westeuropa eingesetzt gewesen. Es soll auch erwähnt werden, daß einer der erfolgreichsten Jagdflieger der RAF, Johnnie Johnson, in seinem Buch „Full Circle" die Mehrzahl der von Priller gemeldeten Abschüsse durch die Aufzeichnungen der Alliierten bestätigte.

Abb. 23 Spiralaufstieg

*Heinz Knoke war einer der vielen deutschen Jagdflieger, die den
Spiralaufstieg einsetzten, um den amerikanischen Begleitjägern zu
entkommen. Da Winkel und Entfernung fortlaufend wechselten,
war die Messerschmitt so fast nicht zu bekämpfen. Natürlich ließ sich
die Spirale aus den gleichen Gründen auch abwärts einsetzen.*

Adolf Glunz. Der kaum bekannte „Addi" Glunz hielt einen wirklich ganz ungewöhnlichen Rekord. Nach dem Standard der Luftwaffe stellten seine 71 Luftsiege (drei an der Ostfront) zwar eine sehr gute, aber nicht außergewöhnliche Leistung dar. Außergewöhnlich war jedoch, daß er bei 574 Einsatzflügen – die Mehrzahl über Westeuropa mit 238 Luftkämpfen – nicht ein einziges Mal abgeschossen oder verwundet wurde. Am 13. Oktober 1944 hätte er beinahe ein Flugzeug verloren, als aufgrund einer gebrochenen Ölleitung sein Motor sich mitten im Kampf mit zwei Thunderbolts festfraß. Mit einem Motorstillstand entkam er den amerikanischen Jägern durch enges Kurven und tauchte dann fast senkrecht in eine Wolke ein. Nachdem er so seine Verfolger abgeschüttelt hatte, landete er wohlbehalten mit ausgefahrenem Fahrwerk auf einem Acker.

Glunz war im März 1941 zur 4./JG 52 an die Kanalküste versetzt worden, seine ersten drei Siege gelangen ihm aber in den ersten drei Wochen des Rußlandfeldzuges. Er wurde dann zur 4./JG 26 an die Westfront zurückversetzt. Nachdem er auf eine Fw 190 A umgestiegen war, stiegen seine Abschußziffern langsam an.

„Addi" Glunz zeichnete sich durch Entschlossenheit und Hartnäckigkeit aus. Das Durcheinander eines Luftkampfs am 13. März 1942 versprengte ihn von seiner Staffel. Allein, aber unerschrocken pirschte er sich an einen Spitfireverband heran, zerschoß eine in einem Überraschungsangriff und beschädigte eine weitere, bevor er sich aus dem Staub machte. Auch bei dem Bombenangriff am 17. August 1943 gab er ein Beispiel seiner Kaltblütigkeit. Als die II./JG 26 ihre Formation einnahm, um die Bomber auf dem Heimflug anzugreifen, stürzten sich Thunderbolts auf sie und zerstreuten die Gruppe. In dem allgemeinen Durcheinander flog Glunz an dem Begleitschutz vorbei und schoß eine B-17 ab. Sein Abschuß war der einzige Erfolg des ganzen Vorhabens.

Er war ein Meister im Instrumentenflug. Am 13. November errang er seinen 45. Sieg. Tagangriffe einzelner Mosquitos bewirkten zwar keine großen Schäden, hatten jedoch durch den weithin ausgelösten Fliegeralarm Unterbrechungen in der Industrieproduktion zur Folge. „Addi" flog alleine los und stieg, geführt von der Fliegerleitstelle, durch dichte Bewölkung auf 8 540 m hoch. Bald sah er die Mosquitos tief unter sich dahinfliegen, ein paar hundert Meter über den blendend weißen Wolkentürmen. Seine Fw 190 A flog in dieser Höhe nicht optimal, aber ein flacher Sinkflug brachte ihn tiefer und hinter den Gegner. Bedachtsam setzte er zum Angriff auf sein Opfer an, und als er es sicher im Visier hatte, drückte er den Feuerknopf. Es war die erste von drei Mosquitos, die Glunz abschoß. Sein erfolgreichster Kampftag sollte der 22. Februar 1944 werden.

Inzwischen Staffelführer und als Staffelkapitän vorgesehen, führte er die 5./JG 26 gegen schwere amerikanische Bomber ins Gefecht. Im Verlauf des ersten Einsatzes an diesem Tag schoß er zwei B-17 ab und zwang einen weiteren aus der Formation. Am Nachmittag meldete er dann zwei weitere B-17 und eine Thunderbolt als abgeschossen. Nur drei B-17 und die P-47 wurden von dritter Seite bestätigt, aber diese vier ließen seine Abschußziffer auf 58 ansteigen.

Die Invasion und ihre Folgen brachten es mit sich, daß der Himmel sich mit alliierten Jägern füllte. Glunz flog weiter, überlebte weiter und punktete weiter. Das Wetter war der Luftwaffe häufig freundlich gesonnen: Dichte Bewölkung gab den Jägern Schutz, wenn die Lage brenzlig wurde. So war es auch am 10. Juni. Als Glunz um schwere Wolkenbänke herumkurvte, geriet er hinter einen amerikanischen Jäger und schickte ihn brennend zu Boden, um gleich anschließend im nebligen Inneren einer Kumuluswolke der drohenden Vergeltung zu entgehen.

In die Wolke eingehüllt, prallte er beinahe auf das Heck eines anderen amerikanischen Flugzeugs. Als sie aus der Wolke sausten, drückte er auf die Feuerknöpfe, und seine Granaten schlugen in den unglücklichen Jäger ein. Aber als er gerade feuerte, sah er den amerikanischen Rottenflieger in kaum 10 m Entfernung! Ohne das Schießen einzustellen, trat „Addi" das Ruder seitlich hart ein und besprühte förmlich das feindliche Flugzeug aus nächster Entfernung mit Geschossen. Alle drei Abschüsse wurden bestätigt, seine Gesamtsumme auf 64 erhöht.

„Addi" Glunz überlebte die Operation „Bodenplatte" und konnte fünf Flugzeuge am Boden zerstören. Im Februar 1945 wurde er zum JG 7 versetzt, um die neue Me 262 zu fliegen, flog den Düsenjäger aber, soweit man weiß, nie im Einsatz. 68 seiner Siege im Westen waren Abschüsse von viermotorigen Bombern.

Auf welche Ursachen sind die Erfolge von Glunz zurückzuführen? Er war ein hervorragender Flugzeugführer, was wohl daran lag, daß er sich seit seiner Jugend als Kunstflieger betätigte. Ein taktischer Vorteil für ihn war sicherlich seine gute Sehstärke auf weite Entfernungen. Darin ähnelte er dem amerikanischen Flieger-As Charles Yeager. Als Schütze war er eine Naturbegabung, und davon gab es in allen Waffengattungen viel zu wenige. Letztlich übte anfangs im JG 26 Adolf Galland erheblichen Einfluß auf ihn aus, dessen Grundsatz lautete: „Schließe nie die Möglichkeit eines Angriffs aus. Greife sogar als Unterlegener an, um das Vorhaben deines Gegners zu durchkreuzen; damit verbesserst du häufig deine Lage."

10. Der Rückzug im Osten

Mit der deutschen Niederlage bei Kursk im Juli/August 1943 setzte eine Folge von Rückzugskämpfen ein, die 20 Monate darauf mit der Einnahme Berlins durch die Russen endete. Diese Phase des Krieges wurde auch recht treffend als Blitzkrieg in umgekehrter Richtung bezeichnet. Die Luftwaffe litt schon seit langem unter ihrer zahlenmäßigen Unterlegenheit, die ab Herbst 1943 durch die Verlegung von Jagdfliegerverbänden zur Luftverteidigung des Reiches noch verstärkt wurde. Hinzu kam, daß die Russen auf strategischer Ebene die Initiative ergriffen. Der russische Druck auf die weit auseinandergezogene Frontlinie machte es erforderlich, einzelne Fliegerverbände in kleinen Einheiten einzusetzen, um überall über Jagdschutz zu verfügen. Durch diese Maßnahme verstieß man gegen das Prinzip der Konzentration der Kräfte, durch die man sich wahrscheinlich örtlich eine begrenzte Luftüberlegenheit an gefährdeten Abschnitten gesichert hätte. Es wurde gar nicht erst versucht, die deutsche Jagdwaffe an der Ostfront zu stärken: Alle verfügbaren Kräfte wurden in den Westen und zum Kriegsschauplatz am Mittelmeer verlegt.

Im Juni 1944 setzte die deutsche Jagdwaffe lediglich 395 einsitzige Jäger an der Ostfront ein, eine Front, die trotz erheblicher russischer Geländegewinne noch immer gut 2 500 km lang war. Gegen diese Front boten die Russen 13 500 Flugzeuge auf, von denen knapp die Hälfte Jagdflugzeuge waren. Dieses Ungleichgewicht sollte sich weiter verstärken. Um die Sache noch zu verschlimmern, wurden die lebensnotwendigen rumänischen Ölfelder nicht nur durch den Vormarsch der Russen gefährdet: sie lagen mittlerweile in der Reichweite der in Italien stationierten amerikanischen schweren Bomber.

Die deutsche Front im Osten war so spärlich besetzt, daß gelegentlich russische Panzerkräfte sie durchbrachen und frontnahe Flugplätze der Luftwaffe einnahmen. Noträumungen waren an der Tagesordnung, bei denen die „schwarzen Männer" (das Bodenpersonal, das wegen ihrer schwarzen Monteuranzüge so genannt wurde) häufig zurückgelassen werden und zusehen mußten, wie sie sich durchschlugen. Abgesehen vom unvermeidlichen Verlust sämtlicher Ersatzteile wirkte sich dies nicht gerade positiv auf die Wartungsarbeiten aus. Im Herbst dieses Jahres schieden die mit der Achse verbündeten Länder Finnland und Rumänien aus dem Krieg aus, während kurz darauf die Luftflotte 1 abgeschnitten und in Kurland eingekesselt wurde. Von diesem Zeitpunkt an behinderte ein massiver Treibstoffmangel die Kampfhandlungen an allen Fronten. In einem letzten, verzweifelten Versuch, der roten Flut Einhalt zu gebieten, sandte die Luftflotte Ende Januar/Anfang Februar etwa 650 Jagdmaschinen aus dem Westen an die Ostfront. Obgleich diese Maßnahme die Zahl der jetzt dort verfügbaren Jäger auf 850 bis 900 Maschinen erhöhte, waren es zu wenige. Es war zu spät. Die russische Luftwaffe hatte sich in weit größerem Maße entfaltet und konnte nun etwa 16 000 Kampfflugzeuge einsetzen. Eines der Jagdgeschwader verfügte zwar über 80 nagelneue Fw 190 A, doch erlaubte es der Treibstoffmangel nicht, mehr als vier Flugzeuge zugleich in die Luft zu bringen.

Wie in den ersten Jahren des Rußlandfeldzugs beschränkte sich der Einsatz der Luftstreitkräfte fast ausschließlich auf den taktischen Bereich, und die Kämpfe fanden in mittlerer Höhe und in Bodennähe statt. Zu dieser Zeit hatten die Jagdflieger vornehmlich zwei Aufgaben: die eigene Infanterie vor Angriffen feindlicher Flugzeuge und Maschinen, die Luftnahunterstützung als Panzerjäger flogen, zu schützen. Gewöhnlich waren sie in beiden Fällen erheblich unterlegen, und wenn sie auf die Elite der russischen Garderegimenter trafen, wurden sie gelegentlich auch geschlagen.

Die Russen hatten seit 1941 mächtig aufgeholt. Sie hatten von den Deutschen nicht nur das „Paar" und die „Vier" als kleinste Bausteine der Verbände übernommen, es war jetzt auch üblich, mit Vollgas zu fliegen, um eine hohe Geschwindigkeit zu halten. Beim Angriff verringerte dieses Verfahren die Zeit zwischen Sichtkontakt und Angriff und erhöhte so die Wahrscheinlichkeit eines Überraschungsangriffs. In der Defensive verringerte sich die Möglichkeit, von hinten überrascht zu werden, weil sich die Zeit, die der Gegner brauchte, um in Schußweite zu kommen, verminderte. Außerdem erschwerte es dessen Zeit-Entfernungs-Berechnung. Eine weitere russische Maßnahme gegen Überraschungsangriffe war die Gewohnheit, in großen und anscheinend undisziplinierten Schleifen zu fliegen, wobei Teileinheiten sich rein zufällig drehten und wendeten. Da ihre Einsätze sie nur selten über weite Strecken führten, konnten sie es sich leisten, in Formation mit relativ niedriger Geschwindigkeit über dem Boden zu fliegen.

Die Jagdflugzeuge

Mehrere tausend britische und amerikanische Jäger wurden während des Krieges an die Sowjetunion geliefert. Von der Menge her war die P-39 Airacobra der bedeutendste Jäger. In Rußland entwarfen die Konstrukti-

Übersicht 19 - Russische Jagdflugzeuge 1943-45

	Lavochkin La-5FN	Yakovlev Yak-9	Yakovlev Yak-3
Spannweite	9,69 m	10,01 m	9,23 m
Länge	8,72 m	8,56 m	8,51 m
Höhe	3,53 m	3,00 m	3,00 m
Tragflächen	17,5 m²	17,2 m²	14,9 m²
Motor	Shvetsov ASh-82-FN Radial 1.850 PS	Klimov VK-105 PF Reihe 1.240 PS	Klimov VK-105 PF-2 Reihe 1.290 PS
Fluggewicht	3.355 kg	3.055 kg	2.656 kg
Tragflächenbelastung	190 kg/m²	176 kg/m²	180 kg/m²
Höchstgeschw.	648 km/h	590 km/h	655 km/h
Gipfelhöhe	9.500 m	11.010 m	10.800 m
Steigfähigkeit	4,7 min/5.000 m	4,5 min/5.000 m	4,5 min/5.000 m
Reichweite	764 km	910 km	668 km
Bewaffnung	2 x 20 mm Sh VAK	1 x 20 mm Sh VAK 2 x 12,7 mm UBS	1 x 20 mm Sh VAK 2 x 12 mm UBS

onsbüros Lavochkin und Yakovlev einige wirklich ausgezeichnete Jagd-flugzeuge. Das erfolgte durch Verbesserung und Weiterentwicklung bereits vorhandener Flugzeuge, was den Vorteil hatte, daß damit die geringste Unterbrechung der laufenden Fertigung verbunden war, wenn man von einem Flugzeugtyp zum folgenden umstellte.

Die Lavochkin La-5 wurde aus der LaGG-3 entwickelt und so umgebaut, daß der stärkere Shvetsov ASh-82 A-Radialmotor eingebaut werden konn-te. Da der Motor des ursprünglichen Modells ein flüssigkeitsgekühlter Rei-henmotor war, mußten erhebliche Änderungen im vorderen Rumpfbereich vorgenommen werden. Der nächste Schritt bestand darin, das Heck zu ver-kürzen und eine Kanzelabdeckung einzubauen, die eine Rundumsicht ermöglichte. Um den Hinterkopf des Piloten zu schützen, wurde Panzerglas verwendet. Später unterzog man die La-5 erheblichen Umbauten. Sie erhielt den neuen ASh-82 FN-Motor mit Benzineinspritzung. Gewicht wur-de eingespart, indem man die hölzernen Tragflächenspanten durch solche aus Leichtmetall ersetzte. Außerdem wurden die Spanten an den Vorder-kanten der Tragflächen mit einem Metallüberzug verstärkt. Das neue

Modell hieß La-5 FN und wurde 1943 in Dienst gestellt. Das Flugzeug war leicht, in der Luft außerordentlich harmonisch und stabil, ließ sich einfach fliegen, rollte gut und hatte dank reduzierter Tragflächenbelastung einen sehr engen Kurvenradius.

Das letzte Baumuster, das in großen Stückzahlen ab 1944 an die Truppe ausgeliefert wurde, war die La-7. Obgleich sie den gleichen Motor wie ihre Vorgängerin besaß, war sie durch eine Vielzahl kleinerer aerodynamischer Änderungen gegenüber der La-5FN deutlich verbessert worden. Obwohl sie ein Nachfolgemodell war, ersetzte sie die La-5 FN nicht. Wahrscheinlich wurde sie gebaut, um als Abfangjäger gegen die Fw 190 A-8 anzutreten. Das sowjetische Flieger-As Iwan Kozhedub errang seine 62 Luftsiege alle mit Lavochkin-Jägern.

Aus Alexsandr Yakovlevs Yak-1 wurde eine ganze Familie neuer und wendiger Jäger entwickelt. Von der Menge her war der wichtigste die Yak-9. Sie war speziell für Kämpfe in Bodennähe entwickelt worden, während die Yak-3, eine etwas kleinere und leichtere Maschine, sehr gute Leistung in größeren Höhen zeigte. Äußerlich ähnelten sie sich sehr, was den deutschen Piloten das Leben erschwerte, weil sie nicht wußten, gegen wen sie antraten. Beide waren sie der Yak-1 sehr ähnlich, abgesehen von dem kürzeren Heck und der Kanzel mit Rundumblick. Die Yak-9 wurde im Kampf erstmals im Dezember 1942 bei Stalingrad eingesetzt, während die Yak-3 Ende 1943 in Dienst genommen wurde. Französische Piloten des Normandie-Niemen-Regiments waren der Ansicht, daß sich die Yak-3 sogar noch leichter fliegen ließe als selbst die frühen Spitfires. Sie war sicherlich schneller und gewann rascher an Höhe, und während sich die Tragflächen der britischen Jäger bei hohen Geschwindigkeiten versteiften, blieben die der Yak-3 leicht.

Die deutschen Jagdflugzeuge an der Ostfront zwischen 1943 und 1945 waren Nachfolgemuster der Bf 109 G und der Fw 190 A, die bereits in den vorhergehenden Kapiteln behandelt worden sind. Unter der Voraussetzung, daß die Kämpfe an der Ostfront fast ausschließlich in mittleren und niedrigen Höhen stattfanden, ist es erstaunlich, daß die Fw 190 A, ein Jäger mit hervorragenden Eigenschaften im Nahkampf, nicht von allen Jagdverbänden geflogen wurde. Grund dafür war, daß die Nachfrage nach dieser Maschine derart hoch war, daß es nie genug von ihr gab. Die Aufklärung, die Luftnahunterstützung (die Schlachtgruppen) und sogar die Seezielbekämpfungsverbände „schrien" nach der Focke-Wulf.

Der Mangel an Jagdgruppen bewirkte, daß Luftnahunterstützungsverbände sich selbst um ihren Jagdschutz kümmern mußten, was dazu führte, daß auch einige Schlachtflieger auf eine erhebliche Zahl von Abschüssen im

Luftkampf kamen. Der erfolgreichste von ihnen war August Lambert. Nachdem er zuvor Fluglehrer gewesen war, wurde er im April 1943 an die Ostfront versetzt. Anfangs schoß Lambert nur ein paar russische Flugzeuge ab, errang aber auf der Krim im Frühjahr 1944 70 Siege in der fast unglaublich kurzen Zeit von nur drei Wochen und davon 46 an drei verschiedenen Tagen! Kurz darauf nahm er seine Tätigkeit als Ausbilder wieder auf. Am 17. April 1945 trafen ihn Mustangs kurz nach dem Start und töteten ihn. Er hatte 116 Maschinen abgeschossen.

Obgleich die Fw 190 A im Nahkampf die bessere Maschine war, zogen viele Experten der russischen Front die Bf 109 G vor, obgleich sie bei Start und Landung schwer zu beherrschen und auch die Sicht im Kampf nach hinten schlecht war.

Am Steuerknüppel der Bf 109 G

Fang damit an, auf die linke Tragfläche zu klettern, dann geh nach vorn zur Kanzel. Pack den Rahmen; dann mit dem rechten Bein um den Knüppel rum, und duck dich dabei unter das Dach! Dann schieb dich runter, während du das linke Bein nachziehst, und setz dich auf den Schirm, der im Metallsitz liegt. Nun die Gurte. Erst die vom Fallschirm, dann die Haltegurte. Paß auf, nicht verwechseln - ein Fehler hierbei könnte tödlich sein! Und fest anziehen. Bei einer Bauchlandung wirst du dir ohnehin wahrscheinlich weh tun, aber straffe Gurte helfen. Und wenn du aussteigen mußt und die Fallschirmgurte lose sind, siehst du Sternchen vor den Augen. Du paßt gerade rein. Die Kanten der Kanzel berühren fast deine Schultern, also leg die Ellenbogen an. Dein Mechaniker schließt das Dach und verriegelt es. Wenn du bei diesem Einsatz abspringen mußt, kannst du es abwerfen. Das Dach berührt fast das Oberteil deines Fliegerhelms aus Leder, während die Seitenscheiben nur einige Zentimeter entfernt sind. Wie eng doch alles ist! Der Sitz befindet sich sehr nahe am Boden, und du hast die Beine fast waagerecht ausgestreckt. Bei extremen Lagen ist das vorteilhaft, weil der Beginn einer Ohnmacht, die von einer Blutleere im Gehirn ausgelöst wird, sich dadurch verzögert.

Es ist Zeit, daß es losgeht. Stell die Startklappen auf 33 Prozent, Propeller steile Einstellung, Kühlerklappen auf, Einspritzdüsen fettes Gemisch, den gelben Anlasser drücken und Gas geben. Der Mechaniker am rechten Flügel steckt die Kurbel rein und dreht den Voranlasser, langsam anfangs, dann schneller und immer schneller. Wenn die Drehzahl hoch genug ist, zieht er die Handkurbel ab, und jetzt kannst du an dem kleinen schwarzen Starterhandgriff ziehen. Es „rumst" ein paarmal, und Wolken schwarzen Rauches blasen aus dem Auspuff. Der Motor brüllt auf.

Jetzt zur Startbahn. Der Winkel des Flugzeugs am Boden ist steil, und die lange Nase verdeckt die Sicht. Du willst ja nicht irgendwo gegen fahren, also fahr' mal nach rechts, mal nach links, während du durch die Seitenscheiben peilst. Die Fahrt ist rauh, du fühlst jede Unebenheit. Wenn du über einen Pfennig rollen würdest, wüßtest du, ob Kopf oder Zahl oben liegt.

Start! Gashebel langsam zurück (dies war auf dem Kontinent üblich, um Gas zu geben), und der Daimler-Benz lärmt mit unverkennbarem Gerassel sein „Thors Amboß"-Lied, während er hochdreht. Bremsen los, und die Beschleunigung drückt dich in den Sitz. Ein leichter Druck mit dem Fliegerstiefel auf das Seitenruder, um dich im Luftstrom gerade zu halten. Vorsichtig den Steuerknüppel vor: Die Nase senkt sich, und endlich kannst du nach vorn sehen. Jetzt schön so halten: ziehst du zu früh hoch, wird sie sich sofort nach hinten überschlagen – das wäre gar nicht gut! Nun wird sie schneller, 185 km/h – das reicht; langsam den Knüppel zurück, und laß die Maschine selbst abheben. Fahrgestell rein, Kühlerklappen schließen und wieder an den Steuerknüppel. Die 109 G steigt wie ein Vogel auf, rund 500 m pro Minute, der Geschwindigkeitsmesser zeigt etwas mehr als 250 km/h. Die Steuerung der Ruder fühlt sich richtig an, wenngleich ein wenig zäh, aber sie spielt leicht an. Jetzt waagerecht und bereit zum Kampf. Klapp den Schutzbügel, der die Waffenbedienknöpfe an der Steuersäule abdeckt, hoch. Jetzt das Visier an, und ein gelber Kreis mit dem Kreuz in der Mitte erscheint auf dem Klarsichtvisier, das versetzt vor deinem rechten Auge angebracht ist. Nun bist du für alles bereit.

Sieh dich gut um, besonders Richtung Sonne. Aus dieser Richtung kommen sie meist. Und flieg nicht zu tief über den Wolken: Vor diesem weißen Hintergrund kann man dich kilometerweit sehen. Die Sicht aus der Kanzel ist sehr beschränkt. Der schwere Rahmen der Frontscheibe und des Kabinendachs könnte einen ganzen Haufen Russen verdecken; also halt deinen Kopf in Bewegung und vergiß nicht die toten Winkel, besonders hinten. Mal rechts und mal links, daß du siehst, was unter deinem Heck los ist, und vergiß dabei auch deinen Rottenflieger nicht.

Nun ist es Zeit, kehrt zu machen. Wieder runter, eine Ehrenrunde um den Flugplatz, und dann gerade vor die Landebahn. Nimm nicht zuviel Geschwindigkeit weg. Fahrwerk und alle Klappen rausfahren. Du hast alle Hände voll zu tun, und das ist jetzt der Augenblick, wo es vielen Piloten der 109 schlecht ergeht. Nase hoch und ordentlich Gas geben, weil der Luftstrom bremst und sich Stau aufbaut. Jetzt kommst du unter 160 und die linke Tragfläche wird schwer. Etwas mit dem Knüppel nach rechts und gegenhalten, aber mit Gefühl. Wenn du die Geschwindigkeit zu schnell abbaust, etwas mit der Nase runter. Aber auf keinen Fall Gas geben: Tust du das jetzt, wirst du durch das Drehmoment unkontrolliert nach links rollen, und du hast nicht genügend Höhe, um dein Flugzeug wieder abzufangen. Mit 135 aufsetzen. Die Reifen kreischen, Gashebel nach vorn, und dein eben noch anmutiger Vogel hüpft und springt über das Gras. Nicht zu hart bremsen, oder du machst einen Looping am Boden. Das war's. Du bist wieder unten! Du hast's geschafft!

Die Experten

In dem Maße, in dem die Stärke der Russen zunahm, flogen die Jagdflieger wieder in einem Umfeld, das vor Zielen nur so wimmelte. Das hatte auch nachteilige Folgen. Obgleich es reichlich Gelegenheit zum Punkten gab, erhöhte sich doch die Wahrscheinlichkeit, plötzlich einen russischen Jäger am Heck zu haben, und in den letzten beiden Kriegsjahren gab es viele hervorragende Piloten auf russischer Seite. Das Geheimnis des Erfolges bestand darin, zu überleben, aber das war gar nicht so leicht. Wenn er kämpfte und schoß, mußte sich der Jagdflieger mit allen Sinnen auf sein Ziel konzentrieren, ungeachtet der Gefahr, die bei einem Nahkampfwirrwarr immer hinter seinem Rücken lauerte. Um zu überleben, mußte man zwei Grundregeln beachten. Die eine bestand in der Aufgabenteilung, indem man den Schwarm mit drei hervorragenden Piloten verstärkte, die Rückendeckung gaben, die zweite war, den Überblick zu behalten.

Walter Nowotny. Der wohl herausragendste Befürworter der ersten Grundregel war Walter Nowotny vom JG 54, dessen Schwarm sich an der Ostfront einen Namen machte. Dieser bestand aus seinem gewohnten Rottenflieger Karl „Quax" Schnorrer (35 Abschüsse in Rußland, insgesamt 46), Anton Döbele (94, alle in Rußland) und Rudolf Rademacher (90 in Rußland, insgesamt 126). Zu Beginn seiner Fliegerei machte Schnorrer eine Reihe von Bruchlandungen, was ihm den Spitznamen „Quax" eintrug. Der echte „Quax" war ein vom Pech verfolgter Pilot in einem Fliegerfilm, „Quax, der Bruchpilot", die deutsche Version von „Pilot Officer Prune". Ungeachtet dessen erbrachte Schnorrer nicht nur vorzügliche Leistungen als Nowotnys Katschmarek, indem er ihm den Rücken freihielt, als Pilot einer Me 262 schoß er auch elf feindliche Flugzeuge ab.

Dann wurde er selbst vom Himmel geholt und verlor dabei ein Bein. Was die anderen betrifft, so fand Döbele im November 1943 den Tod, als er mit einem eigenen Jäger in Norwegen zusammenstieß, während Rademacher ein paar Jahre nach dem Krieg bei einem Unfall im Segelflugzeug ums Leben kam.

Nowotny war Österreicher und errang seine ersten Luftsiege im Juli 1941, aber er hatte Anfängerschwierigkeiten, und es dauerte länger als ein Jahr, bis er 50 Flugzeuge abgeschossen hatte. Im Juni 1943 legte er dann richtig los und errang seinen 100. Luftsieg. Für die nächsten 100 Abschüsse brauchte er dann nur noch 72 Tage und lag damit auf Platz vier. Am 14. Oktober erreichte er als erster Pilot 250 Abschüsse. Im Juli 1944 flog der Führer des „Kommando Nowotny" wieder gegen den Feind. Er schoß noch drei weitere Maschinen ab, bevor er am 8. November 1944 vor dem Feind den Tod fand.

Erich Hartmann. Der Experte mit den meisten Abschüssen überhaupt war Erich Hartmann (352 Luftsiege). Hartmann überlebte den Krieg ohne einen einzigen Kratzer, obgleich er mehrfach abgeschossen wurde.

Das ermöglichte ihm, sich völlig dem Tagesgeschäft des Luftkampfs und des Überlebens zu widmen, ohne in die Fangstricke höherer Verantwortung zu geraten. Sein Werdegang ist bis ins Detail festgehalten worden, so daß wir über ein bemerkenswert deutliches Bild nicht nur seiner Kampf- und Vorgehensweise, sondern auch über deren Entwicklung verfügen.

Durch die ersten Jahre seines Fliegerlebens zieht sich deutlich ein roter Faden. Hartmann hatte Glück mit den ihn prägenden Einflüssen. Bereits seine Mutter war eine der ersten Frauen, die flogen und die ihn schon im Alter von 14 Jahren in die Segelfliegerei einführte. Als Hartmann Anfang 1942 das Fliegen der Bf 109 lernte, war der Experte und ehemalige Kunstflieger Erich Hohagen (55 Abschüsse) sein Fluglehrer. Hohagen ermutigte ihn, die Grenzen der Bf 109 zu erforschen. Im Oktober 1942 wurde er zur 9./JG 52 versetzt und hatte auch hier Glück mit seinem Vorgesetzten. Sowohl der Kommodore Dietrich Hräbak (125 Siege) als auch sein Kommandeur, Hubertus von Bonin (77 Siege), nahmen es mit militärischer Disziplin an der Front nicht so genau. Das war für den völlig unpreußischen Hartmann genau das Richtige. Unter strengeren Vorgesetzten wie Karl Borris (43 Siege) von der II./JG 26 wäre ihm ein derartiger Erfolg womöglich versagt geblieben.

Auch mit seinen ersten Unterführern hatte Hartmann Glück. Für den unerfahrenen jungen Mann war Edmund „Paule" Rossmann (93 Siege) ein ausgezeichneter Lehrmeister. Da Rossmann wegen eines verletzten Arms seine Messerschmitt in Kurven nicht eng genug herumbekam, hatte er sich gezwungen gesehen, eine eigene Taktik des „Heraushaltens" zu entwickeln. Diese bestand darin, sich von der Kurbelei fernzuhalten und eine Situation abzuwarten, in der er einen Überraschungsangriff fliegen konnte, bei dem er sicher war, ohne viele Kurven auf sein Ziel schießen zu können. Das erforderte die Fähigkeit eines Scharfschützen, eine Gabe, die Hartmann glücklicherweise besaß.

Die Flieger-Asse werden oft zu unrecht als völlig furchtlos beschrieben. Bei seiner ersten Begegnung mit einem feindlichen Flugzeug war Ernst Udet vor Angst so gelähmt, daß er nicht kämpfen konnte. Dennoch machte er weiter und wurde mit 62 Luftsiegen das große deutsche Flieger-As des Ersten Weltkriegs, das überlebte. So wie Udet erging es auch Hartmann. Bei seinem ersten Einsatzflug mit Rossmann verlor er seinen Führer, geriet in Panik und machte weit weg vom Flugplatz mit leerem Tank eine Bruchlandung. Diese demütigende Erfahrung lehrte ihn, seine Furcht in den Griff zu bekommen.

Drei weitere Unterführer halfen bei der Entwicklung der Taktik des künftigen Experten mit. Die Schwierigkeiten, eine schwer gepanzerte Il-2 abzuschießen, sind bereits erwähnt worden. Alfred Grislawski (133 Siege) brachte Hartmann bei, auf den Ölkühler zu zielen. Das setzte erhebliche Scharfschützenqualitäten und nahes Herangehen voraus. Bei Hartmanns erstem Sieg am 9. November 1942 handelte es sich um eine Il-2, doch mußte er dafür teuer bezahlen. Abgefetzte Stücke des getroffenen Russen beschädigten sein Flugzeug und zwangen ihn zur Bauchlandung. Seine beiden anderen Vorbilder hießen Hans Dammes (113) und Josef Zwernemann (126). Wie Grislawski brachten sie dem Neuling bei, nahe heranzugehen und erst dann zu schießen.

Erst am 27. Februar 1943 errang Hartmann seinen zweiten Sieg. Er flog an diesem Tag als Katschmarek der drei oben aufgeführten Kameraden. Kurz darauf machte er die Bekanntschaft mit zwei weiteren Vorbildern. Es waren Günther Rall, der Bonin als Kommandeur ablöste, und Walter Krupinski (197 Siege, davon 177 im Osten). Allgemein als „Graf Punski" bekannt wegen seines Hangs, das Leben zu genießen, hätte Krupinski in jeder Luftwaffe der Welt eine außergewöhnliche Persönlichkeit dargestellt. In der Luft war er der Typus „Kneipenkrakeeler" und brachte sich ständig in die unmöglichsten Situationen, die er jedesmal wie durch ein Wunder überlebte. Hartmann wurde Krupinskis Katschmarek, unter dessen Anleitung er dazu gedrängt wurde, nahe an den Feind heranzugehen. Es war auch Krupinski, der Hartmann den Spitznamen „Bubi" gab, der dann an ihm hängenblieb.

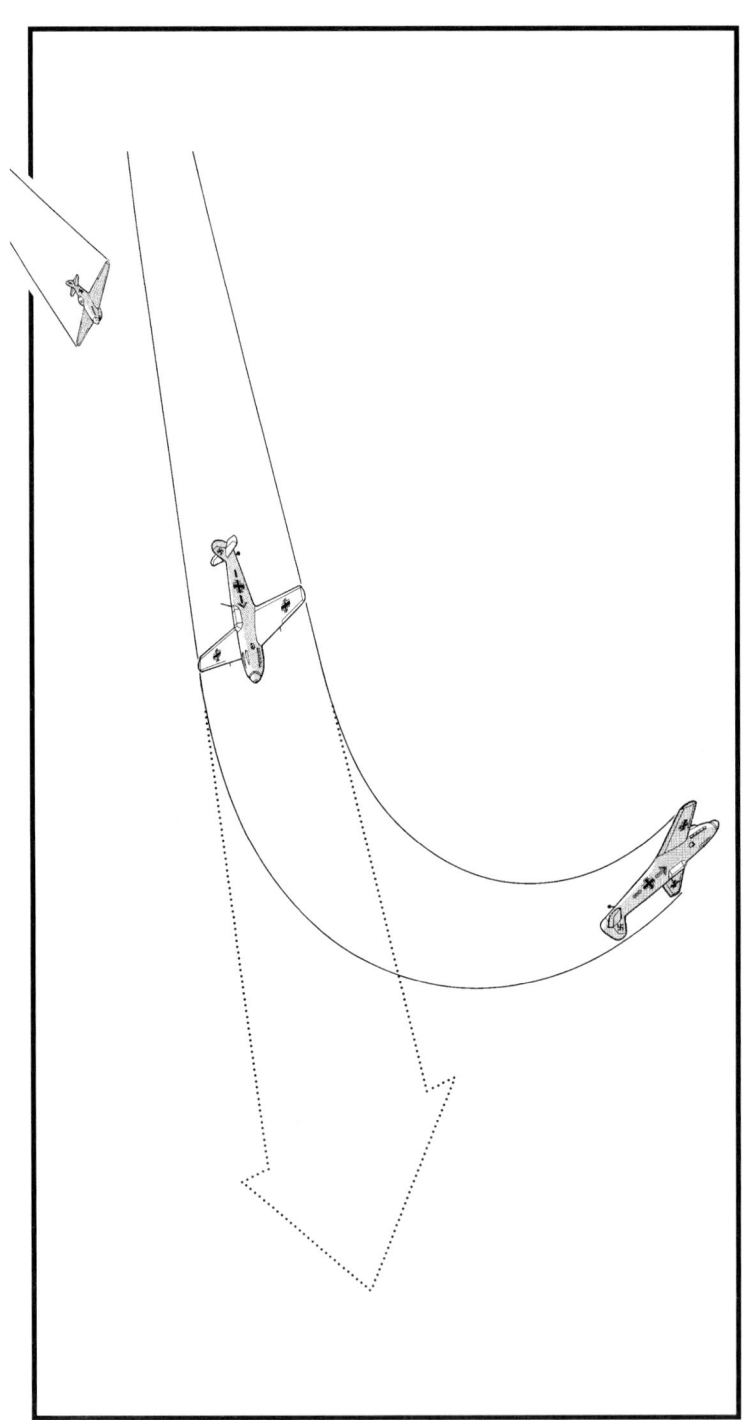

Abb. 24 Hartmanns Ausweichmanöver „Letzte Rettung"

Als sich der feindliche Jäger näherte, versetzte Hartmann sich ganz leicht seitlich zu seiner Flugrichtung, um den Angreifer über den erforderlichen Vorhalt zu täuschen. Als dieser das Feuer eröffnete, rammte Hartmann den Steuerknüppel in die vordere Ecke der Kanzel und ging mit seiner Messerschmitt in die erste Hälfte einer Rückenrolle.

Gegen Ende April des Jahres 1943 hatte Hartmann acht Siege zu verzeichnen und wurde Rottenführer. Jetzt konnte er seine eigene Taktik entwickeln, die sich aus Rossmanns sorgfältig geplantem Angriffsverfahren und dem „Ran an den Feind"-Konzept der anderen zusammensetzte. Viele Jahre später beschrieb er das folgendermaßen:

„Von wilder Kurbelei habe ich nie viel gehalten und würde mich mit den Russen nicht darauf einlassen. Überraschung war meine Taktik. Geh so hoch wie nur möglich und komm aus der Sonne ... 90 Prozent meiner Angriffe kamen unerwartet. Wenn ich einen Erfolg verzeichnen konnte, machte ich Kaffeepause und beobachtete das Gebiet weiter.

Den Gegner zu finden, hing davon ab, wo sich gerade der Kampf am Boden abspielte und wie gut man das Geschehen beobachtete. Die Bodenstationen meldeten uns über Funk den Standort des Feindes anhand eines Gitternetzes auf unseren Karten. Dadurch konnten wir in der richtigen Richtung suchen und uns die beste Angriffshöhe aussuchen. Wenn ich hoch am Himmel stand, griff ich mit Vollgas – die Sonne im Rücken – von unten an, denn dann konnte man den Gegner aus großer Entfernung gegen den hell bewölkten Himmel sehen. Der Pilot, der den anderen zuerst sieht, hat schon halb gewonnen.

Der zweite Schritt meiner Taktik betraf das Moment der Entscheidung. Es besteht darin, daß man den Feind sieht und sich dazu entschließt, sofort anzugreifen oder auf eine günstigere Gelegenheit zu warten, vorher noch in eine vorteilhaftere Ausgangslage zu fliegen oder überhaupt nicht anzugreifen. Wenn man zum Beispiel einen Feind vor der Sonne angreifen muß, wenn man nicht genug Höhe hat, wenn der Feind zwischen Wolkenfetzen fliegt, dann hält man sich in einiger Entfernung vom Feind auf, so daß man seine Angriffsrichtung ändern kann und aus der Sonne kommt oder von oberhalb der Wolken, so daß sich Höhe in Geschwindigkeit umsetzt.

Dann erst setzt man zum Angriff an. Dabei spielt es keine Rolle, ob man ein einzelnes Flugzeug angreift oder einen Burschen aus einer Formation herausholt. Das einzig Wichtige ist, ein feindliches Flugzeug zu zerstören. Fliege schnelle und aggressive Manöver und presche dicht heran, so nah wie nur möglich, um garantiert zu treffen und Munition zu sparen. Ich habe meinen Männern gesagt: „Drück' erst auf den Auslöser, wenn die gesamte Frontscheibe ausgefüllt ist. Dann drehe ab oder wende." Wenn man getroffen hat und abdreht, sollte man ans Überleben denken. „Sieh dich sofort um und prüfe, ob niemand hinter dir ist. Sieh nach, ob dich jemand in der Gegend angreifen könnte, oder suche dir einen neuen Ausgangspunkt für eine Wiederholung, wenn sich dazu die Möglichkeit bietet."

Hartmann hatte am Himmel über 800 Begegnungen mit dem Feind, so daß es unvermeidlich war, daß er gelegentlich selbst zum Ziel wurde. Um aus diesen Situationen unbeschadet hervorzugehen, entwickelte er eine eigene, besondere Vorgehensweise:

„Fliege schön geradeaus und gib seitlich etwas Ruder, so daß du dich zeitlich und vom Angreifer nicht bemerkt, etwas versetzt. Wenn er dann schießt, drückst du steil nach rechts oder links unten in den negativen g-Bereich weg und vergißt dabei nicht, die ganze Zeit weiter Rudereinschlag zu geben. Dein Angreifer wird mit negativen gs in den Gurten hängen und nicht mehr am Abzug ziehen können. Dieses Flugmanöver hat mir mehrfach das Leben gerettet."

Erst Mitte 1943 gelang Hartmann endgültig der große Durchbruch. Bis zum Morgen des 7. Juli hatte er 27 Maschinen abgeschossen. Am Abend des 20. September war seine Liste auf 100 angestiegen. Um seine Erfolge begannen sich die ersten Legenden zu bilden. Es wird behauptet, Hartmanns persönliches Zeichen an der Seite der Kanzel seiner Bf 109 G sei stets ein blutendes Herz mit dem Namen „Usch" (seiner Verlobten) gewesen, aber wenigstens eine seiner Maschinen trug dort die Aufschrift „Dicker Max". Seine Maschine sei stets mit einem schwarzen Muster aus Tulpen auf der Motorabdeckung versehen gewesen. In Wirklichkeit ist er mit einem so dekorierten Flugzeug nur fünf- oder sechsmal in der Ukraine geflogen. Bei diesen Einsätzen war er erfolglos, und so kam er davon wieder ab. Schließlich wird berichtet, er sei bei den Russen als „der schwarze Teufel" bekannt gewesen. Dabei lautete sein unmilitärischer Deckname über Funk in Wahrheit ganz anders: „Karaya Eins" („Liebling Eins"), und dieser Name war natürlich auch dem Gegner bekannt.
In den nächsten Monaten schoß Hartmann Russen über Russen ab, und am 1. Juli 1944 wies sein Abschußkonto 250 Abschüsse aus. Er war damit der fünfte Pilot, der diese Ziffer erreichte, und er war auch der letzte, dem dies gelingen sollte. Seine erprobten und bewährten Methoden erwiesen ihm nach wie vor gute Dienste, während weniger vorsichtige Piloten auf der Strecke blieben. Im März 1945, bei 336 Abschüssen, wurde er zum JG 7 versetzt, um die Me 262 zu fliegen. Da der Flugplatz jedoch ständig angegriffen wurde, war das Fliegen nur unter Einschränkungen möglich, und kurz darauf kehrte er nach Rumänien zum JG 52 zurück, wo er auch das Ende des Krieges erlebte.
In Rumänien traf er auf amerikanische Mustangs. Sieben konnte er abschießen, aber einmal wurde er von acht amerikanischen Jägern zugleich

gestellt und war wegen Treibstoffmangels gezwungen, abzuspringen, obgleich er nicht getroffen worden war. Kurz darauf war der Krieg zu Ende. Erich Hartmanns Endstand waren 352 Luftsiege, davon 260 Jäger. Er war immer mit der Bf 109 G geflogen, über die er sagte:

„Sie war sehr wendig, leicht zu bedienen und kam rasch auf hohe Geschwindigkeiten, wenn man etwas runterging. Und was Kunstflugmanöver betrifft, so konnte man mit der Bf 109 trudeln und sie dann sehr leicht wieder abfangen. Die einzigen Schwierigkeiten traten beim Start auf. Sie hatte einen starken Motor und nur ein kleines Fahrwerk mit schmaler Spur. Wenn man zuviel Gas beim Start gab, kippte sie um 90 Grad zur Seite weg. Beim Start haben wir eine Menge Piloten verloren."

Erich Hartmanns Abschußerfolg wird nie übertroffen werden. Kaum eine Luftwaffe kann es sich leisten, 352 Flugzeuge zu verlieren, vor allem nicht an einen einzigen Gegner!

11. Die Düsenjägerasse

Im Jahr 1944 stießen die Jagdflugzeuge mit Kolbenmotor an die Grenzen des technisch Möglichen, so daß erhebliche Leistungssteigerungen erforderlich waren, um auch nur geringe Fortschritte bei den technischen Daten zu erzielen. Doch der Fortschritt hing von einer neuen Form des Antriebs ab. Das war möglich in Form eines Motors, der auf dem Rückstoßprinzip basierte, sei es Gasturbine oder Rakete. In der Forschung lag Deutschland in beiden Bereichen vorn, aber die verzweifelte Situation bedingte, daß diese neue Technik in die Truppe kam, bevor sie richtig ausgereift war. Dennoch standen der Luftwaffe nicht weniger als drei neue Flugzeugtypen – Raketen- oder Düsenjäger – bei Kriegsende zur Verfügung. Obwohl das eine erstaunliche Leistung war, kamen diese Maschinen zu spät, und außerdem reichte ihre Anzahl nicht aus. Die Alliierten hatten über Deutschland die Luftüberlegenheit errungen, und die Qualität wurde durch die Quantität an die Wand gespielt.

Der Düsenjäger und seine Gegner

Zwei der neuen Jägertypen leisteten wenig, brachten keine Experten hervor und können deshalb nach kurzer Betrachtung übergangen werden. Diese beiden waren die Heinkel 162 „Volksjäger" und die Messerschmitt Me 163 „Komet".

Der Volksjäger war der letzte verzweifelte Versuch, der Jagdwaffe in kurzer Zeit eine zahlenmäßige Stärke zu verleihen. Der Grundgedanke lautete hier „schnell und billig" und schloß eine Massenproduktion durch nur unzureichend ausgebildetes Personal ein, das mit den verfügbaren Materialien auszukommen hatte. Das Flugzeug sollte in Massen zum Einsatz kommen und auch nur von letztlich unzureichend ausgebildeten Piloten geflogen werden, die, wenigstens anfänglich, direkt nach einer Schulung auf Segelflugzeugen auf diese Maschine umsteigen sollten.

Das BMW-Düsenaggregat war recht ungewöhnlich auf die Rumpfoberseite des Flugzeugs aufgesetzt worden, wo es die Sicht des Piloten aus der Kanzel nach hinten weitgehend versperrte. Die Fluglage der Maschine selbst litt unter Instabilität, und nur eine Handvoll von ihnen ging je ins Gefecht. Von ein paar Experten weiß man, daß sie mit dieser Maschine,

Übersicht 20 - Deutsche Düsenjäger 1944-45

	Heinkel He 162A-2 Volksjäger	Messerschmitt Me 163 Komet	Messerschmitt Me 162 Schwalbe
Spannweite	7,21 m	9,33 m	12,49 m
Länge	8,07 m	5,69 m	10,61 m
Höhe	2,55 m	2,75 m	3,84 m
Tragflächen	11,15 m²	19,60 m²	21,74 m²
Motor(en)	BMW 109-003 Turbojet 797 kg	Walter Hwk 109-509A Rakete 1.699 kg	2 x Junkers Juno 2 x 109-004 B Turbojet 897 kg
Fluggewicht	2.487 kg	4.096 kg	6.388 kg
Tragflächen-belastung	224 kg/m²	102-210 kg/m²	293kg/m²
Höchstgeschw.	840 km/h	959 km/h	869 km/h
Gipfelhöhe	10.980 m	10.470 m	11.457 m
Steigfähigkeit	1.290 m/min	3.600 m/min	1.200 m/min
Reichweite	997 km	80 km	846 km
Bewaffnung	2 x 20 mm MG 151	2 x 30 mm MK 108	4 x 30 mm MK 108

jedoch nicht notwendigerweise im Kampf, geflogen sind, unter ihnen Heinz Baer, von dem wir noch hören werden, Herbert Ihlefeld (130 Luftsiege) und Paul-Heinrich Dahme (98), der bei einem Übungsflug mit einer He 162 am 24. April 1945 ums Leben kam.

Die „Komet" war ein Abfangjäger mit einer eng begrenzten Reichweite und einem Raketenmotor mit Flüssigtreibstoff. Obgleich dieser Antrieb der Maschine eine Höchstgeschwindigkeit verlieh, die weit über der eines Flugzeugs mit Kolbenmotor lag, und die Steigfähigkeit mehr als zweimal so gut war, verbrauchte sie unglaubliche Mengen an Treibstoff. Obwohl die mitgeführte Treibstoffmenge das Leergewicht des Flugzeugs überstieg, konnte es sich nur acht Minuten, bei voller Leistung noch kürzer, in der Luft halten.

Um das Fluggewicht gering zu halten und gleichzeitig die Leistung zu steigern, hatte die „Komet" kein gewöhnliches Fahrwerk. Sie startete von einem Gestell auf Rollen und landete auf einziehbaren Kufen. Auf einer unebenen Oberfläche zogen sich die Piloten bei den harten Landungen häufig Rückenverletzungen zu.

Zwei Treibstoffe wurden verwendet, von denen der eine äußerst ätzend war, so daß die Piloten besonders widerstandsfähige Overalls tragen mußten. Kam der eine Treibstoff mit dem anderen in Kontakt, entzündeten sie sich schlagartig. Das kleinste Leck konnte aufgrung der Instabilität dieser Substanzen eine Explosion bewirken. Unfälle dieser Art waren häufig: Die „Komet" tötete mehr eigene als feindliche Piloten.

In der Luft ließ sich die „Komet" trotz ihrer ungewöhnlichen Formgebung ohne Schwanz leicht handhaben. Bei Einsätzen mußte sie bis zur letzten Minute am Boden bleiben. Doch ging sie dann endlich an den Start, konnte sie dank ihrer glänzenden Steigfähigkeit in zwei oder drei Minuten die Flughöhe der Bomber erreichen. Wegen des Rauchschweifs aus dem Auspuff konnte ihr Aufstieg nicht verborgen bleiben, aber sie war zu schnell, als daß man sie mit herkömmlichen Jägern hätte abfangen können. Wenn der Treibstoff verbraucht war, wurde sie zum Segelflieger, was nicht ganz so selbstmörderisch war, wie es klingt. Selbst ohne Antrieb konnte die „Komet" im Sturzflug schneller als 800 km/h fliegen und war ab 400 km/h erstaunlich wendig. Das wirkliche Problem bestand darin, zum Flugplatz zurückzukommen, und der Pilot mußte beim ersten Landeanflug zum Boden zurückkehren.

Experten, die die „Komet" mit Sicherheit geflogen haben, waren Wolfgang Späte (99 Siege, hauptsächlich an der Ostfront; zusätzlich fünf weitere später mit der Me 262) und Robert Olejnik (41 Siege). Dieser entwickelte Angriffsverfahren für die „Komet", wobei man bei einem dieser Verfahren wie auf der Achterbahn durch die Bomberformation flog, immer abwechselnd über und dann unter jedes Ziel in Folge. Bei einer Gelegenheit schoß er, während eines einzigen Einsatzes wohlbemerkt, drei B-17 ab, wurde aber wenig später bei einem Landeunfall schwer verletzt.

Wäre die „Komet" zuverlässiger gewesen, hätte sie ein äußerst wirkungsvoller Abfangjäger im Nahbereich sein können. Aber obgleich sie beim JG 400 in Dienst gestellt wurde, bewirkte ihr Einsatz wenig.

Der einzige wirklich erfolgreiche Düsenjäger Deutschlands im Einsatz war die Me 262, deren Leistungsfähigkeit unglücklicherweise durch die Kurzlebigkeit und Anfälligkeit ihrer Düsenaggregate eingeschränkt wurde. Da die ersten Triebwerke nur verhältnismäßig wenig Schub lieferten, mußte man sich für einen leichten und einfachen einmotorigen Jäger wie etwa die He 162 entscheiden oder ein zweimotoriges Modell entwickeln. Im Fall der „Schwalbe" wählte man die zweite Möglichkeit. Zwei Junkers Jumo-Düsentriebwerke wurden im Unterbau an die Tragflächen montiert. In einer nachträglichen Beurteilung – hinterher ist man ja stets klüger – muß gesagt werden, daß die Me 262 wohl ein besseres Jagdflugzeug gewesen wäre, wenn die Triebwerke nebeneinander unter dem Rumpf angebracht worden wären. Diese Anordnung hätte die Schwierigkeiten, die durch ungleichmäßigen Schub entstanden – stets ein Problem bei unzuverlässigen Motoren –, deutlich verringert und die Leistung beim Rollen verbessert.

„Unsere Grundeinweisung dauerte einen Nachmittag. Wir wurden mit den Besonderheiten des Düsentriebwerks, den Gefahren des Motorstillstandes in großen Höhen und der geringen Beschleunigung bei niedriger Geschwindigkeit vertraut gemacht. Es wurde uns vor Augen gehalten, wie wichtig die sorgsame Bedienung der Gashebel sei, da sonst die Motoren Feuer fingen. Aber uns wurde nicht gestattet, unter die Abdeckung des Düsentriebwerks zu sehen. Uns wurde gesagt, das sei streng geheim, und wir brauchten davon nichts zu wissen."

Walther Hagenah, III./JG 7

Aber diese Überlegungen erfolgten im nachhinein, und so handelte man nicht. In einer der vielen Geschichten, die sich um die Me 262 ranken, heißt es, sie hätte als Jäger viel früher im Einsatz sein können, hätte Hitler sie nicht als Bomber betrachtet. In Wirklichkeit verzögerte Hitlers Eingreifen die Entwicklung um kaum drei Wochen.

Die Überlegenheit der Me 262 beruhte auf ihrer unglaublichen Geschwindigkeit, die es ihr ermöglichte, den Schirm des amerikanischen Begleitschutzes relativ gefahrlos zu durchbrechen. Sie hatte unzählige Schwächen, selbst wenn ihre Triebwerke arbeiteten, wie sie sollten. Wenn man eine Me 262 zwingen konnte, hart abzudrehen, baute sie Geschwindigkeit ab und wurde verwundbar. Nach dem Start erreichte sie nur langsam die Kampfgeschwindigkeit und war während dieser Zeit anfällig gegenüber feindlichen Jägern. Ihre Grundbewaffnung bestand aus 30-mm-Maschinenkanonen. Obgleich deren Wirkung im Ziel sehr hoch war, bedingte die relativ geringe Mündungsgeschwindigkeit, daß man dicht am Ziel sein mußte, um genau zu treffen. Dadurch geriet der Düsenjäger unweigerlich in den Wirkungskreis des tödlichen Abwehrfeuers der amerikanischen Bomber.

Wie alle frühen Düsentriebwerke benötigten die Jumo-Motoren große Mengen Treibstoff, und ein durchschnittlicher Einsatz dauerte deshalb weniger als eine Stunde. Darüberhinaus war die Me 262 nicht in der Lage, die Geschwindigkeit schnell zu verringern. Vor der Landung benötigte sie einen langen, geraden Anflug, um langsamer zu werden. Auf dieser Strecke

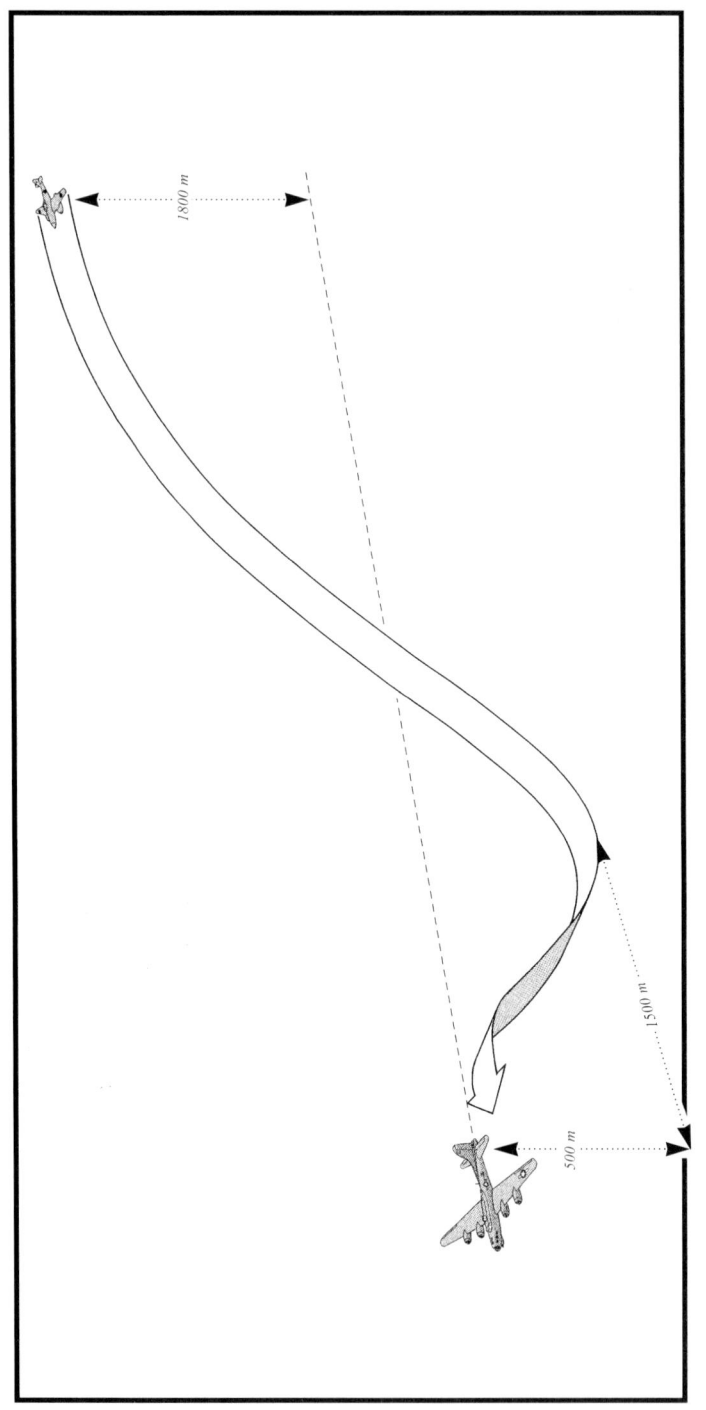

1800 m

1500 m

500 m

Abb. 25 „Achterbahn"

Um die schweren amerikanischen Bomber anzugreifen, setzten die Piloten der Me 262 zum Angriff überhöht von
hinten an. Ein flacher Sturzflug brachte sie durch den Jagdschutz zu einem Punkt etwa 1500 m hinter und 500 m
unter den Bombern. Jetzt zogen sie hoch, um Geschwindigkeit abzubauen, und griffen danach wie andere
Jagdmaschinen sonst auch, von hinten an. Anschließend drehten sie nach unten ab.

war sie wehrlos den alliierten Jägern ausgesetzt, die schon bald die Anflugschneisen der Flugplätze, von denen man wußte, daß dort Me 262 stationiert waren, überwachten. Auf diese Weise gingen sehr viele Me 262 verloren.

Schwalbe im Einsatz

Der erste Verband, der mit der Me 262 ausgestattet war, das Kommando Nowotny, flog im Juli 1944 die ersten Einsätze gegen den Feind. Bei diesem Kommando handelte es sich eigentlich eher um einen Versuchsverband, und Schwierigkeiten mit den noch nicht ausgereiften Düsentriebwerken führten dazu, daß selten mehr als vier Maschinen zur gleichen Zeit einsatzbereit waren. Erst im September war das Jumo 109-004-Triebwerk so ausgereift, daß es in die Massenproduktion gehen konnte, hatte aber auch dann nur eine kurze Lebensdauer. Um die Temperaturen in Grenzen zu halten, mußten sich die Piloten während des Fluges mindestens genauso intensiv um die Triebwerke kümmern wie um das Fliegen selbst.

Beim Start sah das folgendermaßen aus: In Ausgangsstellung gehen und beide Bremsen betätigen. Die Trimmung auf Minus drei Grad vorn und 20 Grad Startklappen. Stoppuhr einschalten. Gas geben bis 7 000 Touren, dann Bremsen lösen und Vollgas. Abheben zwischen 280 und 320 km/h und dabei den Steuerknüppel etwas zurück. Zog man zuviel und wurde der Anstellwinkel der Tragflächen zu hoch, stieg der Luftwiderstand so stark an, daß der sich langsam aufbauende Schub ihn nicht überwinden konnte. Bremsen betätigen und das Fahrwerk einziehen, bevor man schneller als 420 km/h fliegt. Startklappen wieder herein unter 580 km/h, dann die Trimmung auf „normal" stellen. Drehzahl auf 8 000 bis 8 300 Umdrehungen halten.

Befand sich die Me 262 dann in der Luft, mußten die Überwachungsanzeigen der Motoren und die Treibstoffzufuhr im Auge behalten werden. Wurden die Gashebel unsachgemäß bedient, kam es zum Druckabfall beim Verdichter, und der Treibstoff zündete nicht mehr. Stieg die Temperatur der Turbinen zu sehr an, brach gewöhnlich Feuer aus. Um dazu Adolf Galland zu zitieren: „Am besten war es, bis zu einem bestimmten Punkt zu gehen, alles so zu lassen, wie es war, dann einfach zu fliegen und das Gas erst wieder zur Landung zurückzunehmen." Beim Luftkampf vermied man plötzliche Richtungsänderungen bei schräg angestelltem Flugzeug. Das konnte nicht nur zum Druckabfall der Verdichter führen, sondern der erhöhte Luftwiderstand baute auch in gefährlichem Maße Geschwindigkeit ab, die nur mühsam wieder aufgebaut werden konnte. Und sobald sie Geschwindigkeit verlor, konnte die Me 262 leicht zum Opfer konventioneller Flugzeuge werden.

Die Landung war ebenfalls ein schwieriges Unterfangen. Erst mußten die Triebwerke auf 6 500 Touren zurückgefahren werden. Dann ging man mit der Geschwindigkeit auf 580 bis 515 km/h herunter. Das erreichte man, indem man das Flugzeug etwas anstellte, um den Gegendruck zu erhöhen. Da die Leistung zurückgenommen worden war, begann die Maschine gleichmäßig zu fallen. Beim nun folgenden Ausfahren des Fahrwerks wurde die Me 262 schwanzlastig, was durch Nachtrimmen ausgeglichen werden mußte. Gleichzeitig verminderte sich die Geschwindigkeit auf 480 km/h. Dann stellte man die Klappen auf 20 Grad. Bei Richtungsänderungen durfte jetzt die Geschwindigkeit nicht mehr unter 450 km/h fallen, da sonst das Flugzeug abstürzte.

Glaubte man dem Handbuch, so konnte man durchaus auch mit nur einem Motor fliegen und sogar in beide Richtungen – zum nicht arbeitenden Triebwerk hin und entgegengesetzt zu ihm – Kurven fliegen. Mißlang der erste Landeanflug, konnte man angeblich durchstarten. Da man jedoch nur langsam Gas geben durfte und die Maschine bei geringer Geschwindigkeit nur verhalten beschleunigte, war das wohl keine wörtlich zu nehmende Zusicherung.

Indienststellung der Me 262

Mit der Me 262 wurden während des Krieges Aufklärungs- und Bomberverbände und kleine Sondereinheiten wie das Kommando Nowotny ausgestattet, jedoch nur ganz wenige Jagdflieger. Bei diesen handelte es sich um drei Gruppen des JG 7 und die I./KG(J) 54 mit ehemaligen Bomberpiloten, die Erfahrung im Instrumentenflug hatten und auch bei schlechter Sicht fliegen konnten. Als Begründung wurde angeführt, daß Bomberpiloten schneller zu Jagdfliegern umzuschulen seien, als Jagdfliegern Instrumentenflug beizubringen sei. Die 10./NJG 11 war die einzige Nachtjagdstaffel mit Düsenjägern. Schließlich gab es noch den berühmten Jagdverband JV 44, bei dem ausschließlich Experten flogen.

Obgleich den Alliierten die Me 262 seit dem Spätsommer 1944 im Kampf entgegentrat, war bis zur zweiten Januarwoche 1945 nicht eine Tagjagdeinheit einsatzfähig. Erst am 9. Februar kam die Me 262 in nennenswertem

Umfang zum Einsatz, und selbst dieser Tag endete mit einem Fehlschlag. Zehn ehemalige Piloten der I./KG(J) 54 traten gegen einen großen amerikanischen Bomberverband an und verloren dabei sechs Düsenjäger, die von Mustangs abgeschossen wurden. Nur eine B-17 wurde beschädigt.

Rudolf Rademacher von der III./JG 7 (seit kurzem der „Schwarm Nowotny") errang alle seine Luftsiege mit dem Düsenjäger im Februar. Dabei handelte es sich um einen Spitfireaufklärer, eine Mustang, fünf B-17 und einen B-24. Aber nur wenige hatten so viel Glück. Dann wurde gegen Ende des Monats unter dem Kommando Adolf Gallands das JV 44 aufgestellt. Es war ein Eliteverband im wahrsten Sinne des Wortes. Zu diesem Verband gehörten Gerd Barkhorn (301 Abschüsse), Heinz Baer (220), Walter Krupinski (197), Johannes Steinhoff (176), Günther Lützow (108) und Heinz „Wimmersol" Sachsenberg (104). Das viel größere JG 7 zog ebenfalls eine Reihe Berühmtheiten an, darunter Erich Rudorffer (222), Heinrich Ehrler (209), Theodor Weißenberger (208) und Walter Schuck (206). Dieser Verband startete am 3. März 1945 den ersten Großangriff mit der Me 262. 29 Einsätze mit Düsenjägern wurden gegen schwere amerikanische Bomber geflogen, wobei sechs Bomber und zwei Jäger abgeschossen wurden und nur eine einzige Me 262 verlorenging.

Im Verlauf des Monats griffen mehrfach 20 bis 40 Düsenjäger schwere Bomberverbände an, die aus mehr als 1 000 Maschinen und starkem Begleitschutz bestanden. Die Abschußerfolge zeigen, was mehrere hundert Düsenjäger hätten bewirken können. Zwei außergewöhnliche Experten vom JG 7 büßten während dieser Zeit ihr Leben ein. Es handelte sich dabei um Hans „Dackel" Waldemann (134 Abschüsse), der am 8. März im Nebel mit einer anderen Me 262 zusammenstieß, und um Heinrich Erler, der am 4. April dem Abwehrfeuer der Bomber zum Opfer fiel.

Das JG 44 flog erst am 5. April seine ersten Einsätze, aber zu diesem Zeitpunkt war die Lage schon so verzweifelt, daß nur ein halbes Dutzend Maschinen zugleich einsatzbereit war. Gallands Eliteverband pfiff auf dem letzten Loch.

Die Experten

Die Me 262 wurde zu spät eingesetzt und mußte gegen eine ungeheure Übermacht antreten. Nur wenige Experten schossen mehr als zehn feindliche Maschinen ab. In Anbetracht der militärischen Lage zu diesem Zeitpunkt waren sie jedoch äußerst erfolgreich. Zum Vergleich sei bemerkt, daß

Jagdfliegerasse der Me 262

Heinz Baer 16	Hermann Buchner 12	Erich Rudorffer 12
Franz Schall 14	Georg-Peter Eder 12	Karl Schnorrer 11

die von Deutschen erreichte Abschußziffer von 16 Luftsiegen mit dem Düsenjäger nur ein einziges Mal und von nur einem Piloten, einem israelischen, fast 30 Jahre später übertroffen worden ist.

Johannes „Macky" Steinhoff. Nur sechs der 176 Siege „Macky" Steinhoffs entfielen auf die Me 262. Aber als Kommodore des JG 7, dem ersten und einzigen jemals existierenden Düsenjägergeschwader, ist sein Name untrennbar mit der Entwicklung taktischer Kampfverfahren für diesen neuen Flugzeugtyp verbunden, und er ist zweifellos derjenige Experte, der den größten Einfluß auf die späteren Einsatzverfahren hatte.
Steinhoff war zu Kriegsbeginn Staffelkapitän der Nachtjagdstaffel 10./JG 26 und flog die Messerschmitt Bf 109 D. Die erste Feindmaschine, einen Wellingtonbomber, schoß er jedoch am 18. Dezember 1939 bei Tag ab. Wie bereits oben erwähnt, wurde er zur Tagjagd versetzt. Er führte die 4./JG 52 während der gesamten Schlacht um England und nahm dann mit seinem Verband am Rußlandfeldzug teil. Im Februar 1943 schoß er seine 150. Maschine ab und wurde im folgenden Monat zum Kommodore des JG 77 in Tunesien ernannt. Mit diesem Verband fiel ihm die undankbare Aufgabe zu, kurz nacheinander zwei Rückzüge zu decken: zuerst den aus Nordafrika und dann den aus Sizilien. Ab Dezember 1944 führte er das JG 7.
Steinhoffs erste Aufgabe bestand darin, seinen Verband auf die Einsätze vorzubereiten. In einer ersten Neuerung ließ er den Schwarm mit seinen vier Maschinen fallen und kehrte zur Kette mit drei Flugzeugen zurück. Die Me 262 konnte nicht von Graspisten, sondern nur von langen, befestigten Startbahnen aus starten. Zur Not konnten sich drei Me 262 auf einer gebräuchlichen Rollbahn nebeneinander zum Start bereithalten. Während der Schwarm wegen des gegenseitigen Schutzes eingeführt worden war, schützte die hohe Geschwindigkeit die Me 262 gegen Angriffe von hinten. Wie wir bereits gesehen haben, war schon Erich Mayer vom JG 2 in Kette gegen die schweren Bomber geflogen und hatte davon nur Abstand genommen, wenn sich diese aufgrund des starken Begleitschutzes nicht durchführen ließ.

206

Die nächste Aufgabe, die in Angriff zu nehmen war, betraf die Angriffsmethode. Die hohe Geschwindigkeit war eine hervorragende Sache, um Begleitjägern zu entkommen oder sie zu überraschen, aber beim Angriff auf die viel langsameren Bomber war sie eher nachteilig. Um Steinhoff zu zitieren:

„Sich von oben hinter die Ziele und in deren Windschatten zu begeben, war wegen der Gefahr, beim Sturzflug die Höchstgeschwindigkeit zu überschreiten, nicht möglich. Die Flugzeuge hatten keine Schutzklappen, mit denen man die Beschleunigung, die ein solches Manöver mit sich brachte, hätte in Grenzen halten können. Ein frontaler Angriff auf Kollisionskurs mit den Bombern - bei den Experten besonders beliebt, weil das Ziel dann praktisch wehrlos, aber die Besatzung der Fliegenden Festungen dem Kugelhagel der Angreifer ausgesetzt waren - kam ebenfalls nicht in Frage, da die zu addierende Geschwindigkeit beider Flugzeuge (etwa 1130 km/h) dergleichen nicht zuließ."

Sogar von hinten war die Annäherungsgeschwindigkeit noch zu hoch. Tatsächlich gab es für dieses Problem keine brauchbare Lösung, solange die Düsenjäger noch mit Rohrwaffen angreifen mußten. Eine Behelfslösung bestand darin, aus einer Position von hinten etwa fünf Kilometer hinter und 1 500 m über den Bombern in einen flach geneigten Hochgeschwindigkeitsflug zu gehen und auf einen Punkt etwa 1 500 m hinter und 500 m tiefer als die Bomber zuzufliegen. Dort angekommen, zogen die Jäger hoch, um Geschwindigkeit abzubauen, und konnten von dort aus dann mit einer geringeren Geschwindigkeitsdifferenz angreifen. Aber noch immer mußten sie in den Schirm des Abwehrfeuers der Bomber einbrechen, und aus diesem Grund hatten sie weiterhin hohe Verluste.
Jetzt griff die politische Führung ein, und Steinhoff verließ das JG 7. Kurz darauf wurde er einer der Gründerväter des JV 44. Im April traf er im Gefecht auf Lightnings der USAAF. Sofort ging er im Sturzflug zum Angriff über:

„.... die Lightnings vor mir wurden sehr schnell größer, und innerhalb von Sekunden war ich hinter einer der Maschinen am Rande der Formation, von wo aus ich schießen konnte. Als ob sie vorher gewarnt worden wären, drehten sie in dem Moment ab, in dem ich das Feuer eröffnete. Meine Kanone schoß in rasender Folge Pop-Pop-Pop. Ich versuchte, den Lightnings in ihren engen Kehren zu folgen, aber die Schwerkraft preßte mich mit derartiger Kraft auf den Fallschirm hinunter, daß ich Schwierigkeiten

hatte, meinen Kopf gerade vor dem Visier zu halten ... Dann ging ein Beben durch meine Maschine, als die Vorflügelklappen heraussprangen: Ich hatte die zulässige Gravitationsbelastung überschritten."

Die Me 262 mit ihrer hohen Tragflächenbelastung war für den Nahkampf ungeeignet. Die Lightnings gingen in Spiralen nach unten, und Steinhoff konnte ihnen nicht folgen. Sein Düsenflugzeug besaß keine Bremsklappen, so daß es nicht möglich war, die Me 262 steil nach unten zu drücken, ohne die Schallgrenze zu erreichen. Nur wenige Tage später verunglückte „Macky" Steinhoff bei einem Start und erlitt schwere Verbrennungen. Er überlebte den Krieg und befehligte später die neue deutsche Luftwaffe.

Kurt Welter. In den ersten Kriegsjahren war Welter Fluglehrer und stieß dann im Sommer 1943 zur „Wilden Sau" der 10./JG 300, wo er die Fw 190 A-8 flog. In nur 40 Einsätzen schoß er 33 Flugzeuge ab, an einem Tag einmal vier. Im Sommer 1944 wurde seine Einheit mit der 2./NJG 11 zusammengelegt. Im Dezember 1944 begann er, die Me 262 als Nachtjäger zu fliegen und führte eine kleine Abteilung mit dem Namen „Kommando Welter". Bei Angriffen gegen schwere Bomber bei Nacht erwies sich die hohe Geschwindigkeit der Me 262 sogar als noch störender als bei Tage, aber man konnte mit ihr ganz ausgezeichnet Mosquitos jagen. Sie war der einzige Nachtjäger, der das britische Flugzeug spielend übertraf. Welter erprobte auch die Nachtjagdvariante der Arado 234, wies sie jedoch mit der Begründung zurück, daß die flachen Tafeln der Kabinenverglasung zu sehr störenden Reflexen führten.
Obgleich er bei einigen seiner Abschüsse mit der Normalausführung der Me 262 flog, von der Leitstelle am Boden aus geführt wurde und Suchscheinwerfer einsetzte, flog er auch einen Einsitzer mit dem FuG 218-Radargerät. Mit dieser Maschine schoß er zwei schwere Bomber und drei Mosquitos ab. Im Februar 1945 wurde ein halbes Dutzend Zweisitzer mit Radar ausgeliefert und von der 10./NJG 11 unter Welters Kommando geflogen. Es handelte sich dabei um den einzigen Verband der Luftwaffe mit Düsenjägern im Nachteinsatz. Zwischen der Aufstellung dieses Verbandes im Januar und dem Ende des Krieges schoß die 10./NJG 11 bei Nacht 43 Mosquitos ab und weitere fünf hochfliegende Aufklärungsflugzeuge bei Tag. Diese Leistung wurde mit nur 70 Einsatzflügen erbracht.
Welters genaue Abschußziffer ist nicht bekannt, aber man geht davon aus, daß er mehr als 50 Luftsiege erfochte, obgleich manche Quellen ihm noch weit mehr zubilligen. Bei 35 seiner Abschüsse handelte es sich um

Mosquitos, von denen er eine durch Rammen zum Absturz brachte. Fraglich ist dabei, ob er vorsätzlich handelte oder es versehentlich geschah. Welter überlebte den Krieg, kam aber wahrscheinlich 1947 bei einem Unfall ums Leben.

Nachwort

Welche Einstellung man auch zu dem Regime haben mag, für das die Jagd-
flieger kämpften, ihre Tapferkeit und ihr Können stehen außer Frage. Ihre
Leistungen im Luftkampf übertrafen bei weitem die jeder anderen Nation.
Im Westen hielt man ihre Abschußerfolge anfangs für unglaubwürdig, aber
gründliche Untersuchungen nach dem Krieg haben sie allgemein bestätigt.
Ein Jagdflieger-As ist eine Erscheinung der jüngsten Neuzeit und bedeutet
zugleich das Wiederaufleben der Tage des ruhmreichen Einzelkämpfers.
Geboren wurde er im Blutvergießen des Ersten Weltkriegs, in dem Hun-
derttausende namenlos im Schlamm starben, erschlagen von Männern wie
sie selbst, doch von Männern, die sie kaum je zu Gesicht bekamen. In solchen Zeiten sucht man verzweifelt nach Helden.

Der Luftkrieg begann 1915. Die ersten Flieger kämpften hoch über den
Gräben Mann gegen Mann. Ihre Erfolge sah man nicht nur, man konnte sie
auch an der Anzahl der abgeschossenen Feindflugzeuge messen. So wurden sie zu den Rittern der Lüfte, eine Vorstellung, die durch die Pflege eigener Gebräuche und häufig irrelevanter heraldischer Abzeichen noch geför-
dert wurde.

Obgleich der durchschnittliche Artillerist für den Tod einer größeren
Anzahl von Menschen auf der Seite des Feindes verantwortlich war als der
durchschnittliche Pilot, zog doch der Pilot die ganze Aufmerksamkeit auf
sich. Die Asse der Jagdflieger führten der Kriegführung wieder verloren
geglaubte Werte zu. In Wahrheit zeigte sich im Luftkampf nur recht wenig
Ritterlichkeit, aber der Glanz des Ruhms und die Begeisterung der Übrigen
blieben.

Jede Schilderung der Leistungen der Experten wirft drei Fragen auf. Die
erste ist die andauernde, quälende Frage nach überhöhten Abschußziffern,
die Historikern über Jahre schlaflose Nächte bereitet haben. Die zweite lautet, warum die Experten derart viel besser waren als ihre Gegner. Die dritte ist: Wer war der erfolgreichste deutsche Jagdflieger?

Falsche Abschußmeldungen

Die Abschußmeldungen der Jagdflieger wurden häufig zwei- bis dreimal so hoch angesetzt wie die tatsächlichen Verluste des Gegners. Dieser Mißstand trat selbstverständlich nicht nur in Deutschland auf, sondern ohne Ausnahme bei allen kriegführenden Nationen. Die Ursachen waren vielfältiger Natur. Zum einen, und dabei handelt es sich um den häufigsten Grund, griff häufig mehr als ein Jäger dasselbe Ziel kurz nacheinander an und meldete den Abschuß in gutem Glauben. Zum zweiten geschah es häufig, daß das Ziel getroffen wurde und anscheinend außer Kontrolle geriet, so daß man davon ausgehen mußte, daß es zu Boden ging, der Pilot seine Maschine weiter unten jedoch wieder abfangen konnte. Drittens, und das trifft eher auf unerfahrene Piloten zu, schossen sie und waren sich sicher, auch getroffen zu haben, behielten dann aber ihr Ziel nicht mehr im Auge, sondern sahen sich um, ob ihr Rücken auch frei war. Wenn sie dann wieder nach vorn sahen, erblickten sie ein abstürzendes Flugzeug und gingen optimistisch davon aus, daß das ihr Werk gewesen sei. In diesem Zusammenhang sei vermerkt, daß das „Sich-tot-stellen" eine allgemein gebräuchliche Methode war, einen Angreifer abzuschütteln. Geschah das mit Erfolg, führte es verständlicherweise zu einer falschen Abschußmeldung.

Die Luftwaffe überprüfte Abschußmeldungen so sorgfältig, wie die Umstände es zuließen, und ein bedeutender Prozentsatz wurde aus den verschiedensten Gründen nicht anerkannt. In einigen Fällen, wenn zum Beispiel das Flugzeug ins Meer stürzte und es keine Zeugen dafür gab, meldeten die Piloten diesen Abschuß erst gar nicht. Das heißt, daß Abschußmeldungen im allgemeinen in gutem Glauben gemacht wurden.

Das wirkliche Problem liegt in der Frage, wann man von einem Sieg sprechen kann. Eine vernichtete Feindmaschine ist zweifellos ein Sieg, aber dies zu beweisen, ist eine andere Sache. Ein schwer beschädigtes Flugzeug, das fern des Flugplatzes notlanden mußte, könnte möglicherweise instandzusetzen sein. Andererseits könnte eine feindliche Maschine, die als beschädigt gemeldet worden ist, anschließend abstürzen oder nach ihrer Rückkehr als Totalschaden abgeschrieben werden.

Wenn wir das Thema Luftsiege rational betrachten wollen, müssen wir ein Wort wie „kill" (töten), das gegensätzliche und emotionale Empfindungen weckt, vermeiden und an dem Prinzip festhalten, daß ein Luftsieg vorliegt, wenn der Gegner im Kampf unter solchen Umständen besiegt wurde, daß der Sieger davon ausgehen muß, daß es sich um einen Totalschaden handelt.

Bedingte Abschußzahlen

Ein Aspekt, der viele beschäftigt, ist die Frage, wie es den führenden Experten gelang, ihre Konkurrenten derart zu übertrumpfen. Die Gründe dafür sind vielschichtig. Zweifellos trug ein überlegenes taktisches System in den ersten Kriegsjahren dazu bei, so daß die Verbandsführer häufig die beste Ausgangslage zum Schießen hatten. Ein weiterer Aspekt betrifft die Kampfbedingungen. Während der Schlacht um England zum Beispiel hatten die deutschen Jagdflieger gewöhnlich nicht nur die Vorteile von Höhe und Ausgangslage, sondern ihre Gegner waren auch eher bestrebt, zu den Bombern zu kommen, als sich mit den Jägern herumzuschlagen.

Der Grundsatz, daß der mit den meisten Abschüssen ungeachtet des Dienstgrades auch die Formation anführte, verhalf vielen zu weiteren Erfolgen, und während alliierte Piloten in bestimmten Zeitabständen aus dem Kampf genommen wurden, war es bei den Deutschen üblich, sie so lange wie nur möglich kämpfen zu lassen. Die Methode führte zu einem einzigartigen Erfahrungsschatz, obgleich kein Zweifel daran besteht, daß im letzten Kriegsjahr viele Piloten mit hohen Abschußziffern am Ende ihrer Kräfte waren.

Der Hauptfaktor war jedoch sicherlich, Gelegenheiten zum Schießen zu haben. Im großen und ganzen flogen die Experten mehr Einsätze als ihre alliierten Gegner und trafen viel häufiger in der Luft mit dem Feind zusammen. In seinem Buch „Full Circle" vergleicht das britische Flieger-As Johnnie Johnson seine Abschußzahl mit der „Pips" Prillers:

„... mit 38 Abschüssen, die vielleicht mit Prillers 101 verglichen werden können, denn wir kämpften beide über demselben Gebiet in einer gleich langen Zeitspanne, aber er bekam viel mehr Flugzeuge zu sehen als ich ..."

Das andere Extrem ist Hartmann, der 825 Luftkämpfe ausfocht, so daß – vorausgesetzt, der Pilot überlebt und schießt gut – seine ungeheure Anzahl von Siegen kaum verwunderlich ist. Im Vergleich zu einigen anderen ist sein Verhältnis zwischen Einsatzflug und Abschuß eher mäßig. Einige alliierte Piloten erbrachten bessere Leistungen. Das amerikanische Fliegeras Bob Johnson benötigte zum Beispiel nur 91 Einsatzflüge für 28 Abschüsse. Außerdem flog er die wahrscheinlich unterlegene Thunderbolt!

212

Spieglein, Spieglein an der Wand ...

... wer war der Größte im ganzen Land? Bewerber gibt es viele, Galland zum Beispiel als der große Jagdkampfführer, Hartmann mit den meisten Abschüssen überhaupt oder Marseille als der Mann mit den meisten Luftsiegen im Westen gegen die Alliierten. Sie alle haben ihre Fürsprecher. Es hängt viel auch davon ab, wie man die einzelnen Kriegsschauplätze bewertet. Aus den Abschußzahlen läßt sich schließen, daß Siege im Westen deutlich schwerer zu erringen waren als im Osten, wobei Nordafrika mit seinem Schwerpunkt rein taktischer Luftkampfführung irgendwo in der Mitte liegen mag. Für den Jagdkampf war großes fliegerisches Können und die Leistung der Scharfschützen eine Grundbedingung. Um sich mit den schweren amerikanischen Bombern anzulegen, mußte man Nerven aus Stahl und eine gute Portion Glück haben, um zu überleben.

Und wie bewertet man die Nachtjagd über dem Reich, wo man nicht nur gegen die Maschinenwaffen der Bomber und die technisch überlegenen Mosquitos antrat, sondern auch gegen das Wetter, diesen unerbittlichen Feind? Unabhängig von den Eigenheiten jedes Kriegsschauplatzes läßt sich den Abschußziffern eindeutig entnehmen, daß Experten, die an einer Front Erfolge verbuchen konnten, häufig versagten, wenn sie an eine andere versetzt wurden. Nur zwei Jagdflieger mit hohen Abschußzahlen erbrachten, ganz gleich, wo sie eingesetzt wurden, hervorragende Leistungen: Heinz Baer und Erich Rudorffer.

Heinz Baer. Als der Krieg begann, war Heinz „Pritzl" Baer Unteroffizier beim JG 51, an dessen Ende Oberstleutnant des JV 44. Am 2. September 1939 eröffnete er sein Abschußkonto mit dem Luftsieg über eine französische Curtiss Hawk 75. Bis zum Abschluß des Frankreichfeldzugs schoß er drei weitere Feindmaschinen ab. Die Schlacht um England erwies sich beinahe als sein Unglück. Beherrscht von seiner Angriffslust, mußte er erst in harter Lektion lernen, einem Nahkampf mit Spitfires und Hurricanes aus dem Weg zu gehen. Bei mehreren Gelegenheiten mußte er nach der Rückkehr mit seiner Bf 109 E in Frankreich notlanden. Dann, am 2. September, als er sich wieder einmal mit einer schwer angeschlagenen Maschine auf dem Rückflug befand, wurde er über dem Kanal von einer einzeln jagenden Spitfire abgeschossen.

Es wird berichtet, daß Hermann Göring selbst Augenzeuge dieser nicht so rühmlichen Vorstellung war. Er habe den noch tropfnassen Piloten sogleich herbeischaffen lassen und ihn gefragt, woran er denn gedacht habe, als er im Bach lag. Da soll Baer geantwortet haben: „An ihre Ansprache neulich,

Herr Reichsmarschall, daß England nicht länger eine Insel ist!" Trotzdem war Baer Ende 1940 der Unteroffizier mit den meisten Luftsiegen. Es folgten vier weitere Abschüsse an der Kanalküste (damit gesamt 17), bevor er mit dem JG 51 zu „Barbarossa" in den Osten verlegt wurde.

Trotz einer Rückgratverletzung und einem damit verbundenen Lazarettaufenthalt schoß Baer im Lauf des folgenden Jahres 96 russische Maschinen ab. Danach führte er als Kommandeur die I./JG 77 von Sizilien aus im Kampf gegen Malta. Anschließend flog er in Nordafrika. Nach dem Fall von Tunesien im Frühjahr 1943 wurde er aufgrund einer Malariaerkrankung und Magengeschwüren von der Front abgezogen. Zu diesem Zeitpunkt hatte Baer bereits 158 Flugzeuge abgeschossen.

Gegen Ende des Jahres nahm er als Kommandeur der II./JG 1 den Kampf wieder auf und flog zur Reichsverteidigung mit der Fw 190 erstmals gegen amerikanische Bomber. Mit wenigstens 21 Abschüssen lag er in der Spitzengruppe der erfolgreichsten Bomberspezialisten. Seine letzten Verwendungen waren die des Kommodore des JG 3, wo er am 27. April 1944 seinen 200. Luftsieg feierte, und die des Kommandeurs der Strahlflugzeugführer-Schule in Lechfeld ab Januar 1945, wo er die He 162 flog; und schließlich führte er, nachdem Galland und Günther Lützow (108 Luftsiege) verwundet worden waren, den JV 44.

Baers bestätigte Abschüsse lassen ihn auf dem achten Platz der Gesamtliste der Experten rangieren. Allerdings schoß er mehr westliche Flugzeuge ab (124) als irgendein anderer deutscher Pilot, mit Ausnahme Marseilles. Während Marseille jedoch praktisch alle seine Luftsiege in Afrika errang, schoß Baer wenigstens 75 Flugzeuge, die von Briten und Amerikanern geflogen wurden, über Europa ab, und das ist eine beträchtlich höhere Leistung. Von diesen Abschüssen gelangen ihm 16 mit der Me 262, und damit war er bis 1973 das führende Düsenjäger-As aller Nationen. Einige Abschüsse gelangen ihm sogar mit einem Spezialflugzeug mit Raketenantrieb, das zur Abfangjagd hochfliegender Mosquitos besonders umgerüstet worden war.

Der Preis dieser Erfolge war hoch. Baer wurde insgesamt achtzehnmal abgeschossen; davon mußte er viermal abspringen, die restlichen vierzehnmal notlanden. In sieben dieser Fälle waren es Spitfires, die ihn besiegten. „Pritzl" Baer überlebte den Krieg, kam aber 1957 bei einem Flugunfall ums Leben.

Erich Rudorffer. Eine einzige Leistung kommt der Erich Baers vielleicht gleich. Es handelt sich dabei um Erich Rudorffer, ein geborener Jäger mit einer Vorliebe für Schräganflüge, der auch den Ruf hatte, einer der erfolgreichsten Scharfschützen der gesamten Luftwaffe zu sein. Rudorffers Werdegang ähnelt dem Baers in vielerlei Hinsicht. Ab 1940 flog er als Oberfeldwebel in der I./JG 2, und am Ende des Krieges war er Major. Am 14. Mai 1940 schoß er, genau wie Baer auch, als erstes Feindflugzeug eine Curtiss Hawk 75 ab und bis zum Waffenstillstand acht weitere. Er flog während der gesamten Schlacht um England, und es wird ihm nachgesagt, er sei, von Hurricanes verfolgt, die Hauptstraße von Croydon unter Dachhöhe entlang geflogen. Seinen 19. Luftsieg erreichte er am 1. Mai 1941, was ihm zu diesem Zeitpunkt einen kleinen Vorsprung vor Baer verschaffte. Im folgenden Monat wurde er zum Staffelkapitän der 6./JG 2 ernannt. Er blieb mit seinem Geschwader an der Kanalküste und flog gemeinsam mit solchen Berühmtheiten wie Mayer und Eder. Ebenso wie Eder hatte auch Rudorffer eine ritterliche Ader. Er erinnerte sich:

„Einmal, ich glaube, es war am 30. August 1940, befand ich mich im Kampf mit vier Hurricanes über Dover. Ich war schon wieder über der See, als ich eine weitere Hurricane von Calais her anfliegen sah, die eine Fahne weißen Rauchs hinter sich herzog und die offensichtlich schlecht dran war. Ich flog neben sie, begleitete sie auf dem ganzen Weg zurück nach England und grüßte zum Abschied. Ein paar Wochen später passierte die gleiche Geschichte mir selbst."

Im November, jetzt mit Fw 109 A ausgerüstet, wurde Rudorffers Verband nach Tunesien verlegt. Wie auch Schroer übernahm er Marseilles Taktik:

„Wenn wir uns über die Bomber hermachten, stießen die Curtiss-Jäger auf uns herunter, und schon begann der Nahkampf. Nach einiger Zeit begannen die P-40, die nicht so schnell waren wie wir, einen Lufbergkreis zu bilden, und ich schlüpfte mal von unten, mal von oben rein und schoß sie raus. Ich schaffte sechs in sieben Minuten. Wenn ich mich recht an den Gefechtsbericht erinnere, holte ich eine um 13.59 Uhr runter, die nächste um 14.00 Uhr, die folgende innerhalb einer Minute, eine weitere um 14.02 Uhr, eine um 14.05 Uhr und die letzte um 14.06 Uhr. Zu diesem Zeitpunkt hatte sich die Ordnung aufgelöst, und alle waren zerstreut."

Nach dem Fall Tunesiens kehrte Rudorffer an den Kanal zurück, wurde aber im Juni 1943 als Kommandeur der II./JG 54 an die Ostfront versetzt. Am 6. November hatte er dort den erfolgreichsten Tag in seiner Jagdfliegerkarriere und schoß 13 Feindflugzeuge ab. Hier in Rußland stieg seine Abschußliste steil an, aber im Januar wurde er in den Westen zurückgeholt, um die II./7 zu übernehmen. Mit der Me 262 errang er noch zwölf weitere Luftsiege, was ihm einen seinen Endstand von 222 Abschüssen einbrachte. An der Ostfront hatte er 136 Maschinen abgeschossen, davon waren zehn schwere amerikanische Bomber. Doch auch er kam nicht ungeschoren davon. Sechzehnmal wurde er selbst abgeschossen und übertrumpfte Baer mit nicht weniger als neun Fallschirmabsprüngen.

Obwohl Rudorffer mit seinen Gesamtabschüssen einen Platz vor Baer auf Platz sieben rangierte, leistete er im Westen etwas weniger als dieser. Von seinen 86 Siegen im Westen entfielen neun auf den Frankreichfeldzug und 26 auf Tunesien.

Baers und Rudorffers Leistungen liegen etwa auf gleicher Höhe. Man sollte dabei jedoch nicht ihre unmittelbaren Konkurrenten, solche wie Schnaufer und Schroer, vergessen.

Anhang 1
Organisationsschema der Jagdfliegerverbände der deutschen Luftwaffe

Die Organisation und Kommandostruktur der deutschen Luftwaffe hatte sehr wenig gemeinsam mit der britischen und der amerikanischen Verfahrensweise und aus diesem Grunde hat der Verfasser gar nicht erst den Versuch unternommen, englische oder amerikanische Fachbegriffe zu verwenden, nicht einmal wenn Ähnlichkeiten bestehen mögen.

Die größte taktische Formation war das Jagdgeschwader, üblicherweise abgekürzt als JG, oder, wie im Fall der Nachtjagdgeschwader NJG. Diese unterschieden sich in ihrer Größe und bestanden aus drei, gelegentlich aus vier und seltener (vor allem gegen Ende des Krieges) auch aus fünf Gruppen, zusätzlich einer Stabsstelle von normalerweise vier Maschinen. Es bestand im allgemeinen aus 90 bis 120 Jagdflugzeugen und wurde von einem Offizier befehligt, dessen Dienstgrad Major bis Oberst sein konnte, und der die ehrwürdige Bezeichnung Kommodore trug. (Hier finden wir eine Ähnlichkeit zur Praxis der RAF, die ebenfalls Verbandsführern bestimmte Amtsbezeichnungen zuteilte.)

Der Grundbaustein kämpfender Einheiten war die Gruppe, die im allgemeinen aus drei Staffeln bestand, sowie einem Stab. Die Gruppenbezeichnung im Geschwader wurde mit römischen Ziffern angegeben. Die dritte Gruppe des JG 26 wurde als III./JG 26 bezeichnet. Einzelne Gruppen konnten – und wurden auch häufig – vom Geschwader für bestimmte Aufgaben verlegt, um selbstständig zu kämpfen, sogar auf entfernten Kriegsschauplätzen. In anderen Fällen wurden auch selbständige Gruppen gebildet, üblicherweise als Zelle für die Aufstellung eines neuen Geschwaders. Diese wurden beispielsweise so abgekürzt: JGr 101. Eine Gruppe wurde von einem Offizier mit dem Dienstgrad Hauptmann bis Oberstleutnant befehligt, der die Amtsbezeichnung Kommandeur trug. Obgleich häufig von vergleichbarer Größe, hatte die Gruppe nur wenig Ähnlichkeit mit der britischen „Wing".

Die Staffel war die Teileinheit einer Gruppe und hatte gewöhnlich 10 bis 12 Maschinen. Die Staffeln wurden im Geschwader durchnumeriert und nicht in der Gruppe. Dazu verwendete man arabische Ziffern, so daß die fünfte Staffel des JG 25./JG 2 geschrieben wurde. Gleichzeitig ist zu entnehmen, daß sie Teil der II./JG 2 war. Eine Staffel wurde von einem Leutnant, Oberleutnant oder Hauptmann geführt, der sich Staffelkapitän nannte. In der Tat entsprach die Staffel mehr oder weniger einem britischen oder amerikanischen „Flight".

Andere Jagdverbände waren Zerstörergeschwader, die mit schweren, zweimotorigen Jagdmaschinen oder Zerstörern ausgestattet waren, üblicherweise mit der Bf 110. Dann gab es noch Lehrgeschwader, die ursprünglich Lehr- und Versuchseinheiten waren, aber mit Kriegsausbruch ihre Bezeichnungen beibehielten. Die Abkürzungen dafür lauteten ZG 26 bzw. LG 1. Eine etwas kleinere Einheit war der Jagdverband, der in den letzten Monaten des Krieges aufgestellt wurde: JV 44.

Wie bereits im Vorwort erwähnt, war die kleinste Teileinheit die Rotte, die aus dem Rottenführer und seinen Rottenfliegern bestand. Zwei Rotten, also vier Flugzeuge, bildeten einen Schwarm, der von einem Schwarmführer geführt wurde. Im Gefecht bestand die Staffel aus zwei oder drei Schwärmen, je nach der verfügbaren Anzahl der Flugzeuge. Bei seltenen Gelegenheiten wurde auch die Kette mit drei Maschinen eingesetzt, aber das rührte eher von den Bedingungen vor Ort her, als daß es offiziell gebräuchlich war.

Beförderungen um Jagdfliegerverbände zu führen, waren weitgehend abhängig vom Kampferfolg und Männer mit hohen Abschußzahlen stiegen steil auf. In einigen seltenen Fällen führte das dazu, daß junge Männer über ihre organisatorischen und verwaltungstechnischen Fähigkeiten hinaus befördert wurden, aber im großen und ganzen war diese Vorgehensweise zweckmäßig. Waren aus irgend einem Grund die etatmäßigen Führer nicht in der Lage, den Verband im Gefecht zu führen, dann übernahm der nächst höchstqualifizierte Pilot. In der Praxis bedeutete dies, daß ein Geschwader von dem erfolgreichsten Kommandeur einer Gruppe geführt werden konnte und eine Gruppe vom erfolgreichsten Staffelkapitän. Auf der Ebene der Staffel wurde die Führung häufig auch dem erfahrensten Unteroffizier mit Portepée übertragen, wenn die anderen Offiziere der Einheit nicht über genügend Kampferfahrung verfügten.

Während die Jagdgeschwader meist mit demselben Flugzeugtyp ausgestattet waren, gab es doch von diesem Grundsatz Ausnahmen. Es war durchaus möglich, daß die einzelnen Gruppen innerhalb des Geschwaders verschiedene Maschinen flogen und manchmal flog auch der Stab andere Flugzeuge. Im späteren Verlauf des Krieges, als es unzweckmäßig war, Verbände aus der Front abzuziehen, um sie auf einen anderen Flugzeugtyp umzurüsten, führte man das an Ort und Stelle durch, indem die Gruppen die alten und neuen Maschinen zu gleicher Zeit verwendeten. Besonders vielfältig war die Aufstellung der Geschwader, da diese verantwortlich sowohl für Bomber als auch für Jäger waren. Die Teileinheit eines Geschwaders wurde beispielsweise so bezeichnet: 3. (Jagd)/LG 2 oder II./(Z)LG 1.

Anhang 2
Tagjagdexperten

Die Luftwaffe verfuhr nicht so wie die Westmächte, die einen Piloten mit fünf Luftsiegen ein „Fliegerass" nannten, sondern verwendeten die Bezeichnung „Experte". Ein Experte war ein Pilot, der in einem bestimmten Zeitraum außergewöhnliches geleistet hatte, und daher stellt die Namensliste nur eine Auswahl dar. Aufgeführt werden daher nur die Jagdflieger mit mehr als 60 Luftsiegen und zwar in der Reihenfolge der erzielten Abschüsse. Die Abkürzungen/Symbole haben folgende Bedeutung:

****	Ritterkreuz mit Eichenlaub, Schwertern und Brillanten
***	Ritterkreuz mit Eichenlaub und Schwertern
**	Ritterkreuz mit Eichenlaub
*	Ritterkreuz
gef.	gefallen
i.D. gef.	im Dienst gefallen (Flugunfall usw.)
verm.	vermißt
KG	Kriegsgefangener
S	Spanien
P	Polen
F	Frankreich 1939/40
SuE	Schlacht um England
WF	Westfront
OF	Ostfront
NA	Nord Afrika
MR	Mittelmeerraum
GdL	Gesamtzahl der Luftsiege
GdE	Gesamtzahl der Einsätze
EpA	Einsätze pro Abschuß (falls bekannt)
EE	Erster Einsatz
4/MB	viermotoriger Bomber
ca.	circa

In den Fällen, in denen der erste Einsatz unsicher ist, häufig vor Ausbruch des Krieges mit der Sowjetunion, wird die Abkürzung WF 1940 oder WF 1940/41 verwendet.

Erich Hartmann**** JG 52, GdL 352 (alle OF aber incl. 7USAAF P-51er über Rumänien). EE OF Okt. 1942, GdE 1425, ApE 4,05

Gerhard Barkhorn*** JG 52, JG 6, JV 44. GdE 301 (alle OF). EE SuE Aug. 1940, GdE 1104, ApE 3,67

Günther Rall*** JG 52, JG 11, JG 300. GdL 275 (272 OF, 3 WF). EE F 1940. GdE 621. EpA 2,26

Otto Kittel*** JG 54. GdL 267 (alle OF). EE OF Herbst 1941. GdE 583. EpA 2,18. gef. Kurland 14.2.1945

Walter Nowotny**** JG 54, Kdo 'Nowotny'. GdL 258 (255 OF, 3 WF incl. ein 4/MB). EE WF Feb. 1941. GdE unbekannt gef. Achmer flying Me 262, 8.11.1944

Wilhelm Batz*** JG 52. GdL 237 (232 OF, 5 WF incl. 2 4/MB). EE OF Dez. 1942. GdE 445. EpA 1,88

Erich Rudorffer*** JG 2, JG 54, JG 7. GdL 222 (136 OF, 26 NA, 60 F, SuE und WF incl. 10 4/MB, 12 mit Me 262). EE F Frühjahr 1940. GdE 1000+. EpA ca. 4,50

Heinz Baer*** JG 51, JG 71, JG 1, JG 3, JV 44. GdL 220 (4 F, 13 SuE, 79 OF, 45 NA und MR, 83 WF incl. 21 4/MB, 16 mit Me 262). EE F Sept. 1939. GdE ca. 1000. EpA ca. 4,54

Hermann Graf**** JG 51, JG 52, JG 50, JG 11. GdL 212 (202 OF, 12 WF incl. 10 4/e). EE OF Juli 1941. GdE ca. 830. ApA ca. 3,92

Heinrich Ehrler** JG 5, JG 7. GDL ca. 209 (199 OF, 10 WF incl. 5 mit Me 262). EE Norwegen 1941. GdE unbekannt, gef. Stendal 4.4.1945

Theodor Weissenberger** Zerstörerstaffel JG 77, JG 5, JG 7. GdL 208 (23 als Bf 110 Pilot, 175 OF, 33 WF incl. 8 mit Me 262). EE Norwegen Okt. 1941. GdE 500+. EpA ca. 2,40

Hans Philipp*** JG 76, JG 54. GdL 206 (178 OF, 1 P, 29 WF, F und SuE incl. 1 4/e). EE P Sept. 1939. GdE unbekannt, gef. Nordhorn 8.10.1943

Walter Schuck** JG 5, JG 7. GdL 206 (198 OF, 8 WF alle mit Me 262, incl. 4 4/MB). EE Norwegen 1941. GdE unbekannt

Anton Hafner** JG 51, JG 3. GdL 204 (184 OF, 20 NA incl. 5 4/MB). EE OF Juni 1941. GdE 794. EpA 3,90. gef. an der OF 17.10.1944

Helmut Lipfert** JG 52, JG 53. GdL 203 (alle OF incl. 2 USAAF 4/MB über Rumänien). EE OF Dez. 1942. GdE 700. EpA 3,45

Walter Krupinski** JG 52, JG 5, JG 11, JV 44. GdL 197 (177 OF, 20 WF incl. 1 4/MB). EE OF Jan. 1942. GdE ca. 1100. EpA ca. 5,58

Anton Hackl*** JG 77, JG 11, JG 300. GdL 192 (105 OF, 87 F, SuE und WF, incl. 32 4/MB). EE F 1939. GdE 1000+. EpA ca. 5,21

Joachim Brendel** JG 51. GdL 189 (alle OF). EE OF Juni 1941. GdE 950. EpA 5,03

Max Stotz** JG 54. GdL 189 (173 OF, 16 F und SuE). EE F Frühjahr 1940. GdE 500+. EpA ca. 2,65. verm. Vitebsk 19.8.43

Joachim Kirschner** JG 3, JG 27. GdL 188 (167 OF, 21 MR incl. 2 4/MB). EE OF spät 1941. GdE ca. 600. EpA ca. 3,19. gef. Kroatien 17.12.1943

Kurt Brändle** JG 53, JG 3. GdL 180 (160 OF, 14 F/SuE, 6 WF). EE F 1939. GdE ca. 700. EpA ca. 3,89. gef. Nordsee 3.11.1943

Günther Josten** Jagdgruppe 'Trondheim', JG 51. GdL 178 (alle OF incl. 1 4/MB). EE Norwegen Nov. 1941. GdE 420. EpA 2,36

Johannes Steinhoff*** JG 26, JG 52, JG 77, JG 7, JV 44. GdL 176 (148 OF, 28 SuE, NA, MR und WF incl. 4 4/MB, 6 mit Me 262). EE Deutsche Bucht Dez. 1939. GdE 993. EpA 5,64

Ernst-Wilhelm Reinert*** JG 77, JG 27. GdL 174 (103 OF, 51 NA, 20 MR und WF, incl. 2 4/MB). EE OF Juni 1941. GdE 700+. EpA ca. 4,02

Günther Schack** JG 5l, JG 3. GdL 174 (alle OF). EE OF Juni 1941. GdE 780. EpA 4,48

Heinz Schmidt** JG 52. GdL 173 (alle OF). EE SuE Aug. 1940, GdE ca. 700. EpA ca. 4,05. verm. Rußland 5.9.1943

Emil Lang** JG 54, JG 26. GdL 173 (148 OF, 25 WF). EE OF 1942. GdE 403. EpA 2,33. gef. Belgien 3.9.1944

Horst Ademeit** JG 54. GdL 166 (165 OF, 1 SuE). EE F 1940. GdE ca. 600. EpA ca. 3.61. verm. OF 8.8.1944

Wolf-Dietrich Wilcke*** JG 53, JG 3. GdL 162 (13 F und SuE, wenigstens 4 MR, 137 OF, 12 WF incl. 4 4/MB). EE F 1940. GdE 732. EpA 4,52. gef. Deutschland 23.3.1944

Hans-Joachim Marseille**** LG 2, JG 52, JG 27. GDL 158 (7 SuE, 151 NA). EE SuE 40. GdE 382. EpA 2,42. i.D. gef. 30.9.1942

Heinrich Sturm* JG 52. GDL ca. 157 (alle OF). EE OF Juli 1941. GdE unbekannt, i.D. gef. Ungarn 22.12.1944

Gerhard Thyben** JG3, JG 54. GdL 157 (152 OF, 5 WF). EE OF Dez. 1942. GdE 385. EpA 2,45

Hans Beisswenger** JG 54. GdL 152 (alle OF). EE SuE Herbst 1940. GdE 500+. EpA ca. 3,29

Gordon Gollob**** ZG 76, JG 3, JG 77. GDL 150 (1 P, 5 F und SuE, 144 OF). EE P 1939. GdE 340. EpA 2,27

Peter Düttmann* JG 52. GDL 150 (alle OF). EE OF Mai 1943. GdE 398. EpA 2,65

Fritz Tegtmeier* JG 54, JG 7. GDL 146 (alle OF). EE SuE Okt. 1940. GdE 700. EpA 4,79

Albin Wolf** JG 54. GdL 144 (alle OF). EE OF Mai 1942. GdE unbekannt, gef. Rußland 2.4.1944

Kurt Tanzer* JG 51. GdL 143 (126 OF, 17 WF incl. 4 4/MB). EE OF März 1942. GdE 723 incl. 187 Jabo. EpA 5,06

Friedrich-Karl Müller** JG 53, JG 3. GdL 140 (100 OF, 8 SuE, 32 WF incl. 2 4/MB). EE F 1940. GdE ca. 600. EpA ca. 4,29. gef. Salzwedel 29.5.1944. („Tutti" Müller sollte nicht mit „Wilde Sau"-Experte „Nasen" Müller verwechselt werden)

Karl Gratz* JG 52, JG 2. GdL 138 (121 OF, 17 WF). EE OF Herbst 1942. GdE 900+. EpA ca. 6,52

Heinrich Setz** JG 77, JG 27. GdL 138 (132 OF, 6 WF). EE Juli 1940 Norwegen. GdE 274. EpA 1,99

Rudolf Trenkel* JG 77, JG 52. GdL 138 (1 OF aber incl. 1 4/MB). EE OF Feb. 1942. GdE 500+. EpA ca. 3,62

Franz Schall* JG 52, JG 7. GdL 137 (123 OF, 14 WF mit Me 262). EE OF Feb. 1943. GdE ca. 550. EpA ca. 4,01. gef. Parchim 10.4.1945

Walter Wolfrum* JG 52. GdL 137 (alle OF). EE OF Jan. 1943. GdE 423. EpA 3,09

Adolf Dickfeld** JG 52, JG 2, JG 11. GdL 136 (115 OF, 18 NA und WF incl. 11 4/MB). EE F 40. GdE unbekannt

Horst-Günther von Fassong* JG 51, JG 11. GdL ca. 136 (90 OF, 46 WF incl. 4 4/MB). EE OF Juli 1941. GdE unbekannt, gef. Nähe Maastricht 1.1.1945

Otto Fonnekold* JG 52. GdL 136 (hauptsächlich OF). EE OF spät 1942. GdE ca. 600. EpA ca. 4,41. gef. Siebenbürgen 31.8.1944

Karl-Heinz Weber** JG 51, JG 1. GdL 136 (alle OF). EE OF Frühjahr 1942. GdE 500+. EpA ca. 3,68. verm. 7.6.1944 Nähe Rouen

Joachim Müncheberg*** JG 26, JG 51, JG 77. GdL 135 (23 F und SuE, 33 OF, 18 MR, 61 NA). EE F Herbst 1939. GdE 500. EpA 3.70. gef. 23.3.1943 Tunesien

Hans Waldmann** JG 52, JG 3, JG 7. GdL 134 (121 OF, 13 WF incl. 2 mit Me 262). EE OF Aug. 1942. GdE 527. EpA 3,93. gef. 18.3.1945 Nähe Kaltenkirchen

Alfred Grislawski** JG 52, JG 50, JG 1, JG 53. GdL 133 (109 OF, 24 WF incl. 18 4/MB). EE SuE Sommer 1940. GdE ca. 800. EpA ca. 6,02

Johannes Weise** JG 52, JG 77. GdL 133 (alle OF). EE OF Sommer 1941. GdE ca. 480. EpA ca. 3,61

Adolf Borchers* JG 51, JG 52. GdL 132 (127 OF, 5 F und SuE). EE S 1937. GdE ca. 800. EpA ca. 6,06

Erwin Clausen** LG 2, JG 77, JG 11. GdL 132 (114 OF, 1 P,17 WF incl. 14 4/MB). EE P Sept. 1939. GdE 561. EpA 4,25

Wilhelm Lemke** JG 3. GdL 131 (125 OF, 6 WF). EE OF Nov. 1941. GdE ca. 700. EpA ca. 5,34. gef. 4.12.1943 Nijmegen

Herbert Ihlefeld*** LG 2, JG 52, JG 103, JG 25, JG 11, JG 1. GdL 130 (7 S, 25 F und SuE, 67 OF, 31 WF incl. 15 4/MB). EE S 37. GdE 1000+. EpA ca. 7,69

Heinrich Sterr* JG 54. GdL 130 (127 OF, 3 WF). EE OF 1942. GdE unbekannt, gef. 26.11.1944 Vorden

Franz Eisenach* ZG 76, JG 1, JG 54. GdL 129 (alle OF). EE F 1940. GdE 319. EpA 2,47

Walther Dahl** JG 3, JG 300. GdL 128 (77 OF, 51 WF incl. 36 4/MB). EE SuE 1940. GdE ca. 600. EpA ca. 4,69

Franz Dörr* EJGr 3, JG 5. GdL 128 (122 OF, 6 WF). EE WF Frühjahr 1941. GdE 437. EpA 3,41

Rudolf Rademacher* JG 54, JG 7. GdL 126 (90 OF, 36 WF incl. 10 4/MB, 8 mit Me 262). EE OF Dez. 1941. GdE 500+, EpA ca. 3,97

Josef Zwernemann** JG 52, JG 77, JG 11. GdL 126 (106 OF, 20 WF und M). EE F 1940. GdE ca. 600. EpA ca. 4,76. gef. 8.4.1944 Nähe Gardelegen

Gerhard Hoffmann* JG 52. GdL 125 (alle OF). EE WF 1940. GdE unbekannt, verm. 17.4.1945 Nähe Görlitz

Dietrich Hräbak** JG 54, JG 52. GdL 125 (16 F, SuE und WF, 109 OF). EE P Sept. 1939. GdE 820. EpA 6,56

Walter Oesau*** JG 51, JG 3, JG 2, JG 1. GDL 125 (8 S, 32 F und SuE, 44 OF, 41 WF incl. 10 4/MB). EE S 1937. GdE ca. 300 exc. S. EpA ca. 2,40. gef. Eifel 11.5.1944

Wolf Ettel** JG 3, JG 27. GdL 124 (120 OF, 4 MR incl. 2 4/MB). EE OF Sommer 1942. GdE 250+. EpA ca. 2,02. gef. 17.7.1943 Sizilien

Wolfgang Tonne** JG 53. GdL 122 (5 F und SuE, 96 OF, 21 NA). EE F 1940. GdE 641. EpA 5,25. i.D. gef. Tunis 20.4.1943

Heinz Marquardt* JG 51. GdL 121 (120 OF, 1 WF). EE OF Aug. 1943. GdE 320. EpA 2,64

Robert Weiss** JG 26, JG 54. GdL 121 (ca. 90 OF, ca. 31 WF). EE WF 1941. GdE unbekannt, i.D. gef. Lingen 29.12.1944

Friedrich Obleser* JG 52. GdL 120 (alle OF aber incl. 9 US incl. 2 4/MB). EE OF Jan. 1943. GdE ca. 500. EpA ca. 4,17

Erich Leie* JG 2, JG 51, JG 77. GdL 118 (75 OF, 43 WF incl. 1 4/MB). EE WF 1940/41. GdE ca. 500. EpA ca. 4,24. gef. in Ostdeutschland 7.3.1945

Franz-Josef Beerenbrock** JG 51. GdL 117 (alle OF) EE Juni 1941. GdE ca. 400. EpA ca. 3,41. KG Russland 9.11.1942

Hans-Joachim Birkner* JG 52. GdL 117 (OF incl. 1 P-51). EE OF 1943. GdE 284. EpA 2.43. i.D. gef. 14.12.1944 Krakau (Polen)

Jakob Norz* JG 5. GdL 117 (wahrscheinlich alle OF). gef. 16.9.1944 Nähe Kirkenes

Heinz Wernicke* JG 54. GdL 117 (alle OF). EE OF Frühjahr 1942. gef. Kurland 27.12.1944

August Lambert* SG 2, SG 151, SG 77. GdL 116 (alle OF). gef. 17.4.1945 über Sachsen. Außergewöhnlicher Angreifer und Schütze

Werner Mölders**** JG 53, JG 51. GdL 115 (14 S, 15 F, 31 SuE, 22 WF, 33 OF). EE S 1937. GdE 300+. EpA ca. 2,61. i.D. gef. 22.11.1941

Wilhelm Crinius** JG 53. GdL 114 (100 OF, 14 NA incl. 1 4/MB). EE Feb. 1942 OF. GdE 400. EpA 3.51. KG Tunesien 13.1.1943

Werner Schroer*** JG 27, JG 54, JG 3. GdL 114 (61 NA, 12 OF, 41 MR und WF incl. 26 4/MB). EE SuE Aug. 1940. GdE 197. EpA 1,73

Hans Dammers* JG 52. GdL 113 (wahrscheinlich alle OF). EE WF 1940. GdE unbekannt, gef. OF 17.3.1944

Berthold Korts* JG 52. GdL 113 (alle OF). EE OF Juli 1942. GdE unbekannt, verm. Russland 29.8.1943

Kurt Bühligen*** JG 2. GdL 112 (40 NA, 72 WF incl. SuE und incl. 24 4/MB). EE SuE Juli 1940. GdE 700+. EpA ca. 6,25

Kurt Übben** JG 77, JG 2. GdL 110 (90 OF, 20 WF, NA und MR). EE 1939. GdE unbekannt, gef. Frankreich 27.4.1944

Franz Woidich* JG 27, JG 52, JG 400 (mit Me 163). GdL 110 (2 NA, übrige womöglich OF). EE MR Juli 1941. GdE ca. 1000. EpA ca. 9,09

Reinhard Seiler** JG 54, JG 104. GdL 109 (9 S, 4 F und SuE, 96 OF incl. 1 4/MB und 16 nachts). EE S 1938. GdE unbekannt

Emil Bitsch* JG 3. GdL 108 (104 OF, 4 WF). EE OF Juli 1941. GdE unbekannt, gef. Volkel 15.3.1944

Hans Hahn** JG 2, JG 54. GdL 108 (20 F und SuE, 40 OF, 48 WF incl. 4 4/MB). EE F 1940. GdE 560. EpA 5,19. KG Rußland 21.2.1943

Günther Lützow*** JG 3, JV 44. GdL 108 (5 S, 15+ F und SuE, 3 WF, 85 OF). EE S 1937. GdE ca. 300. EpA ca. 2,78. verm. Donauwörth 24.4.1945 in Me 262

Bernard Vechtel* JG 51. GdL 108 (alle OF). EE OF Mai 1942. GdE 860. EpA 7,96

Viktor Bauer** JG 2, JG 3, EJG 1. GdL 106 (102 OF, 4 WF). EE WF 1940. GdE ca. 400. EpA ca. 3,77

Werner Lucas* JG 3. GdL 106 (100 OF, 4 WF incl. 1 4/MB). EE SuE Sommer 1940. GdE unbekannt, gef. Holland 24.10.1943

Adolf Galland**** JG 27, JG 26, JV 44. GdL 104 (58 F und SuE, 46 WF incl. 4 4/MB und 7 mit Me 262). EE S 1937. GdE 425. EpA 4,09

Heinz Sachsenberg* JG 52, JG 44. GdL 104 (103 OF, 1 WF). EE OF spät 1942. GdE 520. EpA 5,00

Hartmann Grasser** ZG 52, ZG 2, JG 51, JG 1, JG 210. GdL 103 (4 F und SuE, 86 OF, 11 NA incl. 2 4/MB). EE F 1940. GdE ca. 700. EpA ca. 6,80

Siegfried Freytag* JG 77, JG 7. GdL 102 (ca. 70 OF, ca. 12 NA, 25 MR). EE OF 1941. GdE unbekannt

Friedrich Geisshardt** LG 2, JG 77, JG 26. GdL 102 (1 P, 14 F und SuE, 75 OF, 9 M, 3 NA). EE P 1939. GdE 642, EpA 6,29. gef. Gent 5.4.1943

Egon Mayer*** JG 2. GdL 102 (alle F, SuE und WF incl. 25 4/MB). EE F 1940. GdE 353. EpA 3,46, gef. Montmedy 2.3.1944

Max-Hellmuth Ostermann*** ZG 1, JG 54. GdL 102 (93 OF, 9 F, SuE und Jugoslawien). EE F 1940. GdE 300+. EpA ca. 2,94, gef. Rußland 9.8.1942

Herbert Rollwage** JG 53. GdL 102 (11 OF, 20 MR, 71 WF incl. 44 4/MB). EE OF 1941. GdE 500+. EpA ca. 4,90

Josef Wurmheller*** JG 53, JG 2. GdL 102 (93 SuE und WF incl. 14 4/MB, 9 OF). EE F 1940. GdE unbekannt, gef. Frankreich 22.6.1944

Rudolf Miethig* JG 52. GdL 101 (wahrscheinlich alle OF). EE OF 1941. GdE unbekannt, gef. Kuban 10.6.1943

Josef Priller* JG 51, JG 26. GdL 101 (alle WF incl. 20+ F und SuE). EE WF 1939/40. GdE 307, EpA 3,04

Ulrich Wernitz* JG 54. GdL 101 (alle OF). EE OF Mai 1943. GdE ca. 240. EpA ca. 2,38

Paul-Heinrich Dahne* JG 52, JG 1, JG 11. GdL ca. 100 (80 OF, 20 WF). EE OF 1942. GdE ca. 600. EpA ca. 6,00, gef. 24.4.1945 Warnemünde in He 162

Leopold Steinbatz*** JG 52. GdL 99 (alle OF). EE SuE Nov. 1940. GdE unbekannt, verm. Rußland 15.6.1942

Wolfgang Späte** JG 54, JG 400, JG 7. GdL 99 (90 OF, 9 WF incl. 5 4/MB mit Me 262). EE OF Juni 1941. GdE 600+. EpA ca. 6,06

Heinrich Bartels* JG 5, JG 27. GdL 99 (57 OF, 42 WF, MR und NA incl. 2 4/MB). EE WF Aug. 1941. GdE ca. 500, EpA ca. 5,05. gef. Nähe Bonn 23.12.1944

Gustav Rödel** JG 27. GdL 98 (mindestens 1 F, 14 SuE, 1 OF, 52 NA und MR, restliche WF incl. 12 4/MB). EE F 1940. GdE 980. EpA 10,00

Horst Hannig** JG 54, JG 2. GdL 98 (90 OF, 8 WF incl. 1 4/MB). EE OF Sommer 1941. GdE unbekannt, gef. Caen 15.5.1943

Helmut Ruffler* JG 3, JG 51. GdL 98 (86 OF, 12 WF incl. 8 4/MB). EE WF Feb. 1941. GdE ca. 690. EpA ca. 7,04

Hans Schleef* JG 3, JG 5, JG 4. GdL 98 (92 OF, 6 WF incl. 1 4/MB). EE WF 1940. GdE 500+. EpA ca. 5,10, gef. Bergzabern 31.12.1944

Helmut Mertens* LG 2, JG 3, EJG 1. GdL 97 (60 OF andere F, SuE und WF). EE F 1940. GdE 750. EpA 7,73

Diethelm von Eichel-Streiber* JG 52, JG 77, JG 1, JG 26, JG 51, JG 27, JV 44. GdL 96 (94 OF, 2 WF). EE F 1940. GdE unbekannt

Heinrich Hofemeier* JG 51. GdL 96 (alle OF). EE WF März 1941. GdE 490. EpA 5,10, gef. Karatchev 7.8.1943

Siegfried Lemke* JG 2. GdL 96 (95 WF incl. 21 4/MB, 1 OF). EE WF Herbst 1942. GdE ca. 325. EpA ca. 3,39

Hermann Schleinhege* JG 3, JG 54. GdL 96 (wahrscheinlich alle OF). EE und GdE unbekannt

Leopold Munster** JG 3. GdL 95 (70 OF, 25 WF incl. 8 4/MB). EE und GdE unbekannt, gef. Hildesheim 8.5.1944

Rudolf Müller* JG 5. GdL 94 (alle OF). EE OF ca. 1942. GdE unbekannt, KG Murmansk 19.4.1943

Anton Dobele* JG 54. GdL 94 (alle OF). EE OF 1941. GdE 458. EpA 4,87, gef. Nähe Smolensk 11.11.1943

Heinrich Klopper* JG 51, JG 1. GdL 94 (86 OF, 8 WF incl. 4 4/MB). EE OF 41. GdE 500+. EpA ca. 5,32, verm. Holland 29.11.1943

Rudolf Resch* JG 52, JG 51. GdL 94 (1 S, restliche wahrscheinlich OF). EE S 1938. GdE unbekannt, gef. Orel 11.7.1943

Siegfried Schnell** JG 2, JG 54. GdL 93 (23 F und SuE, 64 WF incl. 3 4/MB, 6 OF). EE F 1939/40. GdE unbekannt, gef. OF 25.2.1944

Edmund Rossmann* JG 52. GdL 93 (6 F und SuE, 87 OF). EE SuE 1940. GdE 640. EpA 6,88. KG Orel 9.7.1943

Helmut Bennemann* JG 52, JG 53. GdL 92 (70 OF, 22 WF möglicherweise incl. F, SuE und MR, incl. 1 4/MB). EE F 1940. GdE 400 plus. EpA ca. 4,35

Gerhard Loos* JG 54. GdL 92 (78 OF, 14 WF incl. 2 4/MB). EE OF spät 1942. GdE unbekannt, gef. Oldenburg 6.3.1944

Oskar Romm* JG 52, JG 3. GdL 92 (82 OF, 10 WF incl. 8 4/MB). GdE 229. EpA 2,49

Anton Resch* JG 52. GdL 91 (alle OF). EE OF Sommer 1943. GdE 210. EpA 2,31

Eberhard von Boremski* JG 77, JG 3, EJG 1. GdL 90 (hauptsächlich OF aber möglicherweise einige F und SuE). EE F 1939/40. GdE 630. EpA 7,00

Heinz Kemethmüller* JG 3, JG 26. GdL 89 (70 OF, 19 WF incl. 3 4/MB). EE WF Dez. 1940. GdE 463. EpA 5,20

Georg Schentke* JG 3. GdL 87 (4 F und SuE, 83 OF). EE F 1940. GdE unbekannt, verm. Nähe Stalingrad 25.12.1942

Josef Jennewein* JG 26, JG 51. GdL 86 (5 SuE, 81 OF). EE SuE 1940. GdE 271. EpA 3,15, verm. Orel 26.7.1943

Anton Mader* JG 76, JG 2, JG 77, JG 11, JG 54. GdL 86 (61 OF, 25 WF incl. SuE). EE F 1940. GdE unbekannt

Friedrich Wachowiak* JG 52, JG 3. GdL wenigstens 86 (alle OF). EE MR Mai 1941. GdE unbekannt, gef. Normandie 16.7.1944

Ulrich Wohnert* JG 54. GdL 86 (alle OF). EE OF Frühjahr 1942. GdE unbekannt

Gerhard Koppen** JG 52. GdL 85 (wahrscheinlich alle OF). EE und GdE unbekannt, verm. Rußland 5.5.1942

Walter Zellot* JG 53. GdL 85 (alle OF). EE OF 1941. GdE 296. EpA 3,48, gef. Stalingrad 10.9.1942

Heinz Ewald* JG 52. GdL 84 (alle OF). EE OF Sommer 1943. GdE 396. EpA 4,71

Peter Kalden* JG 51. GdL 84 (alle OF). EE OF 1943. GdE 538. EpA 6,40. KG Danzig 11.3.1945

Werner Quast* JG 52. GdL 84 (alle OF). EE OF Juni 1941. GdE unbekannt, KG Rußland 7.8.43

Otto Wessling** JG 3. GdL 83 (70 OF, 13 WF incl. einige 4/MB). EE OF früh 1943. GdE unbekannt, gef. Eschwege 19.4.1944

Walter Ohlrogge* JG 3, JG 7. GdL 83 (80 OF, 3 WF). EE F Mai 1940. GdE ca. 400. EpA ca. 4,82

Emil Pusch* Nur Details stehen zur Verfügung GdL 83 (incl. 17 4/MB)

Hans Goetz* JG 54. GdL 82 (wahrscheinlich alle OF). EE F Jan. 1940. GdE 600+. EpA ca. 7,32, gef. Rußland 4.8.1943

Hans Grünberg* JG 3, JG 7, JV 44. GdL 82 (61 OF, 21 WF incl. 14 4/MB und 5 mit Me 262). EE WF Mai 1941. GdE ca. 550. EpA ca. 6,71

Helmut Missner* JG 54, EJG Ost. GdL 82 (alle OF). EE und GdE unbekannt, i.D. gef. Sagan 12.9.1944

Franz Beyer* JG 3. GdL 81 (70 OF, 21 MR und WF, möglicherweise incl. SuE). EE WF 1940. GdE unbekannt, gef. Venlo 11.2.1944

Hugo Broch* JG 54. GdL 81 (alle OF). EE OF Jan. 1943. GdE 324. EpA 4,00

Hermann Lucke* JG 51. GdL 81 (wahrscheinlich alle OF). EE OF 1942. GdE unbekannt, i.D. gef. Rußland 8.11.1943

Willi Nemitz* JG 52. GdL 81 (wahrscheinlich alle OF). EE WF 1940. GdE 500+. EpA ca. 6,17, gef. Kaukasus 11.4.1943

Wilhelm Philipp* JG 26, JG 54. GdL 81 (22 F, SuE, früh WF, 55 OF, 4 WF). EE F Okt. 1939. GdE 500+. EpA ca. 6,17

Rudolf Wagner* JG 51. GdL 81 (alle OF). EE OF 1942. GdE unbekannt, verm. Schitomir 11.12.1943

Herbert Bachnick* JG 52. GdL 80 (alle OF, incl. 1 4/MB). EE OF Dez. 1942. GdE 373. EpA 4,66, gef. Sizilien 7.8.1944

Otto Wurfel* JG 51. GdL 79 (alle OF). EE OF 42. GdE unbekannt, verm. Rogatchev 23.2.1944

Karl-Gottfried Nordmann** JG 77, JG 51. GdL 78 (1 P, 8 SuE und WF, 69 OF). EE P 1939. GdE 800+. EpA ca. 10,26

Georg-Peter Eder** JG 51, JG 2, JG 1, JG 26, Kdo 'Nowotny', JG 7. GdL 78 (10 OF, 68 WF incl. 36 4/MB, 12 mit Me 262). EE OF Juni 1941. GdE unbekannt

Wolfgang Ewald* JG 52, JG 3. GdL 78 (1 S, 2 F/SuE, 75 OF). EE S 1937. GdE unbekannt, KG Rußland 14.7.1943

Heinrich Krafft* JG 51. GdL 78 (4 F und SuE, 74 OF). EE WF 1940. GdE unbekannt, gef. Rußland 14.12.1942

Alexander Preinfalk* JG 51, JG 77, JG 53. GdL 78 (ca. 50 OF, andere MR und WF). GdE unbekannt, gef. WF 12.12.1944

Hubertus von Bonin* JG 26, JG 54, JG 52. GdL 77 (4 S, 9 F und SuE, 64 OF). EE S 1937. GdE unbekannt, gef. Witebsk 15.12.1943

Josef Haibock* JG 26, JG 52, JG 53. GdL 77 (16 F, SuE und früh WF, 60 OF, 1 WF). EE F Dez. 1939. GdE 604. EpA 7,84

Johann-Hermann Meier* JG 52, JG 26. GdL 77 (76 OF, 1 WF). EE OF 1942. GdE 305. EpA 3,96, i.D. gef. WF 15.3.1944

Hans-Joachim Kroschinski* JG 54. GdL 76 (alle OF incl. 1 US 4/MB). EE OF Juni 1942. GdE 360. EpA 4,74

Maximilian Mayerl* JG 51, EJG 1. GdL 76 (4 SuE und früh WF, 72 OF). EE WF 1940. GdE 647. EpA 8,51

Alfred Teumer* JG 54, Kdo 'Nowotny' . GdL 76 (66 OF, 10 WF). EE OF Dez. 1941. GdE 300+. EpA ca. 3,95, gef. Hesepe 4.10.1944

Edwin Thiel* JG 52, JG 51. GdL 76 (wahrscheinlich alle OF). EE WF 1940. GdE unbekannt, gef. OF 14.7.1944

Johann Bunzek* JG 52. GdL 75 (alle OF). EE OF 1942. GdE unbekannt, gef. OF 11.12.1943

Helmut Grollmus* JG 54. GdL 75 (alle OF). EE OF 1941/42. GdE unbekannt, gef. Finnland 19.6.1944

Johann Pichler* JG 77. GdL 75 (29 OF, 46 MR, NA, WF, incl. 16 4/MB). EE SuE Aug. 1940. GdE ca. 700. EpA ca. 9,33. KG OF 30.8.1944

Joachim Wandel* JG 76, JG 54. GdL 75 (hauptsächlich OF, wenigstens 16 nachts mit Bf 109). EE S 1938. GdE unbekannt, gef. Ostaschkow 7.10.1942

Hans Roehrig* JG 53. GdL 75 (ca. 50 OF, andere MR). EE und GdE unbekannt, verm. Catania 7.7.1943

Gustav Frielinghaus* JG 3, EJG 1. GdL 74 (66 OF, 8 WF). EE OF Juni 1941. GdE ca. 500. EpA ca. 6,76

Otto Gaiser* JG 51. GdL 74 (alle OF). EE und GdE unbekannt, verm. Rußland 22.1.1944

Friedrich Haas* JG 52. GdL 74 (wahrscheinlich alle OF). EE OF spät 1943. GdE 385. EpA 5,20, gef. Wien 9.4.1945

Gerhard Michalski** JG 53, JG 4. GdL 73 (9 F und SuE, 14 OF, 26 MR, 24 WF incl. 13 4/MB). EE WF 1940. GdE 652. EpA 8,93

Anton Lindner* JG 51, EJG l. GdL 73 (72 OF). EE F 1939. GdE 650. EpA 8,90

Otto Schultz* JG 51. GdL 73 (40 OF, 20 NA, 13 MR und WF incl. 8 4/MB). EE SuE 1940. GdE 800+. EpA ca. 10,96

Klaus Mietusch** JG 26. GdL 72 (57 F, SuE, NA und WF incl. l0 4/MB, 15 OF). EE F 1940. GdE 452. EpA 6,28, gef. Deutschland 17.9.1944

Wilhelm Mink* JG 51, EJG 1. GdL 72 (70 OF, 2 WF). EE WF 1940. GdE unbekannt, gef. Dänemark 12.3.1945

Karl-Heinz Schnell* JG 51, JG 102, JV 44. GdL 72 (61 OF, 11 WF). EE F 1939. GdE 500+. EpA ca. 6,94

Adolf Glunz** JG 52, JG 26, JG 7. GdL 71 (3 OF, 68 WF incl. 20 4/MB). EE WF März 1941. GdE 574. EpA 8,08. Niemals abgeschossen oder verwundet

Hans Füss* JG 3. GdL 71 (wahrscheinlich alle OF). EE OF 1941. GdE unbekannt, gef. OF Okt. 1942

Günther Scheel* JG 54. GdL 71 (alle OF). EE OF Frühjahr 1943. GdE 70. EpA 0,99, gef. Orel 16.7.1943

Alfred Heckmann* JG 3, JG 26, JV 44. GdL 71 (54 OF, 17 F, SuE und WF incl. 3 4/MB). EE WF 1940. GdE ca. 600. EpA ca. 8,45

Hermann-Friedrich Joppien** JG 51. GdL 70 (25 SuE, 17 WF, 28 OF). EE WF 1940. GdE unbekannt, gef. Bryansk 25.8.1941

Heinz Lange* JG 21, JG 54, JG 51. GdL 70 (69 OF, 1 WF). EE P 1939. GdE 638. EpA 9,11

Rudi Linz* JG 5. GdL 70 (hauptsächlich OF). EE und GdE unbekannt, gef. Norwegen 9.2.1945

Emil Omert* JG 3, JG 2, JG 77. GdL 70 (50 OF, 3 M, 17 WF). EE WF 1940. GdE ca. 700. EpA ca. 10,00, gef. Ploesti 24.4.1944

Armin Köhler* JG 77. GdL 69 (14 OF, 55 NA, MR und WF incl. 13 4/MB). EE OF März 1942. GdE 515. EpA 7,46

Ernst Weismann* JG 51. GdL 69 (alle OF). EE OF Herbst 1941. GdE 258. EpA 3,74, verm. Rschew 13.8.1942

Eugen-Ludwig Zweigart* JG 54. GdL 69 (54 OF, 15 WF incl. 1 4/MB). EE OF 1941. GdE unbekannt, gef. Normandie 8.6.1944

Günther Freiherr von Maltzahn** JG 53. GdL 68 (35 WF incl. F, SuE und MR, 33 OF). EE F 1939. GdE 500+. EpA ca. 7,35

Hans Strelow** JG 51. GdL 68 (alle OF). EE wahrscheinlich OF Juni 1941. GdE 200+. EpA ca. 2,94, verm. OF 22.5.1942

Herbert Hüppertz** JG 51, JG 5, JG 2. GdL ca. 68 (35 SuE und WF, 33 OF). EE WF 1940. GdE unbekannt, gef. Caen 8.6.1944

Konrad Bauer* JG 51, JG 3, JG 300. GdL 68 (18 OF, 50 WF incl. 32 4/MB). EE OF Sept. 1942. GdE 416. EpA 6,12

Kurt Dombacher* JGr 'Trondheim', JG 51. GdL 68 (alle OF). EE OF Mai 1943. GdE (exc. Küstenpatrolien) ca. 300. EpA 4,41

Walter Hoeckner* JG 52, JG 77, JG 26, JG 1, JG 4. GdL 68 (56 OF, 12 WF incl. 5 4/MB). EE WF 1940. GdE 500+. EpA ca. 7,35. i.D. gef. 25.8.1944.

Heinrich Jung* JG 54. GdL 68 (alle OF). EE WF Nov. 1940. GdE unbekannt, gef. OF 30.7.1943

Herbert Kaiser* JG 77, JG 1, JV 44. GdL 68 (42 OF, andere F, SuE, MR, NA und WF). EE P 1939. GdE ca. 1000. EpA ca. 14,71

Richard Leppla* JG 51, JG 105, JG 6. GdL 68 (12 F und SuE, 55 OF, 1 WF). EE WF 1940. GdE 500+. EpA ca. 7,35

Fritz Losigkeit* JG 26, JG 1, JG 51, JG 77. GdL 68 (57 OF, 11 WF incl. 1 4/MB). EE S 1938, GdE ca. 750. EpA ca. 11,03

Ernst Süss* JG 52, JG 50, JG 11. GdL 68 (60 OF, andere F, SuE und WF). EE F 1940. GdE unbekannt, gef. Oldenburg 20.12.1943

Otto Tange* JG 51. GdL 68 (3 früh WF, 65 OF). EE WF 1940. GdE 426. EpA 6,26, gef. Rußland 30.7.1943

Hubert Strassl* JG 51. GdL 67 (alle OF). EE OF spät 1941. GdE 221. EpA 3,30, gef. Orel 8.7.1943

Hermann Staiger* JG 51, JG 26, JG 1, JG 7. GdL 63 (50 WF, möglicherweise einige in F und SuE und incl. 26 4/MB, später 13 OF). EE F 1940. GdE 400+. EpA ca. 6,35

Erbo Graf von Kageneck** JG 27. GdL 67 (13 F und SuE, 4 WF, 48 OF und 2 NA). EE F 1939. GdE unbekannt, gef. NA 24.12.1941

Gustav Denk* JG 52. GdL 67 (hauptsächlich OF aber wenigstens 2 SuE). EE F 1939. GdE 500+. EpA ca. 7,46, gef. Krasnodar 13.2.1943

Fritz Dinger* JG 53. GdL 67 (ca. 50 OF, 17 WF und MR). EE WF 1939/40. GdE unbekannt, i.D. gef. Sizilien 27.7.1943

Herbert Findeisen* JG 54. GdL 67 (alle OF). 42 bestätigte Siege als Aufklärungspilot

Franz Schiess* JG 53. GdL 67 (14 OF, 13 NA, 40 MR incl. 10 über Malta). EE WF Frühjahr 1941. GdE 540. EpA 8,06, verm. über Capri 2.9.1943

Franz Schwaiger* JG 3. GdL 67 (55 OF, 12 WF incl. 2 4/MB). EE OF 1941. GdE unbekannt, gef. Deutschland 24.4.1944

Erwin Flieg* JG 51. GdL 66 (9 RAF 1940/41, 57 OF). EE WF Juni 1940. GdE 506. EpA 7,67. KG Rußland 29.5.1942

Reinhold Hoffmann* JG 54. GdL 66 (60 OF, 6 WF, alle 4/MB). EE OF 1942. GdE unbekannt, gef. Brandenburg 24.5.1944

Hans Döbrich* JG 5. GdL 65 (alle OF). EE OF Feb. 1942. GdE 248. EpA 3,82, nach Verwundung nicht mehr an der Front ab 16.7.1943

Heinrich Fullgräbe* JG 52, JG 50. GdL 65 (wahrscheinlich alle OF). EE und GdE unbekannt, gef. OF 30.1.1945

Berthold Grassmuck* JG 52. GdL 65 (wahrscheinlich alle OF). EE wahrscheinlich OF 1941. GdE unbekannt, gef. Pitomnik 28.10.1942

Karl Kempf JG 54, JG 26. GdL 65 (5 F und SuE, 49 OF, ll WF incl. 2 4/MB). EE F Frühjahr 1940. GdE 445. EpA 6,85, gef. Belgien 3.9.1944

Waldemar Semelka* JG 52. GdL 65 (wahrscheinlich alle OF). EE OF 1941. GdE 240+. EpA ca. 3,69, verm. Stalingrad 21.8.1942

Jürgen Harder** JG 53, JG 11. GdL 64 (17 OF, 16 NA, 31 WF incl. 9 4/MB). EE wahrscheinlich OF Juni 1941. GdE unbekannt, i.D. gef. Nähe Berlin 17.2.1945

Rolf Hermichen** ZG l, JG 26, JG 11, JG 104. GdL 64 (11 F, SuE und früh WF, 8 OF, 45 WF incl. 26 4/MB). EE F 1939/40. GdE 629. EpA 9,83

Bernd Gallowitsch* JG 51, I/JG l (mit He 162). GdL 64 (59 OF, 5 WF incl. SuE). EE WF Juni 1940. GdE 840. EpA 13,13

Viktor Petermann* JG 52, JG 7. GdL 64 (wahrscheinlich alle OF). EE und GdE unbekannt

Heinrich Hoffmann** JG 51. GdL 63 (1 SuE, 62 OF). EE WF 1940. GdE 258. EpA 4,10, gef. Rußland 3.10.1941

Franz Goetz* JG 53, JG 26. GdL 63 (30 F, SuE und früh WF, 17 OF, restliche NA, MR und WF). EE F 1940. GdE 766. EpA 12,16

Karl Hammerl* JG 52. GdL 63 (wahrscheinlich alle OF). EE F 1939. GdE unbekannt, verm. Rußland 2.3.1943

Gerhard Homuth* JG 27, JG 54. GdL 63 (15 F und SuE, 46 NA und MR, 2 OF). EE F 1940. GdE ca. 450. EpA ca. 7,14, verm. Orel 3.8.1943

Wilhelm Hübner* JG 51. GdL 62 (alle OF). EE OF 43. GdE unbekannt, gef. Ostpreußen 7.4.1945

Helmut Neumann* JG 5. GdL 62 (alle OF). EE OF Aug. 1942. GdE 162. EpA 2,61

Horst Carganico* JG 5. GdL 60 (hauptsächlich OF). EE OF 1941. GdE ca. 600. EpA ca. 10,00, gef. Frankreich 27.5.1944

August Mors* JG 5. GdL 60 (48 OF, 12 WF incl. 1 4/MB). EE OF Juni 1941. GdE unbekannt, gef. Frankreich 6.8.1944

Karl Munz* JG 52, JG 7. GdL 60 (57 OF, 3 WF incl. 1 4/MB). EE WF 1940. GdE 600+. EpA ca. 10,00

Alfred Rauch* JG 51. GdL 60 (56 OF, 6 WF und NA, wenigstens 1 SuE und incl. 1 4/MB). EE WF Juni 1940. GdE 647. EpA 10,78

Anhang 3
Nachtjagdexperten

Das Kriterium, das für die Nachtjagdexperten verwendet wurde, ist die Verleihung des Ritterkreuzes für wenigstens 25 Luftsiege. Es wurden die selben Abkürzungen verwendet, wie in Anhang 2, zusätzlich jedoch:

RB   Radarbediener
BS   Bordschütze

Abschüsse an anderen als an der Westfront oder bei Tage sind aufgeführt, falls bekannt.

Heinz-Wolfgang Schnaufer**** NJG 1, NJG 4. GdL 121. EE Frühjahr 1942. GdE 164. EpA 1.36. RB **Fritz Rumpelhardt*** anteilig an 100 Siegen und BS **Wilhelm Gansler*** an 98

Helmut Lent**** ZG 76, NJG 1, NJG 2, NJG 3. GdL 110 (8 bei Tag, von welchen 1 P, 2 Deutsche Bucht und 5 Norwegen). EE P 39. GdE ca. 300. EpA ca. 2.73, i.D. gef. 5.10.1944. 80 Nacht-, 8 Tagsiege mit RB **Walter Kubisch***

Heinrich Prinz zu Sayn-Wittgenstein*** NJG 2, NJG 100, NJG 3. GdL 83 (29 OF). EE WF Aug. 1941. GdE unbekannt, gef. 21.1.1944. Ehemaliger Bomberpilot

Wilhelm Herget** ZG 76, NJG 3, NJG 1, NJG 4, JV 44. GdL 72 (15 bei Tag: 14 F und SuE, 1 WF mit Me 262). EE P 1939. GdE 700+. EpA ca. 9,72. 57 Nacht- und 11 Tagsiege mit RB **Hans Liebherr***

Werner Streib*** ZG 1, NJG 1. GdL 66 (1 bei Tag). EE F 1940. GdE unbekannt. 14 zusammen mit RB **Kurt Bundrock***

Manfred Meurer** NJG 1, NJG 5. GdL 65. EE wahrscheinlich F 1940. GdE unbekannt, gef. Magdeburg 21.1.1944. 60 Siege mit RB **Gerhard Scheibe***

Günther Radusch** ZG 1, NJG 1, NJG 3, NJG 2. GdL 65 (1 bei Tag im Spanieneinsatz He 112). EE S 1938. GdE (nur Weltkrieg II) ca.140. EpA (nur Weltkrieg II) 2.19

Rudolf Schönert** NJG 1, NJG 2, NJG 3, NJG 100, NJG 10, NJG 5. GdL 64 (35 OF). EE WF Juni 1941. GdE unbekannt. Verantwortlicher RB **Hannes Richter***

Heinz Rökker** NJG 2. GdL 64 (incl. 1 bei Tag, mehrere im MR). EE MR Frühjahr 1942. GdE 170. EpA 2,66. 61 Nacht- und 1 Tagsieg mit RB **Carlos Nugent***

Paul Zorner** NJG 2, NJG 3, NJG 100, NJG 5. GdL 59. EE WF Juli 1942. GdE 108. EpA 1.83. 58 Siege mit RB **Heinrich Wilke***. Ehemaliger Transporterpilot

Martin Becker** NJG 4, NJG 6. GdL 58. EE WF 1943. GdE ca. 83. EpA ca. 1,43. Ehemaliger Aufklärungspilot. Alle mit RB **Karl-Ludwig Johanssen***

Gerhard Raht** NJG 3, NJG 2. GdL 58. EE WF 1942. GdE 171. EpA 2,95. 56 Siege mit RB **Anton Heinemann***

Heinz Strüning** ZG 26, NJG 2, NJG 1. GdL 56. EE F 40. GdE 250. EpA 4.46, gef. Werl 24.12.1944

Josef Kraft** NJG 4, NJG 5, NJG 6, NJG 1. GdL 56 (20 OF). EE wahrscheinlich 1943. GdE 145. EpA 2,59

Gustav Francsi* NJG 100. GdL 56 (52 OF, 4 WF). EE und GdE unbekannt.

Hans-Dieter Frank** ZG 1, NJG 1. GdL 55. EE WF 1940. GdE unbekannt, gef. 27.9.1943

Heinz Vinke** NJG 1. GdL 54. EE spät 1942. GdE unbekannt, gef. 26.2.1944

August Geiger** NJG 1. GdL 53. EE Frühjahr 1941. GdE unbekannt, gef. Ijsselmeer 29.9.1943

Herbert Lütje** NJG 1, NJG 6. GdL 53 (incl. 2 bei Tag: 1 4/MB). EE Juli 1940. GdE ca. 150. EpA ca. 2,83

Martin Drewes** ZG 76, NJG 1. GdL 52 (9 bei Tag incl. 7 4/MB). EE WF 1940. GdE 235. EpA 4,52. 37 Siege mit RB **Erich Handke***

Werner Hoffmann* ZG 52, ZG 2, NJG 3, NJG 5. GdL 52 (1 bei Tag). EE WF 1940. GdE 190. EpA 3,65

Egmont Prinz zur Lippe-Weissenfeld** ZG 76, NJG 1, NJG 2, NJG 5. GdL 51. EE WF 1940. GdE unbekannt, i.D. gef. in den Ardennen 12.3.1944

Hans-Joachim Jabs** ZG 76, NJG 1. GdL 50 (22 bei Tag: 8 F, 12 SuE, 2 WF). EE F 1940. GdE 710. EpA 14,20. Die meisten Siege anteilig mit RB **Erich Weissflog***

Kurt Welter** JG 301, NJG 11. GdL 50+ (wenigstens 4 bei Tag). Mehrere Nachtsiege mit Me 262. EE 1943. GdE unbekannt.

Hermann Greiner** NJG 1. GdL 50 (4 4/MB bei Tag). EE WF 1942. GdE 126. EpA 2.52

Reinhard Kollak* NJG 1, NJG 4. GdL 49. EE Okt. 1940. GdE ca. 250. EpA ca. 5,10

Paul Gildner** ZG 1, NJG 1. GdL 48 (4 bei Tag, WF 1940). EE WF 1940. GdE unbekannt, gef. 24.2.1943

Walter Borchers* ZG 76, NJG 3, NJG 5. GdL ca. 48 (12 bei Tag F und SuE, 3 4/MB bei Tag WF). EE F 1940. GdE unbekannt, gef. Leipzig 5.3.1945

Johannes Häger* NJG 1. GdL 48 (1 4/MB bei Tag). EE WF 1942/43. GdE 99. EpA 2.06

Ludwig Becker** NJG 1. GdL 46. EE WF 1940. GdE unbekannt, gef. Nordsee 26.2.1943. RB **Staub** anteilig an 40 Siegen, BS **Wilhelm Gänsler*** an 17 Siegen

Paul Semrau** NJG 2. GdL 46 (incl. 9 Störenfried über England 1940/41). EE F 1940. GdE unbekannt, gef. Holland 8.2.1945

Hans-Heinz Augenstein* NJG 1. GdL 46. EE spät 1942. GdE unbekannt, gef. Nähe Münster 6.12.1944

Rudolf Frank** NJG 3. GdL 45. EE Sommer 1941. GdE 183. EpA 4,07, gef. Eindhoven 26/27.4.1944. Meistens, wenn nicht alle Siege mit RB **Hans-Georg Schierholz***

Ernst Drunkler* ZG 2, NJG 1, NJG 5. GdL 45 (5 OF, 2 4/MB bei Tag). EE OF Mai 1942. GdE (nur Nacht) 87. EpA (nur Nacht) 2,02

Reinhold Knacke** ZG 1, NJG 1. GdL 44. EE F 1940. GdE unbekannt, gef. Holland 3.2.1943. 35 anteilig mit RB **Kurt Bundrock***

Alois Lechner* NJG 2, NJG 100. GdL 43 (alle OF). EE ca. 1942. GdE unbekannt, verm. Mogilev 23.2.1944. Ehemaliger Bomber-pilot

Werner Baake* NJG 1. GdL 41. EE 1942. GdE 195. EpA 4,76. Alle Siege mit RB **Bettaque**

Leopold Fellerer* NJG 1, NJG 5, NJG 6. GdL 41 (2 Tag). EE WF 1940. GdE unbekannt

Ludwig Meister* NJG 1, NJG 4. GdL 41. EE WF Sept. 1941. GdE 120. EpA 2,93

Eckart-Wilhelm von Bonin* NJG 1, NJG 102. GdL 39 (2 4/MB bei Tag). EE Okt. 1940. GdE ca. 150. EpA ca. 3,85

Dietrich Schmidt* NJG 1. GdL 39. EE Sept. 41. GdE 171. EpA 4.38

Günther Bahr* SKG 210, NJG 4, NJG 6. GdL 37 (36 4/MB bei Nacht WF und 1 Tag OF). EE OF Juni 1941. GdE (nur Nacht) ca. 90. EpA (nur Nacht) ca. 2,50

Wilhelm Beier* NJG 2, NJG 1, NJG 3. GdL 36 (alle WF, 14 Störenfried über England 1940/41). EE WF 1940. GdE ca. 250. EpA ca. 6,9

Helmut Bergmann* NJG 4, NJG 1. GdL 36. EE Juli 1941. GdE ca.135. EpA ca. 3,75, verm. Avranches 6.8.1944

Walter Ehle* ZG 1, NJG 1. GdL 36 (3 Tag, 2 in P). EE P 1939. GdE unbekannt, gef. St. Truiden 17.11.1943

Heinz-Horst Hissbach* NJG 2. GdL 34. EE MR 1941. GdE 200+. EpA ca. 5,88, gef. Gelnhausen 14.4.1945

Wilhelm Johnen* NJG 1, NJG 5, NJG 6. GdL 34. EE früh 1942. GdE 200+. EpA ca. 5,88

Heinz-Martin Hadeball* NJG 1, NJG 4, NJG 6, NJG 10. GdL 33. EE WF Juni 1941. GdE ca. 350. EpA ca. 10,61

Josef Kociok* ZG 76, SKG 210, 10(NJ)IZG 1. GdL 33 (alle OF, 21 Nacht). EE WF 1940. GdE ca. 200. EpA ca. 6,06, gef. Kertsch 26.9.1943

Ernst-Wilhelm Modrow* NJG 1. GdL 33. EE Nov. 1943. GdE 109. EpA 3,30. Ehemaliger Transporterpilot

Werner Husemann* NJG 1, NJG 3. GdL ca. 32. EE WF 1942. GdE 250+. EpA ca. 7,81. Früher ein Wetteraufklärungspilot. Die späteren Siege meist mit RB **Hans-Georg Schierholz***

Klaus Bretschneider* JG 300. GdL wenigstens 31 (17 bei Tag incl. wenigstens 3 4/MB, und 14 „Wilde Sau"-Siege in 20 Einsätzen). EE unbekannt. EpA „Wilde Sau" nur 1,43, gef. Kassel 24.12.1944

Hubert Rauh* NJG 1, NJG 4. GdL 31. EE Jan. 1942. GdE 150. EpA 4,84

Karl-Heinz Scherfling* NJG 1. GdL 31 wenigstens. EE WF Sommer 1942. GdE unbekannt, gef. Belgien 21.7.1944

Gerhard Friedrich* NJG 4, NJG 6. GdL 30. EE 1942. GdE unbekannt, gef. 16.3.1945. Ehemaliger Transporterpilot

Friedrich-Karl Müller* JG 300, NJG 10. GdL 30 (23 als „Wilde Sau"-Pilot). EE Juli 1943. GdE (Nacht) 52. EpA 1,73. Ehemaliger Bomber- und Transporterpilot.

Paul Szameitat* NJG 1, NJG 5, NJG 3. GdL 29 (incl. 1 4/MB bei Tag). EE 1943. GdE unbekannt, gef. Bückeburg 2.1.1944

Heinrich Wohlers* NJG 1, NJG 4, NJG 6. GdL 29. EE 1941. GdE unbekannt, gef. Echterdingen 15.3.1944. Ehemaliger Aufklärungspilot

Anton Benning* JG 106, JG 301. GdL 28 (incl. 18 4/MB, über 15 bei Nacht als „Wilde Sau"-Pilot). EE Juni 1943. GdE ca.100. EpA ca. 3,57. Ehemaliger Transporterpilot

Hans Krause* NJG 3, NJG 101. GdL 28. EE und GdE unbekannt

Fritz Lau* NJG 1. GdL 28. EE Herbst 1943. GdE 76. EpA 2.71. Ehemaliger Transporterpilot

Lothar Linke* ZG 76, NJG 1, NJG 2. GdL 28 (3 bei Tag). EE WF 1939. GdE 100+. EpA ca. 3,57, gef. Holland 14.5.1943

Rudolf Sigmund* NJG 1, NJG 3. GdL 28 (incl. 2 bei Tag). EE Frühjahr 1942. GdE unbekannt, gef. Kassel 3.10.1943

Hermann Wischnewski* JG 300. GdL 28 (16 „Wilde Sau", 12 bei Tag, alle WF). EE Juli 1943. GdE unbekannt. Ehemaliger Transporterpilot

Heinz Grimm* NJG 1. GdL 27 (1 4/MB bei Tag). EE WF 1941. GdE unbekannt, gef. 9.10.1943

Alfons Köster* NJG 2, NJG 3. GdL 25 wenigstens (incl. 11 über England 1940/41 und 5 NA). EE WF 1940. GdE 200+. EpA ca. 8,00, gef. Oldenburg 7.1.1945

Helmuth Schulte* NJG 5. GdL 25. EE Sept. 1943. GdE ca. 180. EpA ca. 7,20. Ehemaliger Heeresbeobachtungspilot

Anhang 4
Abschußquote

Das gebräuchlichste Verfahren, die Leistung von Flieger-Assen zu beurteilen ist, die Gesamtsiege zu bewerten. Nach dieser Methode liegt Erich Hartmann mit erheblichem Abstand vorn. Man sollte jedoch noch weitere Kriterien berücksichtigen, vor allem, die Gelegenheit überhaupt auf den Feind zu treffen. Die beste Lösung dürfte sein, die Zahl der Einsatzflüge, bei denen Feindberührung bestand, durch die Anzahl der Abschüsse zu teilen, um damit eine „Abschußquote" zu erhalten. Leider sind die dazu erforderlichen Angaben nur in wenigen Fällen verfügbar und das so gewonnene Bild wäre zu unscharf, um auch nur annähernd treffend zu sein. Was allerdings in der Mehrzahl der Fälle bekannt ist, sind die Einsätze insgesamt. Der Verfasser hat also dieses Verfahren für die unten angeführte Tabelle als brauchbare Lösung angewandt, wobei mit einer Ausnahme nur solche Piloten aufgeführt sind, die eine bessere oder gleichwertige Abschußquote im Vergleich zu Hartmann haben.

Die Abkürzungen bedeuten:

Aq	Abschußquote
GdL	Gesamtzahl der Luftsiege
gef.	gefallen vor dem Feind oder im Dienst getötet.
Front	Bezieht sich auf den Kriegsschauplatz, auf dem die Mehrzahl der Luftsiege errungen wurden.

	Aq	GdL	Front	
1 Günther Scheel	0,99	71	OF	gef.
2 Werner Schroer	1,73	114	NA/MR	
3 Walter Loos	1,74	38	WF	
4 Wilhelm Batz	1,88	237	OF	
5 Heinrich Setz	1,99	138	OF	gef.
6 Wolf Ettel	2,02	124	OF	gef.
7 Otto Kittel	2,18	267	OF	gef.
8 Günther Rall	2,26	275	OF	

9 Gordon Gollob	2,27	150	OF	
10 Anton Resch	2,31	91	OF	
11 Emil Lang	2,33	173	OF	gef.
12 Günther Josten	2,36	178	OF	
13 Ulrich Wernitz	2,38	101	OF	
14 Theodor Weissenberger	2,40	208	OF	
15 Walter Oesau	2,40	123	OF/WF	gef.
16 Hans-Joachim Marseille	2,42	158	NA	gef.
17 Hans-Joachim Birkner	2,42	117	OF	gef.
18 Gerhard Thyben	2,45	157	OF	
19 Franz Eisenach	2,47	129	OF	
20 Oskar Romm	2,49	92	OF	
21 Albert Brunner	2,55	53	OF	gef.
22 Helmut Neumann	2,61	62	OF	
22 Werner Mölders	2,61	115	WF	gef.
24 Kurt Ebener	2,63	57	OF	KG
25 Heinz Marquardt	2,64	121	OF	
26 Max Stotz	2,65	189	OF	verm.
26 Peter Düttmann	2,65	150	OF	
28 Günther Lützow	2,78	108	OF	gef.
28 Hans Weik	2,78	36	WF	
30 Walter Adolph	2,82	29	WF	gef.
31 Hans Strelow	2,94	68	OF	verm.
32 Josef Priller	3,04	101	WF	
33 Walter Wolfrum	3,09	137	OF	
34 Josef Jennewein	3,15	86	OF	verm.
35 Joachim Kirschner	3,19	188	OF	gef.
35 Heinz Golinski	3,19	47	OF	gef.
37 Hans Beisswenger	3,29	152	OF	verm.
38 Hubert Strassl	3,30	67	OF	gef.
39 Johann Schmid	3,34	41	WF	gef.
40 Alfred Gross	3,36	52	OF	
41 Wilhelm Galland	3,38	55	WF	gef.
42 Siegfried Lemke	3,39	96	WF	
43 Franz Dörr	3,41	128	OF	
43 Franz Beerenbrock	3,41	117	OF	KG
45 Helmut Lipfert	3,45	203	OF	
46 Egon Mayer	3,46	102	WF	gef.
47 Walter Zellot	3,48	85	OF	gef.
48 Jürgen Brocke	3,57	42	OF	gef.

49 Horst Ademeit	3,61	166	OF	verm.
49 Johannes Weise	3,61	133	OF	
51 Rudolf Trenkel	3,62	138	OF	
52 Gerhard Vogt	3,63	48	WF	gef.
53 Gerhard Barkhorn	3,67	301	OF	
54 Karl-Heinz Weber	3,68	136	OF	verm.
55 Waldemar Semelka	3,69	65	OF	verm.
56 Joachim Müncheberg	3,70	135	WF/NA/MR	gef.
57 Ernst Weismann	3,74	69	OF	verm.
58 Viktor Bauer	3,77	106	OF	
59 Hans Döbrich	3,82	65	OF	
60 Kurt Brändle	3,89	180	OF	gef.
61 Ludwig Hafner	3,90	52	OF	verm.
62 Hermann Graf	3,92	212	OF	
63 Hans Waldmann	3,93	134	OF	gef.
64 Alfred Teumer	3,95	76	OF	gef.
64 Hans Dortenmann	3,95	38	OF/WF	
66 Rudolf Rademacher	3,97	126	OF	
67 Hugo Broch	4.00	81	OF	
68 Franz Schall	4,01	137	OF	gef.
69 Ernst-Wilhelm Reinert	4,02	174	OF/NA/MR	
70 Erich Hartmann	4,05	352	OF	
70 Heinz Schmidt	4,05	173	OF	
72 Adolf Galland	4,09	104	WF	

Es überrascht, daß die Abschußquote der Nachtjäger, soweit bekannt, an die der besten Tagjäger heranreicht. Heinz-Wolfgang Schnaufers Verhältnis Einsatzflug/Abschuß beträgt 1:1,36, womit er jeden anderen übertrifft, ausgenommen Günther Scheel. Ihm folgt Martin Becker mit 1:1,43. Der „Wilde Sau"-Pilot Friedrich-Karl „Nasen" Müller zieht gleich mit Werner Schroers Quote 1:1,73, während Paul Zorner auf 1:1,83 kommt.

Literaturverzeichnis

Aders, Gebhard, *History of the German Night Fighter Force 1917-1945,* Jane's, London 1979. (Original edition: *Geschichte der Deutschen Nachtjagd 1917-1945,* Motorbuch, Stuttgart, 1977.)

Alexander, Jean, *Russian Aircraft since 1940,* Putnam, London, 1975.

Anon., *The Rise and Fall of the German Air Force 1933-1945,* Arms & Armour Press, London, 1983.

Bekker, Cajus D., *The Luftwaffe War Diaries,* Macdonald, London, 1967.

Boyd, Alexander, *The Soviet Air Force since 1918,* Macdonald and Jane's, London, 1977.

Braham, John R. D., *Scramble,* Frederick Muller, London, 1961. (US title: *Night Fighter)*

Caldwell, Donald L., *JG 26: Top Guns of the Luftwaffe,* Ballantine Books, New York, 1993.

Constable, Trevor J., and Toliver, Raymond F., *Horrido! Fighter Aces of the Luftwaffe,* Arthur Barker, London, 1968.

———, *The Blond Knight of Germany,* Arthur Barker, London, 1970.

Cunningham, Bob; Simons, Bob; McKinney, Jim; and Smith, Robert, *Tumult in the Clouds,* General Dynamics, Texas, 1990.

Dierich, Wolfgang, *Kampfgeschwader 51 'Edelweiss',* Ian Allan, London, 1973.

Ethell, Jeffrey, and Price, Alfred, *Target Berlin,* Arms & Armour, London, 1989.

Faber, Harold, (ed.), *Luftwaffe: An Analysis by Former Luftwaffe Generals,* Times Books, New York, 1977; Sidgwick & Jackson, London, 1979.

Galland, Adolf, *The First and the Last: The German Fighter Force in WW2,* Methuen, London, 1955. (Original edition: *Die Ersten und die Letzten: Die Jagdflieger im Zweiten Weltkrieg,* Franz Schneekluth, Darmstadt, 1953.)

Green, William, *Famous Fighters of the Second World War,* Macdonald and Jane's, London, 1975.

Hooton, E. R., *Phoenix Triumphant,* Arms & Armour, London, 1994.

Johnen, Wilhelm, *Duel under the Stars,* William Kimber, London, 1957. (Original edition: *Nachtjaeger gegen Bomberpulks: Ein Tatsachenbericht ueber die Deutsche Nachtjagd im Zweiten Weltkrieg,* Pabel, Rastatt, 1960)

Knoke, Heinz, *I Flew for the Führer,* Evans, London, 1953.

Middlebrook, Martin, *The Nuremberg Raid, 30-31 March 1944,* Allen Lane, London, 1973.

Musciano, Walter A., *Messerschmitt Aces,* Arco, New York,1982.

Obermaier, Ernst, *Die Ritterkreuzträger der Luftwaffe: Jagdflieger 1939-1945,* Verlag Dieter Hoffman, Mainz, 1966.

Parry, Simon W., *Intruders over Britain,* Air Research Publications, London, 1992.

Philpott, Bryan, *Famous Fighter Aces,* Patrick Stephens, Yeovil,1989.

Price, Alfred, *Battle over the Reich,* Ian Allan, London, 1973.

———, *Focke-Wulf 190 At War,* Ian Allan, London, 1977.

———, *Instruments of Darkness,* Macdonald & Jane's, London, 1977.

———, *The Last Year of the Luftwaffe,* Arms & Armour, London, 1991.

Roell, Werner P., *Laurels for Prinz Wittgenstein,* Independent Books, Bromley, 1994.

Shores, Christopher, *Duel for the Sky,* Blandford Press, Dorset, 1985.

Sims, Edward H., *Fighter Tactics and Strategy: A Comparative Study of the RAF, the Luftwaffe and the US Army Air Forces,* Cassell, London, 1972; Harper, New York, 1972.

———, *The Fighter Pilots,* Cassell, London 1967.

Smith, John. R., and Kay, Antony, *German Aircraft of the Second World War,* Putnam, London, 1972.

Spick, Mike, *All-Weather Warriors,* Arms & Armour, London, 1994.

———, *Fighter Pilot Tactics,* Patrick Stephens, Yeovil, 1983.

Steinhoff, Johannes, *The Last Chance,* Hutchinson, London, 1977.

Wagner, Ray, (ed.), *Soviet Air Force in World War II: The Official History,* (trans. by Leland Fetzer), Doubleday, New York, 1963; David & Charles, Newton Abbot, 1974.

Weal, John, *Focke-Wulf FW 190 Aces of the Russian Front,* Osprey, London, 1995.

Ziegler, Mano, *Rocket Fighter,* Arms & Armour, London, 1976. (Original edition: *Raketenjaeger Me 163,* Motorbuch, Stuttgart, 1961.)

Magazines

Air International, Air Enthusiast, RAF Flying Review, Jägerblatt (various issues)

Literatur
für
Kenner und Liebhaber

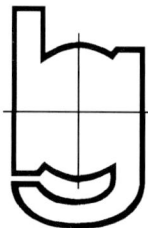

Die auf den folgenden Seiten angezeigten Titel sind nur eine Auswahl aus unserem Buchprogramm. Fordern Sie bitte unverbindlich Informationsmaterial zu den Themenbereichen »Geschichte/Politik/Wehrwesen«, »Luftfahrt«, »Marine« und »Recht und Wirtschaft/Beschaffungswesen« an.

Bernard & Graefe Verlag
Heilsbachstraße 26 · D-53123 Bonn

Luftfahrtbücher für Kenner und Liebhaber

Christer Bergström/Claes Sundin
Deutsche Jagdflugzeuge
1939–1945 in Farbprofilen
144 Seiten, über 125 Farbdarstellungen und Schwarzweißfotos. Geb.
ISBN 3-7637-5982-4
Für den Luftfahrtinteressierten und vor allem den Modellbauer ist dieses aufwendige Werk mit Original-Farbprofilen von ausgesuchten Jagdflugzeugen – Bf 190, Fw 190, Ta 152, Me 262, Me 163, He 162 – eine interessante Fundgrube. Zusätzlich enthält der Band Fotos einzelner Flugzeuge und Piloten im Einsatz, Darstellungen und Erläuterungen von Tarnbemalungen der Flugzeuge, Verbandsabzeichen, taktische und persönliche Zeichen.

John Bradley/Barry Ketley/David Wadman
Aufklärer und Aufklärungsverbände
der deutschen Luftwaffe 1935–1945
264 Seiten und 16 Farbtafeln, über 500 Fotos, Skizzen und Übersichten. Farbdarstellungen der Verbandsabzeichen. Geb.
ISBN 3-7637-5981-6
Dieser Band illustriert aufwendig und ausführlich die Aufklärer der Luftwaffe. Die Großzahl der Flugzeuge sind in aufschlußreichen Ganz- und Detailaufnahmen erfaßt, die Baugeschichte mit wichtigen technischen Daten aufgeführt. Zahlreiche Flugzeugtypen sind in ihrer Originalbemalung auf Farbtafeln dargestellt.

Jürgen Michels
Peenemünde und seine Erben
in Ost und West
Entwicklung und Weg deutscher Geheimwaffen. 333 Seiten, über 300 Fotos und Skizzen. Geb.
ISBN 3-7637-5960-3
Frühe Raketenversuche in Kummersdorf verwandelten Peenemünde in ein Entwicklungszentrum, später unterirdische Verlegung der Großwaffenfertigung im Kohnstein bei Nordhausen.
Die Russen verschleppten das gesamte greifbare technische Personal samt Familien. Dies führte zu großen technischen Fortschritten in der SU, von denen Rußland heute noch zehrt. Operation Backfire zeigte das Interesse der Engländer, und auch das deutsche Rocket Team in den USA und Frankreich gehörten zu den Erben.

Manfred Bornemann
Geheimprojekt Mittelbau
3. Auflage, 238 Seiten, 37 Abbildungen (Fotos, Skizzen und Graphiken). Geb.
ISBN 3-7637-5927-1
Vom zentralen Öllager des Deutschen Reiches zur größten Raketenfabrik im Zweiten Weltkrieg.
„…hat sich Manfred Bornemann an dieses Kapitel gewagt und versucht, mit seinem Buch nicht nur von technischen Problemlösungen zu sprechen, sondern beleuchtet auch gerade die Kehrseite der Medaille, das Schicksal vieler Tausender Zwangsarbeiter des Geheimprojektes Mittelbau." *Modell*

Sönke Neitzel
Der Einsatz der deutschen Luftwaffe
über dem Atlantik und der Nordsee
1939–1945
288 Seiten und 32 Bildtafeln, über 100 Fotos, zahlreiche Graphiken, Diagramme und Skizzen. Geb.
ISBN 3-7637-5938-7
Die Geschichte und der Einsatz der Luftstreitkräfte werden unvoreingenommen und gründlich untersucht. Ein eminent wichtiges Buch zur noch fehlenden Geschichte der deutschen Luftwaffe.
„Mit diesem Werk dürfte für den an der Marine, der Luftwaffe oder einfach nur der Geschichte des Zweiten Weltkrieges Interessierten das ›Buch des Jahres‹ geschrieben worden sein. Was nach rund 50 Jahren hier von einem jungen deutschen Historiker zusammengetragen, unvoreingenommen und gründlich untersucht und schließlich mit Akribie aufbereitet wurde, ist immens. Das Buch von Sönke Neitzel ist ein Standardwerk, das in keinem Bücherschrank fehlen sollte; man wird es nicht nur einmal lesen, sondern immer wieder als hochgeschätztes Nachschlagewerk in die Hand nehmen wollen!" *Hamburger Rundbrief*

H. Beauvais/K. Kössler/M. Mayer/C. Regel
Flugerprobungsstellen bis 1945 –
Johannistal, Lipezk, Rechlin,
Travemünde, Tarnewitz,
Peenemünde-West
364 Seiten und 12 Farbtafeln, 270 Fotos, 39 Dokumente, 8 Skizzen, 18 Tabellen. Leinen.
ISBN 3-7637-6117-9
„…ist reich an Material und Information, und kann als wichtiger Beitrag zur Fluggeschichte gelten." *Frankfurter Allgemeine*

Bernard & Graefe Verlag · Heilsbachstraße 26 · D-53123 Bonn

Luftfahrtbücher für Kenner und Liebhaber

Karl-Dieter Seifert
Der deutsche Luftverkehr 1926–1945 – auf dem Weg zum Weltverkehr
392 Seiten, 398 Fotos, zahlreiche Tabellen.
DM 98,–
ISBN 3-7637-6118-7
Die Geschichte des Luftverkehrs umfaßt weitaus mehr als nur zu fliegen. Sie ist ein Geflecht von einander bedingenden Zusammenhängen. Nach dem Ende der Pionierzeit kam der Luftverkehr in der zweiten Hälfte der zwanziger Jahre weltweit in einen großen Aufschwung, machte sich auf den Weg zum Weltverkehr. Er wurde damit im wesentlich stärkerem Maße als vorher Gegenstand der Politik.
Dieses Buch bleibt nicht nur auf Fluglinien, Flugzeuge und Passagiere beschränkt. Es versucht vielmehr, die Verkehrs- und Luftfahrtentwicklung im beschriebenen Umfeld zu schildern.

Hermann Neuber
Mayday – Mayday
SAR-Hubschrauber im Rettungseinsatz auf See.
336 Seiten und 24 Bildtafeln, 53 Fotos, 45 Skizzen, Graphiken, Seekarten und Dokumente. Geb.
ISBN 3-7637-5844-5
Die über 30jährige Geschichte des Seenot-Rettungsdienstes der Marineflieger der Bundeswehr mit authentischen Berichten über dramatische Einsätze in Nord- und Ostsee.
„Ein spannendes Buch, das eindrucksvoll Zeugnis von menschlicher Opferbereitschaft ablegt, unterstützt von moderner Technik. Der packende Text wird auch durch im Einsatz gemachte Fotos auf fesselnde Weise unterstrichen."
Luft- und Raumfahrt

Heinz J. Nowarra
Focke-Wulf Fw 200 Condor
Die Geschichte des ersten modernen Langstreckenflugzeuges der Welt.
155 Seiten, 181 Fotos, 88 Zeichnungen und Skizzen. Geb.
ISBN 3-7637-5855-9
Den ersten Direktflug Berlin – New York legte 1938 eine Fw 200 nonstop zurück. Eine neue Ära in der internationalen Luftfahrt brach an. Erstmals wird in allen Einzelheiten die Geschichte dieses faszinierenden Flugzeuges als Wegbereiter des Transatlantikfluges bis hin zu den Einsätzen im Zweiten Weltkrieg dargestellt.

Andrew Brookes
Katastrophen am Himmel
Aus dem Englischen übersetzt von Tim Würfel
199 Seiten, 66 Abbildungen (Fotos, Skizzen und Graphiken). Geb.
ISBN 3-7637-5930-1
In „Katastrophen am Himmel" untersucht der Autor, selbst Pilot, spektakuläre Luftfahrtunfälle in der Welt. Unter den geschilderten Vorfällen befinden sich der Verlust des deutschen Luftschiffes Hindenburg und die Zerstörung der Pan Am Boeing 747 bei Lockerbie durch Terroristen.
„…und es gelingt dem Autor, die enormen Fortschritte der Flugsicherheit eindrucksvoll aufzuzeigen…"
Flug und Modelltechnik

Werner Schwipps
Der Mensch fliegt
Lilienthals Flugversuche in historischen Aufnahmen.
238 Seiten, 244 Abbildungen (Fotos und Zeichnungen). Leinen.
ISBN 3-7637-5838-0
„Außer durch den dokumentarischen Charakter bestechen diese Bilder aus der Frühzeit der Momentphotographie durch hervorragende Qualität und reportagehafte Dynamik… in Wort und Bild liefert es so viel an Information, daß es sich hervorragend dazu eignet, Lilienthals Werk intensiv und unmittelbar anhand belegter Quellen kennenzulernen und dadurch einen fast persönlichen Gesamteindruck von diesem genialen Menschen zu gewinnen."
Spektrum der Wissenschaft

Axel Ostermann
Vikings for Take-Off
Starfighter der Bundesmarine im Kielwasser der Wikinger.
2. Auflage. 176 Seiten, 87 großformatige Farbfotos. Zweisprachig Deutsch/Englisch. Geb.
ISBN 3-7637-5997-2
Ein Liebhaberbuch – nicht nur für Starfighter-Enthusiasten. Zahlreiche Luft-Aufnahmen machen den besonderen Reiz dieses Buches aus, das jeden Luftfahrtinteressierten begeistern wird.

Klassiker der Lüfte
Berühmte Oldtimer 1913–1935
255 Seiten, 247 Farb- und 155 Schwarzweißfotos, zahlreiche Zeichnungen. Geb.
ISBN 3-7637-5902-6
Eine faszinierende Parade 30 berühmter Flugzeuge, die Luftfahrtgeschichte geschrieben haben.

Bernard & Graefe Verlag · Heilsbachstraße 26 · D-53123 Bonn

Zur Geschichte des Zweiten Weltkrieges

Günther W. Gellermann
**Moskau ruft Heeresgruppe
Mitte …**
Was nicht im Wehrmachtbericht stand: Die
Einsätze des geheimen Kampfgeschwaders 200
im Zweiten Weltkrieg
326 Seiten, 78 Fotos, 61 Dokumente. Geb.
ISBN 3-7637-5851-8
»… sauber recherchiert und ohne luftige Spe-
kulationen…«
Das Historisch-Politische Buch

Günther W. Gellermann
**Die Armee Wenck –
Hitlers letzte Hoffnung**
Aufstellung, Einsatz und Ende der 12. deutschen Armee im Frühjahr 1945
3. Auflage. 215 Seiten, 49 Fotos, 5 Kartenskizzen, 18 Dokumente (Faksimiledrucke). Brosch.
ISBN 3-7637-5870-4
»… verdient dieser saubere und solide Beitrag
zur Geschichte des Zweiten Weltkrieges …
besondere Beachtung.«
Frankfurter Rundschau

Erwin A. Schmidl
Der »Anschluß« Österreichs
Der deutsche Einmarsch im März 1938
3., überarbeitete und erweiterte Auflage.
336 Seiten und 32 Bildtafeln, 64 Fotos und 10
Karten. Geb.
ISBN 3-7637-5936-0
Das Buch ist frei von pauschalen Verurteilun-
gen. Es zeigt die Tragik, die Schuld jener Jahre,
aber ohne Selbstüberhebung.
»… ist ein lesenswertes Stück jüngster Zeitge-
schichte aus der Region und allen Interessierten
in der Nachbarschaft zu empfehlen.«
Schweizer Soldat

Franz W. Seidler
Die Organisation Todt
Bauen für Staat und Wehrmacht 1938-1945
2. Auflage. 300 Seiten und 32 Bildtafeln, 72
Fotos, 8 Karten, 15 Skizzen und Graphiken. Geb.
ISBN 3-7637-5842-9
»Das sorgfältig bearbeitete Buch…«
Frankfurter Allgemeine

Günther W. Gellermann
**Geheime Wege zum Frieden
mit England…**
Ausgewählte Initiativen zur Beendigung des
Krieges 1940/1942
215 Seiten, zahlreiche Dokumente (Faksimiledrucke). Geb.
ISBN 3-7637-5947-6
Ein spannendes »Kriegstagebuch« des Versu-
ches, mit England wieder zu Friedensverhand-
lungen zu gelangen.

Franz W. Seidler
Blitzmädchen
3. Auflage/Sonderausgabe. 166 Seiten, 216
Fotos, 5 Karten, 13 Skizzen. Geb.
ISBN 3-7637-5957-3
Die Geschichte der Helferinnen der deutschen
Wehrmacht im Zweiten Weltkrieg.

Erich von Manstein
Verlorene Siege
15. Auflage. 664 Seiten und 12 Bildtafeln, 42
Abbildungen, 13 Kartenskizzen. Geb.
ISBN 3-7637-5253-6
Die Kriegserinnerungen des »gefährlichsten
Gegners der Alliierten« (Sir Basil Liddell Hart).
»… ein Rechenschaftsbericht des wahrschein-
lich größten Strategen auf deutscher Seite,
zugleich eine phrasenlose Würdigung der
Tapferkeit und der Leiden des deutschen Ost-
heeres.«
Die Welt

Andreas Hillgruber
Hitlers Strategie
Politik und Kriegführung 1940-1941
3. Auflage. 734 Seiten. Brosch.
ISBN 3-7637-5923-9
Die Studie ist von der internationalen Fachwelt
als grundlegendes Werk über das entscheidende
Jahr des Zweiten Weltkrieges anerkannt worden.

Diese Titel bilden nur eine Auswahl aus unserem umfangreichen Buchprogramm. Fordern Sie bitte
unverbindlich weitere Informationen zu den Themenbereichen Geschichte / Politik / Wehrwesen /
Luftfahrt und Marine an.

Bernard & Graefe Verlag · Heilsbachstraße 26 · D-53123 Bonn

Historische Literatur für Kenner und Liebhaber

Günther W. Gellermann

...und lauschten für Hitler
Geheime Reichssache! Die Abhörzentralen des Dritten Reiches
320 Seiten und 12 Bildtafeln, zahlreiche Fotos und Dokumente. Geb.
ISBN 3-7637-5899-2
Wer waren die Nachrichtendienste, von denen hier die Rede ist? Hier werden unbekannte oder weniger bekannte Tatsachen zur Geschichte, mit zum größten Teil unveröffentlichten Dokumenten, ans Tageslicht gebracht.

Günther W. Gellermann

Der Krieg, der nicht stattfand
Möglichkeiten, Überlegungen und Entscheidungen der deutschen Obersten Führung zur Verwendung chemischer Kampfstoffe im Zweiten Weltkrieg
264 Seiten, 19 Fotos, 3 Skizzen, 11 Dokumente. Ln.
ISBN 3-7637-5804-6
»Überraschung des Jahres«   Der Spiegel

Fritz Hahn

Waffen und Geheimwaffen des deutschen Heeres 1933-1945
3., überarbeitete Auflage/Sonderausgabe. 552 Seiten, 372 Fotos, Zeichnungen und Skizzen. Geb.
ISBN 3-7637-5915-8
Infanteriewaffen, Pionierwaffen, Artilleriewaffen, Pulver, Spreng- und Kampfstoffe, Panzer- und Sonderfahrzeuge, »Wunderwaffen«, Verbrauch und Verluste.
Dieses Werk stellt einen besonders wichtigen Teilaspekt der deutschen Militärgeschichte dar. Zahllose Detailinformationen machen es zu einem Standard-Nachschlagewerk.

Günther W. Gellermann

Der andere Auftrag
Agenteneinsätze deutscher U-Boote im Zweiten Weltkrieg
208 Seiten und 32 Bildtafeln, zahlreiche Fotos und Dokumente (z. T. Faksimiledrucke). Geb.
ISBN 3-7637-5971-9
Agenteneinsätze wurden von der »Abwehr«, also letztlich vom Oberkommando der Wehrmacht bestimmt und verantwortet. In dem über-

aus fesselnden Buch erhält der Leser Auskunft über den Transport der Agenten – zu ihrem Einsatzraum sowie über ihren Auftrag.

Dieter Martinetz

Der Gaskrieg 1914-1918
Entwicklung, Herstellung und Einsatz chemischer Kampfstoffe
200 Seiten und 20 Bildtafeln, 67 Fotos, zahlreiche Graphiken und Tabellen. Geb.
ISBN 3-7637-5952-2
Dieses mit Fleiß und Akribie erarbeitete Werk basiert auf fundierten Quellen; es wird von einem ausführlichen, sehr übersichtlichen Anhang unterstützt. Die umfassende Bebilderung und die Vielfalt der Arten des neuen »Kampfmittels Giftgas« wirken beeindruckend-abstoßend. Der Gaseinsatz war ein grausames Experiment, das die Gefahren in zukünftigen Kriegen erahnen ließ, vielleicht auch dazu beitrug, Deutsche und Alliierte von einem nicht kalkulierbaren Einsatz im Zweiten Weltkrieg abzuhalten.

Karl Unruh

Langemarck
Legende und Wirklichkeit
3. Auflage, 216 Seiten und 8 Bildtafeln, 10 Abbildungen, 2 Kartenskizzen. Brosch.
ISBN 3-7637-5949-2
Mit diesem Werk wird der auf dem Schlachtfeld von Flandern im November 1914 geborene und lange nachwirkende Mythos Langemarck auf die bittere Wahrheit zurückgeführt.
»Die Lektüre ist erschütternd, aufwühlend und nicht so schnell zu verdrängen... verdienstvolle Untersuchung.«   Die Welt

Erich von Manstein

Soldat im 20. Jahrhundert
4. Auflage, 437 Seiten und 16 Bildtafeln, 42 Abbildungen, 13 Kartenskizzen. Geb.
ISBN 3-7637-5214-5
Eine militärisch-politische Nachlese, ein Blick auf Zusammenhänge und Wechselwirkungen zwischen Persönlichkeiten und äußerem Geschehen.

Diese Titel bilden nur eine Auswahl aus unserem umfangreichen Buchprogramm. Fordern Sie bitte unverbindlich weitere Informationen zu den Themenbereichen Geschichte / Politik / Wehrwesen / Luftfahrt und Marine an.

Bernard & Graefe Verlag · Heilsbachstraße 26 · D-53123 Bonn